Nick Gehrke

Peer-to-Peer-Applikationen für elektronische Märkte

WIRTSCHAFTSINFORMATIK

Nick Gehrke

Peer-to-Peer-Applikationen für elektronische Märkte

Perspektiven für eine hochgradig
dezentralisierte digitale Wirtschaft

Mit einem Geleitwort von Prof. Dr. Matthias Schumann

Deutscher Universitäts-Verlag

Bibliografische Information Der Deutschen Bibliothek
Die Deutsche Bibliothek verzeichnet diese Publikation in der Deutschen Nationalbibliografie;
detaillierte bibliografische Daten sind im Internet über <http://dnb.ddb.de> abrufbar.

Dissertation Universität Göttingen, 2003

1. Auflage April 2004

Alle Rechte vorbehalten
© Deutscher Universitäts-Verlag/GWV Fachverlage GmbH, Wiesbaden 2004

Lektorat: Ute Wrasmann / Britta Göhrisch-Radmacher

Der Deutsche Universitäts-Verlag ist ein Unternehmen von Springer Science+Business Media.
www.duv.de

Das Werk einschließlich aller seiner Teile ist urheberrechtlich geschützt.
Jede Verwertung außerhalb der engen Grenzen des Urheberrechtsgesetzes
ist ohne Zustimmung des Verlags unzulässig und strafbar. Das gilt insbesondere für Vervielfältigungen, Übersetzungen, Mikroverfilmungen und die
Einspeicherung und Verarbeitung in elektronischen Systemen.

Die Wiedergabe von Gebrauchsnamen, Handelsnamen, Warenbezeichnungen usw. in diesem Werk berechtigt auch ohne besondere Kennzeichnung nicht zu der Annahme, dass solche Namen im Sinne der Warenzeichen- und Markenschutz-Gesetzgebung als frei zu betrachten wären und daher von jedermann benutzt werden dürften.

Umschlaggestaltung: Regine Zimmer, Dipl.-Designerin, Frankfurt/Main

Gedruckt auf säurefreiem und chlorfrei gebleichtem Papier

ISBN-13:978-3-8244-2181-7   e-ISBN-13:978-3-322-81238-4
DOI: 10.1007/978-3-322-81238-4

Geleitwort

Peer-to-Peer Applikationen spielen seit einigen Jahren eine wachsende Rolle in Theorie und Praxis. Da Peer-to-Peer Systeme grundsätzlich ein anderes DV-Verarbeitungsparadigma als Client-Server-Systeme verwenden, bietet das Thema ein breites Spektrum an theoretischen und wissenschaftlichen Fragestellungen. Gleichzeitig sind Peer-to-Peer Systeme, etwa in Form von Filesharing-Systemen, breiten Kreisen der Öffentlichkeit bekannt und zugänglich. Insofern wird das Thema Peer-to-Peer dem Anspruch der Wirtschaftsinformatik gerecht, theoretische und praktische IT-Fragestellungen anwendungsorientiert zu verknüpfen.

In der vorliegenden Arbeit werden jedoch nicht nur technische Fragestellungen von Peer-to-Peer Anwendungen behandelt, sondern die Analyse konzentriert sich stets auch auf ökonomische Anwendungsgebiete bzw. daraus resultierende mögliche Geschäftsmodelle, um eine Brücke zur Wirtschaftsinformatik zu schlagen. Der Geschäftsmodellbezug von Peer-to-Peer Systemen ist bisher in der Literatur nur vereinzelt diskutiert worden, sodass die vorliegende Arbeit bezüglich dieser Themenstellung erste Ergebnisse liefern kann.

Die Arbeit diskutiert drei Themenbereiche, die die Themen „Peer-to-Peer" und „elektronische Marktplätze" verbinden: Filesharing, Peer-to-Peer basierte Marktplätze und Grid Computing. Bei jedem dieser Themen werden marktorientierte Allokationskonzepte und der dezentrale Charakter eines entsprechenden Peer-to-Peer Systems verbunden bzw. geeignete Geschäftsmodelle entwickelt. Um die entwickelten Konzepte nicht nur rein theoretisch darzustellen, werden an einigen Stellen Software-Prototypen beschrieben, die die Realisierbarkeit der beschriebenen Peer-to-Peer Systeme demonstrieren. Nachfolgende wissenschaftliche Arbeiten sollten in naher Zukunft die softwareseitige Weiterentwicklung der geschilderten Peer-to-Peer Systeme zum Ziel haben, um die in dieser Arbeit gewonnenen Erkenntnisse weiter in die Praxis zu verlagern.

Matthias Schumann

Vorwort

Die vorliegende Arbeit befasst sich mit Peer-to-Peer Systemen im Zusammenhang mit elektronischen Märkten. Die Idee zu dieser Themenstellung ergab sich im Jahre 2001 im Rahmen meiner Mitarbeit in der Forschungsgruppe „Innovative Technologien und Architekturen" am Institut für Wirtschaftsinformatik, Abteilung II der Georg-August-Universität Göttingen. Die Arbeit wurde im Dezember 2003 von der Wirtschaftswissenschaftlichen Fakultät der Georg-August-Universität Göttingen als Dissertation angenommen.

Meinem Doktorvater, Herrn Prof. Dr. Matthias Schumann, möchte ich für die Gestaltungsfreiheit und die Unterstützung während der Erstellung der Arbeit danken. Herrn Prof. Dr. Jörg Biethahn gebührt mein Dank für die Mühe, die ihm aus der Rolle des Zweitgutachters erwachsen ist. Den statistischen Teil im Rigorosum hat Herr Prof. Dr. Zucchini freundlicherweise übernommen.

Weiterer Dank gilt allen Kolleginnen und Kollegen am Institut, die mich fachlich unterstützt haben, und den von mir betreuten Diplomanden, die mir wertvolle Hinweise liefern konnten. Im Besonderen möchte ich mich bei meinen beiden studentischen Hilfskräften, Herrn Arne Nöhre und Herrn Lutz Seidenfaden, bedanken, die mich während meiner gesamten Promotionszeit begleitet und sehr bei der Entwicklung von Software-Prototypen unterstützt haben. Nicht zuletzt bedanke ich mich auch bei meiner Freundin Anja für die gemeinsame Zeit während der Promotion und bei meinen Eltern, die stets größtes Interesse an meiner persönlichen und beruflichen Entwicklung gezeigt haben.

Nick Gehrke

Inhaltsübersicht

1 Einleitung

2 Peer-to-Peer Grundlagen

3 Entwicklung von kommerziellen Peer-to-Peer Anwendungen

4 Peer-to-Peer basierte Märkte und Geschäftsmodelle für digitale Güter

5 Dezentralisierung von elektronischen Märkten mit Peer-to-Peer Technologien

6 Peer-to-Peer Grid-Computing

7 Zusammenfassung und Ausblick

Inhaltsverzeichnis

1 Einleitung 1
   1.1   Problemstellung 1
   1.2   Gang der Untersuchung und Zielsetzung der Arbeit 3
   1.3   Forschungsmethodik 5

2 Peer-to-Peer Grundlagen 7
   2.1   Peer-to-Peer – Eine Paradigmendiskussion 9
   2.2   Der Peer-to-Peer Begriff 15
   2.3   Peer-to-Peer Architekturen 17
       2.3.1   Pure Peer-to-Peer Architektur 18
       2.3.2   Brokered Peer-to-Peer Architektur 19
       2.3.3   Hybride und hierarchische Peer-to-Peer Architekturen 20
   2.4   Voraussetzungen für Peer-to-Peer Computing 21
       2.4.1   Peer-to-Peer „Gesetze" 21
       2.4.2   Peer-to-Peer Innovationszyklus 24
   2.5   Peer-to-Peer Anwendungsfelder 25
       2.5.1   Filesharing 25
       2.5.2   Instant Messaging 26
       2.5.3   Collaborative Working 27
       2.5.4   Grid-Computing 28
   2.6   Peer-to-Peer Technologien 29
       2.6.1   Technologien im Zusammenhang mit Peer-to-Peer Anwendungen 30
           2.6.1.1   XML 30
           2.6.1.2   Web Services 31
           2.6.1.3   Corba und RMI 35
       2.6.2   Technologien für Peer-to-Peer Applikationen 36
           2.6.2.1   JXTA 36
           2.6.2.2   Microsoft .NET 41
           2.6.2.3   Weitere Peer-to-Peer Entwicklungsunterstützung 42
   2.7   Aktuelle und zukünftige Forschungsbestrebungen 42

3 Entwicklung von kommerziellen Peer-to-Peer Applikationen 46
   3.1   Einleitung 46
   3.2   Motivation und Forschungsbedarf 46

3.3	Begriffsdefinitionen	47
3.4	Anforderungen an ein Peer-to-Peer Framework	48
3.5	Verhältnis zu anderen Peer-to-Peer Technologien	50
3.6	Konzept	51
3.6.1	Peer-to-Peer Architektur des Frameworks	51
3.6.2	Servicehierarchie	52
3.6.2.1	Übersicht	52
3.6.2.2	Sicherheit innerhalb des Peer-to-Peer Frameworks	56
3.6.2.3	Kommunikation innerhalb des Frameworks	57
3.6.2.4	Zentral orientierte Services	59
3.6.2.4.1	Basic Framework Indexservices	59
3.6.2.4.1.1	Userindexer	59
3.6.2.4.1.2	Serviceindexer	60
3.6.2.4.1.3	Ressourcenindexer	61
3.6.2.4.1.4	Peerindexer	62
3.6.2.4.1.5	Berechtigungsindexer	63
3.6.2.4.2	Basic Framework Services im Zusammenspiel	68
3.6.2.4.3	Value Added Framework Services	70
3.6.2.4.4	Basic Application Services und Value Added Application Services	70
3.6.2.5	Peer orientierte Services	71
3.6.3	Servicearchitektur	71
3.6.3.1	Grundsätzliche Systemarchitektur	72
3.6.3.2	Framework Klassen	73
3.6.3.3	Service Introspektion und Präsentation	77
3.6.3.4	Serviceaufruf	79
3.7	Zusammenfassung der Besonderheiten von Peer-to-Peer Applikationen	80
4	**Peer-to-Peer basierte Märkte und Geschäftsmodelle für digitale Güter**	**82**
4.1	Problemstellung	82
4.2	Gang der Untersuchung	83
4.3	Grundbegriffe	85
4.3.1	Filesharing	85
4.3.2	Digital Rights Management	87
4.4	Analyse des Raubkopierproblems	91

4.4.1	Empirische Befunde	91
4.4.2	Theoretischer Modellrahmen	95
4.4.2.1	Ziele des theoretischen Modells	95
4.4.2.2	Mikroökonomische Analyse	96
4.4.2.2.1	Marktmodelle für Informationsgüter	96
4.4.2.2.2	Modellierung eines Informationsgütermarktes	99
4.4.2.2.3	Verbreitung des Informationsgutes durch Raubkopieren	99
4.4.2.2.4	Verbreitung des Informationsgutes durch Kauf	103
4.4.2.2.5	Gesamtmodell als Synthese	105
4.4.2.3	Modellschlussfolgerungen	107
4.4.2.3.1	Preis-Absatz Funktion in einem Informationsmarkt	107
4.4.2.3.2	Produktphasen	110
4.4.2.3.3	Der optimale Preis eines Informationsgutes	113
4.4.2.3.4	Gegenüberstellung	114
4.4.2.4	Modellkritik	115
4.5	Kommerzielle Peer-to-Peer Distribution digitaler Güter	116
4.5.1	Existierende Geschäftsmodelle für digitale Musik	117
4.5.1.1	Begriffsdefinition	117
4.5.1.2	Music Service Provider	118
4.5.1.3	Peer-to-Peer basierte Geschäftsmodelle	121
4.5.1.4	Superdistribution	123
4.5.2	Konzeptionelle Entwicklung eines Geschäftsmodells	123
4.5.2.1	Anforderungen	123
4.5.2.2	Ausgestaltung eines Peer-to-Peer basierten Geschäftsmodells	126
4.5.2.2.1	Konzeptionelle Beschreibung des Geschäftsmodells	127
4.5.2.2.2	Ausgestaltung des Geschäftsmodells	128
4.5.2.2.2.1	Urheberrechte und Vergütung von Rechteinhabern	129
4.5.2.2.2.2	Produkt- und Servicequalität	131
4.5.2.2.2.3	Mehrwertfunktionen	134
4.5.3	Technische Aspekte des Geschäftsmodells	136
4.5.3.1	Abwicklung einer Transaktion	137
4.5.3.1.1	Akteure, Variablen und Funktionen	138
4.5.3.1.2	Transaktionsvorbereitung und Benutzeranmeldung	139
4.5.3.1.3	Suchanfrage	139
4.5.3.1.4	Inhaltetransfer	140

4.5.3.1.5	Missbrauch des Systems	146
4.5.3.1.5.1	Anriffsszenarien	146
4.5.3.1.5.2	Sanktionen	146
4.5.3.2	Integration von Digital Rights Management	147
4.5.4	Ökonomische Analyse des Geschäftsmodells	148
4.5.4.1	Analyse der Anreizstruktur	148
4.5.4.1.1	Analogien zur Principal-Agent-Theorie	149
4.5.4.1.2	Modellrahmen	150
4.5.4.1.3	Modellinferenz	152
4.5.4.2	Wirkung auf illegale Peer-to-Peer Tauschbörsen	156
4.5.4.3	Netzeffekte und Diffusionsgeschwindigkeit von Musiktiteln	158
4.5.4.4	Modellbewertung	160
4.5.5	Empirische Umfrage im Zusammenhang mit dem Geschäftsmodell	162
4.5.5.1	Zielsetzung der Umfrage	162
4.5.5.2	Statistische Auswertung und Interpretation	164
4.5.5.2.1	Mehrwertdienstleistungen	165
4.5.5.2.2	Analyse der Zahlungsbereitschaft	166
4.5.5.2.2.1	Nachfrage-Funktionen und optimaler Preis	166
4.5.5.2.2.2	Erklärung der Zahlungsbereitschaft	170
4.5.5.3	Fazit der Umfrage	172
4.6	Geschäftsmodellerweiterung Peer-to-Peer Streaming Media	173
4.6.1	Vorgehensweise	173
4.6.2	Technologien für Streaming Media	175
4.6.2.1	Forschungsstand	177
4.6.2.2	Erweitertes Geschäftsmodell	178
4.6.2.2.1	Anforderungen	178
4.6.2.2.2	Konzeptioneller Aufbau des Peer-to-Peer Systems	179
4.6.2.2.3	Erlösmodell	183
4.6.3	Ressourcenanalyse des Geschäftsmodells	184
4.6.3.1	Modell zur Ressourcenanalyse	184
4.6.3.2	Ein Zahlenbeispiel	190
4.6.4	Ökonomische Analyse	192
4.6.5	Modellkritik	195
4.7	Zusammenfassung der Geschäftsmodelle für digitale Güter	195

5 Dezentralisierung von elektronischen Märkten mit Peer-to-Peer Technologien 197

- 5.1 Problemstellung 197
- 5.2 Gang der Untersuchung 198
- 5.3 Stand der Forschung 199
- 5.4 Motivation 200
- 5.5 Begriffe 201
  - 5.5.1 Transaktion 201
  - 5.5.2 Elektronische Marktplätze 203
    - 5.5.2.1 Begriff des Elektronischen Marktplatzes 203
    - 5.5.2.2 Möglichkeiten und Grenzen elektronischer Marktplätze 206
- 5.6 Fachliche Analyse der Transaktion 208
  - 5.6.1 Informationsflüsse 208
  - 5.6.2 Anforderungen 213
- 5.7 Technisches Konzept 217
  - 5.7.1 Architektur 217
  - 5.7.2 Kodierung der Transaktion 219
  - 5.7.3 Technische Abwicklung einer Transaktion 220
    - 5.7.3.1 Transaktionsvorbereitende Schritte 220
    - 5.7.3.2 Transaktionsbegleitende Schritte 222
  - 5.7.4 Implementierung ökonomischer Mechanismen 227
  - 5.7.5 Weitere Services innerhalb des Peer-to-Peer Marktplatzes 229
    - 5.7.5.1 Zertifizierungsdienste 230
    - 5.7.5.2 Preisfindungs- und Auktionsdienste 232
    - 5.7.5.3 Archivierungs- oder Replikationsdienste 232
    - 5.7.5.4 Verzeichnisdienste 232
    - 5.7.5.5 Abrechnungsdienste 233
- 5.8 Prototypischer Peer-to-Peer Marktplatz 233
  - 5.8.1 Implementierung 233
  - 5.8.2 Anwendungsbeispiel 234
    - 5.8.2.1 Nutzung aus Sicht des Anbieters 235
    - 5.8.2.2 Nutzung aus Sicht eines Nachfragers 238
- 5.9 Ökonomische Analyse des Peer-to-Peer Marktplatzes 241
  - 5.9.1 Traditionelle Rollen eines Intermediäres 241
  - 5.9.2 Der Baligh-Richartz Effekt 243

5.10 Zusammenfassung der Besonderheiten von dezentralen Marktplätzen 244

6 Peer-to-Peer Grid-Computing 246

6.1 Problemstellung 246
6.2 Grundlagen des Grid-Computing 247
    6.2.1 Begriffsdefinition 247
    6.2.2 Anforderungen 248
    6.2.3 Anwendungsgebiete 249
6.3 Ressourcenzuteilung im Grid 250
    6.3.1 Marktliche Koordinationsmechanismen 251
        6.3.1.1 Commodity Market Model 252
        6.3.1.2 Posted Price Model 252
        6.3.1.3 Bargaining Model 252
        6.3.1.4 Tender/Contract-Net Model 253
        6.3.1.5 Bid-based Proportional Resource Sharing Model ... 253
        6.3.1.6 Auction Model 254
        6.3.1.7 Cooperative Bartering Model 255
6.4 Architektur eines Java-basierten Grid-Prototypen 256
    6.4.1 Anforderungen an den Prototypen 256
    6.4.2 Fachkonzept 256
    6.4.3 DV-Konzept 259
6.5 Zukünftiger Forschungsbedarf 262

7 Zusammenfassung und Ausblick 263

8 Anhang: Darstellung weiterer Ergebnisse der Umfrage 266

Abbildungsverzeichnis

Abbildung 1: Verschiedene Abstraktionsebenen eines Systems 11
Abbildung 2: Reine P2P Architektur 18
Abbildung 3: Brokered P2P Architektur 19
Abbildung 4: Hybride (links) und hierarchische (rechts) P2P Architektur 20
Abbildung 5: Gründe („Gesetze") für die Verbreitung von P2P Anwendungen 23
Abbildung 6: Der P2P Innovationszyklus 25
Abbildung 7: Web Service Architektur 32
Abbildung 8: Lebenszyklus eines Web Services 35
Abbildung 9: Das Schichtenmodell des JXTA-Framework 38
Abbildung 10: Pipe-Advertisement 41
Abbildung 11: Diensteverhältnis im P2P Framework 55
Abbildung 12: Aufruf eines Dienstes innerhalb des P2P Frameworks 58
Abbildung 13: In XML modellierte Zugriffsregel für P2P Services 64
Abbildung 14: Recht zur Definition von Regeln 66
Abbildung 15: Rechte bezüglich Gruppenadministration und Administration von Nutzern in Gruppen 67
Abbildung 16: Ablauf einer Anfrage an einen Dienst mit Prüfung der Berechtigung 68
Abbildung 17: Mögliches Zusammenspiel der Basic Framework Services 69
Abbildung 18: Möglichkeiten der Verteilung der Peerlogik und Präsentationsschicht 73
Abbildung 19: Grundlegende Klassen des Frameworks I 76
Abbildung 20: Grundlegende Klassen des Frameworks II 77
Abbildung 21: XML-Repräsentation eines Services 78

Abbildung 22: Prozess der Benutzeroberflächengenerierung für einen Browser..........79

Abbildung 23: Prozess des Aufrufens einer Methode eines (Peer)Services...80

Abbildung 24: Vorgehen für die Entwicklung des P2P Geschäftsmodells......85

Abbildung 25: Verwertungsphasen des geistigen Eigentums........87

Abbildung 26: Funktionale Bereiche eines DRM-Systems..........89

Abbildung 27: Raubkopierraten verschiedener Regionen der Welt........92

Abbildung 28: Raubkopierte Software in Beziehung zum Pro-Kopf-Einkommen............93

Abbildung 29: Genutzte Angebote zum Download von Musik.........94

Abbildung 30: Mehr- bzw. Wenigerkäufe von Musik aufgrund von Brennen (oben) und Downloaden (unten) in Prozent der Personen......95

Abbildung 31: Austauschbeziehungen, im neoklassischer Markt (links) und im Informationsgütermarkt (rechts)..........98

Abbildung 32: Verbreitung (oben) und Verbreitungsgeschwindigkeit (unten) des Informationsgutes................102

Abbildung 33: Verlauf der Gesamtverbreitung F(t) (oben) und der Gesamtverbreitungsgeschwindigkeit f(t) (unten)..........106

Abbildung 34: Preis-Absatz-Funktion auf einem Markt für ein Informationsgut.............109

Abbildung 35: Entwicklung der Anteile der Raubkopierer und der Käufer im Zeitablauf............110

Abbildung 36: Verbreitungsgeschwindigkeiten der Distributionsmechanismen...........111

Abbildung 37: Typische Phasen im Lebenszyklus eines Informationsgutes...........112

Abbildung 38: Umsatz pro Marktteilnehmer in Abhängigkeit des Preises.....114

Abbildungsverzeichnis

Abbildung 39: Affiliates von www.pressplay.com zur kommerziellen Distribution von Online-Musik 119

Abbildung 40: Kommerzieller Download bei einem Music Service Provider 120

Abbildung 41: Das gescheiterte P2P Geschäftsmodell von Napster 122

Abbildung 42: Phasen eines Transaktionsprozesses 123

Abbildung 43: Distributions- und Erlösmodell 128

Abbildung 44: Qualitäts-Tracing 133

Abbildung 45: Einordnung denkbarer Mehrwertfunktionen im Transaktionsprozess 134

Abbildung 46: Ablauf einer sicheren kommerziellen Content-Transaktion 145

Abbildung 47: Anteil der Gewinner in Abhängigkeit der Beteiligungsquote (k=1) 155

Abbildung 48: Anteil derer, die ein bestimmtes Mindestniveau an Gewinn bzw. Verlust bei einer Beteiligungsquote von 50% erreichen ($\alpha=0{,}5$) 156

Abbildung 49: Durch zusätzliche Erlöskomponente veränderter Diffusionsprozess 160

Abbildung 50: Mittelwerte der Einschätzungen der Mehrwertdienstleistungen 165

Abbildung 51: Empirische und geschätzte Nachfragekurven in den beiden Szenarien 168

Abbildung 52: Der Prozess des Streamings 176

Abbildung 53: Koordination des verteilten Downloads eines Streams 181

Abbildung 54: Gang der Untersuchung 198

Abbildung 55: DV-Unterstützung bei Transaktionen mit digitalen/physischen Gütern 203

Abbildung 56: Einordnung des Begriffs „elektronischer Markt" 204

Abbildung 57: Einordnung einiger elektronischer Markplätze bezüglich der Marktteilnehmer 205

Abbildung 58: Schematische Funktionsweise eines elektronischen Marktplatzes 206

Abbildung 59: Informationsflüsse während einer Filesharing Transaktion 209

Abbildung 60: Rechts: Schematischer Aufbau des P2P basierten Modells eines elektronischen Marktplatzes, links das traditionelle Client/Server Modell 218

Abbildung 61: Einfache, generische DTD zur Notation von Eigenschafts-Werte Paaren 221

Abbildung 62: Vereinfachtes XML-Dokument, welches den Produkttyp „gebrauchter Volkswagen" beschreibt 222

Abbildung 63: Das VW-Template transformiert in ein einfaches HTML-Formular 223

Abbildung 64: Die ersten transaktionsbegleitenden Schritte 226

Abbildung 65: Ein exemplarischer Baum von Transaktionsatomen 226

Abbildung 66: Bewertungshistorie eines Teilnehmers bei Ebay 229

Abbildung 67: Zertifizierungsdienst für Reputationskonten 231

Abbildung 68: Kommunikation von Peer-Anwendung und Indexserver innerhalb des Agora Netzes 234

Abbildung 69: Nutzerregistrierung 235

Abbildung 70: Templateausschnitt 236

Abbildung 71: Veröffentlichen eines Templates 236

Abbildung 72: Darstellung einer Anfrage 237

Abbildung 73: Erstellung des Angebotes 238

Abbildung 74: Produkttyp-Template Recherche 238

Abbildung 75: Ergebnisse der Suche nach Produkttemplates 239

Abbildung 76: Das Golfschlägertemplate 240

Abbildung 77: Das entschlüsselte Angebot aus Sicht des Nachfragers 240

Abbildung 78: Anzahl der Kontakte ohne und mit Intermediär 243

Abbildung 79: Auswahl eines GSP's im Tender/Contract-Net Model 253

Abbildung 80: Ablaufschema einer automatisierten Auktion 255

Abbildung 81: Logische Bausteine des Prototyps (Überblick) 258

Abbildung 82: Datenflussdiagramm der Gesamtfunktionalität
des Systems 259

Abbildung 83: Klassendiagramm der Softwarearchitektur 261

Abbildung 84: Kaufverhalten von CDs pro Jahr 266

Abbildung 85: Zugangsart ins Internet von zu Hause aus 266

Abbildung 86: Nutzungsintensität von Filesharing-Systemen 267

Abbildung 87: Weitere aus Filesharing-Systemen bezogene Medientypen
(Mehrfachnennungen möglich) 267

Abbildung 88: Angebotsverhalten in Filesharing-Systemen 268

Abbildung 89: Wichtigkeit der individuellen Auswahl von Songs 269

Tabellenverzeichnis

Tabelle 1:	Systematisierung der bearbeiteten Themengebiete	3
Tabelle 2:	Forschungsfragen in den verschiedenen Kapiteln	4
Tabelle 3:	Beispielhafte P2P Definitionen	16
Tabelle 4:	Übertragungsdauern alternativer Technologien auf der letzten Meile	22
Tabelle 5:	Methoden des Userindexers	60
Tabelle 6:	Methoden des Serviceindexers	61
Tabelle 7:	Methoden des Ressourcenindexers	62
Tabelle 8:	Methoden des Peerindexers	63
Tabelle 9:	Methoden des Berechtigungsindexers	67
Tabelle 10:	Beispielhafte Methoden eines Reputationsservices	70
Tabelle 11:	Entwicklung der Zugriffe auf www.napster.com in Deutschland	86
Tabelle 12:	Mögliche Ereignisse beim Ziehen von zwei Kugeln aus einer Urne	100
Tabelle 13:	Gegenüberstellung des Cournot-Modells mit dem vorgestellten Modell	115
Tabelle 14:	Spezifische Anforderungen an ein P2P Geschäftsmodell für Online-Musik	126
Tabelle 15:	Benötigte Variablen während des Transaktionsprozesses	138
Tabelle 16:	Angriffsszenarien einer Content-Transaktion	146
Tabelle 17:	Szenarien der zeitlichen Verteilung eines Musiktitels im P2P Netz	153
Tabelle 18:	Bewertung verschiedener Modelle digitaler Musikdistribution	161
Tabelle 19:	Fragebogen	164

Tabelle 20:	Schätzung der Nachfragekurve, Szenario: „mit Kostenlosalternative"	169
Tabelle 21:	Schätzung der Nachfragekurve, Szenario: „ohne Kostenlosalternative"	169
Tabelle 22:	Korrelationsmatrix der erhobenen Merkmale	170
Tabelle 23:	Schätzung der Zahlungsbereitschaft im Szenario „mit Kostenlosalternative"	171
Tabelle 24:	Schätzung der Zahlungsbereitschaft im Szenario „ohne Kostenlosalternative"	172
Tabelle 25:	Verbreitete Anbieter von Streaming-Technologien	177
Tabelle 26:	Fragmentengpassbetrachtung	189
Tabelle 27:	Parameterkonstellation der beiden Szenarien	190
Tabelle 28:	Notwendige Anzahl Peers in den beiden Szenarien	191
Tabelle 29:	Fragmentengpasskalkulation im Szenario (2) viel Bandbreite ($R^*=8$)	191
Tabelle 30:	Verschiedene Gesamtredundanzen R^* in den beiden Szenarien	192
Tabelle 31:	Schritte während der Informationsphase	211
Tabelle 32:	Informationsflüsse während der Verhandlungsphase	212
Tabelle 33:	Informationsflüsse während der Abwicklungs- und Kontrollphase	213

Abkürzungsverzeichnis

ACID	Atomicity, Consistency, Isolation, Durability
API	Application Programming Interface
ASCII	American Standard Code for Information Interchange
ASP	Application Service Providing
CGI	Common Gateway Interface
CORBA	Common Object Request Broker Architecture
DTD	Document Type Definition
DRM	Digital Rights Management
DV	Datenverarbeitung
FTP	File Transfer Protocol
GSP	Grid Service Provider
HTML	Hypertext Markup Language
HTTP	Hypertext Transfer Protocol
IDL	Interface Definition Language
IIOP	Internet Inter-Orb Protocol
IP	Internet Protocol
IT	Information Technology
IV	Informationsverarbeitung
JXTA	Peer-to-Peer Initiative von Sun
MD5	Message Digest 5
MQ	Message Queuing
OMG	Object Management Group
P2P	Peer-to-Peer
PC	Personal Computer
POP	Post Office Protocol
RMI	Remote Message Invocation
RPC	Remote Procedure Call
RSA	Rivest Shamir Adleman
RSVP	Realtime Reservation Protocol
RTP	Realtime Transport Protocol
RTCP	Realtime Control Protocol
RTSP	Realtime Streaming Protocol
SETI	Search for Extraterrestrial Intelligence at Home
SHA1	Secure Hash Algorithm 1
SMTP	Simple Mail Transport Protocol
SOAP	Simple Object Access Protocol
SQL	Structured Query Language
TCPA	Trusted Computing Platform Alliance
TCP	Transmission Control Protocol
UDDI	Universal Description, Discovery and Integration of Web Services
UDP	User Datagram Protocol
W3C	World Wide Web Consortium
WSDL	Web Services Description Language
WWW	World Wide Web

XML	eXtensible Markup Language
XSL	eXtensible Stylesheet Language
XSLT	XSL Transformations

1 Einleitung

1.1 Problemstellung

Peer-to-Peer (P2P) Systeme, hier insbesondere die weit verbreiteten Filesharing-Systeme, haben in der jüngsten Vergangenheit erhebliche Popularität bei den Nutzern gewonnen. Aus Unternehmenssicht jedoch müssen diese P2P Systeme als ungesteuertes, evolutionär gewachsenes und selbstorganisierendes Phänomen angesehen werden, welches sich jeglicher Unternehmenskontrolle entzieht. Zahlreiche Urheberrechtsverletzungen und die erheblichen Bemühungen der Medienindustrie gegen Filesharing-Systeme vorzugehen, belegen diesen Umstand.

Für eine wirtschaftswissenschaftliche Arbeit besteht die Fragestellung, inwiefern P2P Systeme sinnvoll für kommerzielle Zwecke eingesetzt werden können. Im Mittelpunkt steht in der vorliegenden Arbeit die Entwicklung und Analyse von P2P Systemen für Applikationen im Bereich von elektronischen Märkten. In diesem Zusammenhang sind insgesamt drei verschiedene Themengebiete interessant:

- **P2P Systeme für digitale Produkte.** Digitale Produkte sind z.B. Musik, Videos, aber auch Software. Diese Produkte können sehr leicht über das Internet distribuiert werden, was bisher oft mit Hilfe von Filesharing-Systemen - allerdings meist ohne Erlaubnis des Rechteinhabers – geschieht. Es stellt sich insofern die Frage, inwiefern P2P Systeme zur kommerziellen Distribution von digitalen Produkten beitragen können.

- **P2P Systeme und elektronische Märkte.** Elektronische Märkte unterstützen die Abwicklung einer Transaktion auf elektronischem Wege. Im Gegensatz zu digitalen Produkten ist die Distribution über das Internet hier nicht immer möglich. In diesem Themenkomplex ist zu untersuchen, inwiefern ein P2P System helfen kann, eine Transaktion ohne einen ökonomischen Intermediär abzuwickeln.

- **P2P Systeme und Grid-Computing.** Grid-Computing wird schon seit längerer Zeit als Thema in verschiedensten Wissenschaftszweigen bearbeitet. Grid-Computing hat zum Ziel, dezentrale Ressourcen über das Internet zu „verbinden und zu koppeln", sodass für einen Nutzer des Grids vollständige Transparenz besteht. Grid-Systeme sind zwangsweise mit P2P Systemen verwandt, da die Ressourcen verteilt sind und Knoten bzw. Nutzer innerhalb des Grids sowohl als Nachfrager als auch als Anbieter von Ressourcen fungieren können. Der Bezug zu elektronischen Märkten lässt sich durch die Allokation der dezentralen elektronischen Ressourcen durch marktliche Mechanismen herstellen.

Die drei beschriebenen Themenbereiche im Zusammenhang mit P2P und elektronischen Märkten können nicht als abschließend gelten. Es ist sicherlich denkbar, weitere Themengebiete zu erschließen und zu bearbeiten. Die drei vorgestellten Themengebiete können jedoch aus folgender Systematik hergeleitet werden.

Die Systematik beruht auf zwei Ordnungskriterien. Das erste Ordnungskriterium ist die Frage danach, ob eine P2P Architektur für die Anwendung obligatorisch ist. Dies ist z. B. für das Grid-Computing der Fall, da die Ressourcen zwangsweise verteilt sind und somit ein P2P Ansatz nahe liegt. Bei der Distribution digitaler Produkte sind jedoch weitere Distributionsmöglichkeiten, wie z. B. eine traditionelle Client/Server basierte Architektur, denkbar.

Als zweites Ordnungskriterium kann die Möglichkeit der vollständigen elektronischen Abwicklung der ökonomischen Transaktion herangezogen werden. Dabei bedeutet eine vollständig elektronische Abwicklung, dass alle Phasen einer Transaktion (Informations-, Verhandlungs- und Durchführungsphase) elektronisch – also ohne Medienbruch – durchgeführt werden können. So ist z.B. die Transaktion für die elektronische Distribution von digitalen Produkten gänzlich über das Internet durchführbar, weil selbst die logistische Auslieferung dieser Güter als Download über elektronische Netze möglich ist. Dagegen können P2P basierte Marktplätze lediglich die Phasen der Information und Verhandlung elektronisch unterstützen. Die Durchführungsphase kann – aufgrund der physikalischen Natur der gehandelten Güter – nur teilweise elektronisch unterstützt werden. Tabelle 1 fasst die vorgestellte Systematik zusammen.[1]

---

[1] Vgl. auch Keuper/Gehrke 2002, S. 21.

1 Einleitung 3

	Transaktion voll digitalisierbar	Transaktion nur teilweise digitalisierbar
P2P obligatorisch	Grid-Computing	
P2P als Alternative	Distribution digitaler Produkte	P2P basierte Marktplätze

Tabelle 1: Systematisierung der bearbeiteten Themengebiete

1.2 Gang der Untersuchung und Zielsetzung der Arbeit

Die vorliegende Arbeit umfasst fünf inhaltliche Kapitel. Kapitel zwei ist ein Grundlagenkapitel und erklärt konzeptionelle und technische Grundlagen von P2P Systemen und Architekturen. Das darauf folgende Kapitel ist technisch orientiert und beschreibt, welche Softwarekomponenten für kommerzielle P2P Anwendungen notwendig sind. Es wird ein Vorschlag für ein P2P Applikationsframework entwickelt.

Die Kapitel vier bis sechs stellen die Hauptkapitel dar, da hier der Bezug zwischen P2P Systemen und elektronischen Märkten hergestellt wird.

Kapitel vier betrachtet dabei das Thema P2P und digitale Produkte. Dieses Kapitel stellt ein Geschäftsmodell für einen Marktplatz dar, um digitale Produkte innerhalb eines P2P Netzwerkes kommerziell zu distribuieren. Aufgrund der Aktualität und des unmittelbaren Praxisbezugs stellt dieses Kapitel das umfangreichste dar.

Kapitel fünf beschäftigt sich damit, wie man einen elektronischen Marktplatz mit einer P2P Architektur umsetzen kann. Dieser Themenkomplex ist bisher in der Literatur kaum vertreten und kann insofern als ein erster Versuch gesehen werden, das P2P Paradigma auch auf elektronische Marktplätze im Allgemeinen auszuweiten.

Das Kapitel sechs fokussiert P2P im Zusammenhang mit Grid-Computing. Grid-Computing ist in der Literatur, besonders in den USA, seit geraumer Zeit ein umfassend bearbeitetes Thema. Um den Bezug zu elektronischen Marktplätzen herzustellen, wird hier auch auf marktliche Allokationsmechanismen für die verteilten Ressourcen im Grid eingegangen. Darüber hinaus wird ein Grid Prototyp präsentiert, der das dynamische Verarbeiten beliebiger Rechenaufträge in einem Grid demonstriert. Da das Thema Grid-Computing in Teilen schon umfangreich in der Literatur bearbeitet wurde, wird dieses Kapitel sehr knapp abgehandelt.

Damit sich der Leser einen Eindruck von den verschiedenen Kapiteln machen kann, ohne bereits tief mit der Thematik vertraut zu sein, sind in Tabelle 2 die wichtigsten Forschungsfragen aus jedem Kapitel dargestellt.

Kapitel	Forschungsfragen
Kapitel 2: P2P Grundlagen	• Wie kann P2P definiert werden? • Welche P2P Architekturen gibt es? • Welche Technologien eignen sich für die Realisierung von P2P Systemen? • Welche P2P Anwendungen sind existent?
Kapitel 3: Entwicklung von kommerziellen P2P Anwendungen	• Was sind die Anforderungen an kommerzielle P2P Anwendungen? • Wie kann ein Framework für Realisierungen von kommerziellen P2P Systemen ausgestaltet sein?
Kapitel 4: P2P basierte Märke und Geschäftsmodelle für digitale Güter	• Wie kann das Raubkopierproblem empirisch und theoretisch analysiert werden? • Wie muss ein kommerzielles P2P System konzeptionell aufgebaut sein, um Content kostenpflichtig zu vertreiben? • Wie muss ein solches kommerzielles P2P System technisch implementiert werden? • Welche ökonomischen Implikationen werden durch ein solches P2P System erzeugt? • Was erwarten Konsumenten von kommerziellen Download-Diensten für digitale Produkte? • Welche Erweiterungen eines kommerziellen Systems für den Vertrieb digitaler Inhalte sind möglich?
Kapitel 5: Dezentralisierung von elektronischen Marktplätzen mit P2P Technologien	• Was sind elektronische Markplätze? • Welche Anforderungen muss ein P2P basierter elektronischer Marktplatz erfüllen? • Wie kann ein solcher P2P Marktplatz technisch umgesetzt werden? • Wie ist ein P2P Marktplatz ökonomisch einzuordnen?
Kapitel 6: P2P Grid-Computing	• Was ist Grid-Computing? • Welche marktlichen Koordinationsmechanismen für dezentrale Ressourcen sind möglich? • Wie kann man ein P2P Grid-System implementieren?

Tabelle 2: Forschungsfragen in den verschiedenen Kapiteln

1.3 Forschungsmethodik

Nachdem die Problemstellung und der Gang der Untersuchung der vorliegenden Arbeit vorgestellt wurden, stellt sich die Frage nach der Methodik der Erkenntnisgewinnung[2]. Als betriebswirtschaftliche Forschungsmethoden unterscheiden Bea/Dichtl/Schweitzer im Wesentlichen folgende Methoden.[3] Es ist jeweils beschrieben, in welchem Umfang die entsprechende Methode in dieser Arbeit Eingang gefunden hat.

- **Klassifizierung und Typisierung.** Die Klassifizierung und die Typisierung bedeuten die systematische Einordnung der für eine wissenschaftliche Abhandlung notwendigen Begriffe. Selbstverständlich wird auch in der vorliegenden Arbeit hiervon Gebrauch gemacht. Besonders im Grundlagenkapitel werden Typisierungen von P2P Architekturen und den entsprechenden Technologien vorgenommen.

- **Induktive Methode.** Die induktive Methode ist ein Schlussfolgerungsverfahren, bei dem von einer endlichen Zahl beobachteter Einzelsachverhalte auf eine Hypothese mit Allgemeingültigkeit geschlossen wird. In dieser Arbeit wird von dieser Methode z.B. in Kapitel vier Gebrauch gemacht. Dort wird insbesondere die empirisch-induktive Methode angewandt, da eine Online-Umfrage zum Konsum von digitaler Musik statistisch und ökonometrisch ausgewertet wird.

- **Deduktive Methode.** Die deduktive Methode folgt aufgrund logischer oder formaler Methoden ausgehend von zuvor plausibel gemachten Prämissen bzw. Axiomen. Diese Methode wird in der vorliegenden Arbeit am meisten verwendet. An mehreren Stellen werden Anforderungen an P2P Systeme formuliert, die sich dann anschließend in einem Konzept manifestieren. Dieses ingenieursmäßige Vorgehen entspricht am ehesten der deduktiven Methode, da von gewissen Anforderungen, die als Prämissen gedeutet werden können, auf (fachliche und DV-) Konzepte geschlossen wird.

---

[2] Für eine intensive Einführung in die Forschungsmethoden der Wirtschaftswissenschaften siehe Chmielewicz 1979, S. 36ff.
[3] Vgl. Bea/Dichtl/Schweitzer 2000, S. 66ff.

- **Modellierung.** Die Modellierung versucht, reale ökonomische Sachverhalte mit Hilfe eindeutiger Abbildungsvorschriften in einem Modell zu erfassen. Besonders in zwei Abschnitten dieser Arbeit wird eine mathematische Modellierung wirtschaftlicher Sachverhalte vorgenommen. In Kapitel vier findet einerseits die mathematische Modellierung eines Marktes für Informationsgüter statt und andererseits werden die ökonomischen Implikationen des entwickelten P2P Geschäftsmodells für den kommerziellen Vertrieb von digitalen Produkten mathematisch formalisiert.

- **Algorithmik.** Algorithmen stellen systematische und endliche Rechenvorschriften dar, die eine definierte Aufgabe abarbeiten. Auch in dieser Arbeit findet die Formulierung von Algorithmen statt. Insbesondere in Kapitel vier wird ein algorithmisches Verfahren entwickelt, welches den sicheren kommerziellen Austausch von Content in einem P2P System ermöglicht.

Wie soeben dargelegt, werden in der vorliegenden Arbeit verschiedenste Forschungsmethoden angewendet. Da es sich überwiegend um den Entwurf von P2P IV-Systemen handelt ist, eine solche breite Methodennutzung auch notwendig: die deduktive Methode für den Entwurf des IV-Systems; die induktive Methode, um das IV-System gemäß Nutzerwünschen „zu justieren"; die Algorithmik, um Abläufe im IV-System zu formalisieren und die (mathematische) Modellierung, um die ökonomischen Implikationen abzubilden.

2 Peer-to-Peer Grundlagen

Dieses Kapitel gibt eine grundlegende Übersicht über das Thema „Peer-to-Peer". Hierfür wird zunächst die Relevanz des Themas „Peer-to-Peer" verdeutlicht und darauf folgend eine Paradigmendiskussion angeregt. Weiterhin zählen die Definition von „Peer-to-Peer" und die Unterscheidung verschiedener P2P Netzwerkarchitekturen zu den Grundlagen. Eine genauere Betrachtung des Themenkomplexes bedingt anschließend die Betrachtung unterschiedlicher Technologien zur Implementierung von P2P Netzwerken und Anwendungen und eine Analyse der Anwendungsfelder von P2P Technologien. Das Kapitel schließt mit einer Übersicht über aktuelle Forschungsbestrebungen im weiten Themenbereich „Peer-to-Peer".

Die folgenden Abschnitte beschäftigen sich damit, den „Peer-to-Peer" Begriff näher zu analysieren und bieten somit einen grundlegenden Überblick. „Peer-to-Peer" bedeutet dabei nicht eine neue Klasse von Anwendungen, sondern ist als ein DV-Verarbeitungs-Paradigma - ergänzend zum Client/Server Paradigma - zu verstehen und weniger als ein bestimmtes Konzept oder eine Applikation. Insofern hat das Thema „Peer-to-Peer" einen grundsätzlichen Charakter und ist aus dreierlei Sichtweisen interessant und daher untersuchenswert:

- **Öffentlichkeitswirksame Relevanz.** „Peer-to-Peer" als DV-Verarbeitungsparadigma besitzt nicht nur technische Aspekte, die nur für Fachleute zugänglich sind. Ganz im Gegenteil stehen bestimmte Aspekte des P2P Themas auch außerhalb der IT-Fachpresse sehr in der Öffentlichkeit. Diese Öffentlichkeitswirksamkeit bezieht sich dabei vor allem auf die zahlreichen Filesharing-Systeme, die den kostenlosen Bezug von z.B. digitaler Musik für jedermann ermöglichen und somit bei Musiklabels zu Umsatzeinbußen und Urheberrechtsverletzungen führen. Aufgrund dieser Situation wird und wurde in den Medien von zahlreichen Urheberrechtsverletzungen durch Filesharing-Systeme[4], von Umsatzeinbußen[5], von Gegenmaßnahmen seitens der Musikindustrie[6], Rechtsstreitereien zwischen P2P Netzbetreibern und der Musikindustrie[7] und von

---

[4] Vgl. IFPI 2003.
[5] Vgl. Spiegel Netzwelt 2003a.
[6] Vgl. Golem Networld 2003, Spiegel Netzwelt 2003b.
[7] Vgl. Heise 2001.

der ständig evolvierenden Landschaft neuer Filesharing-Systeme[8] intensiv berichtet. Im Licht der P2P Applikation „Filesharing" ist das Thema P2P gleichermaßen für Internetnutzer und Musikindustrie interessant: Für die Internetnutzer, weil sie kostenlos zu ihrer neuesten Lieblingsmusik kommen und für die Musikindustrie, weil sie kommerzielle Geschäftskonzepte für den Absatz ihrer Musik im Internet benötigt.

- **Wirtschaftliche Relevanz.** Das bereits genannte Filesharing ist nur eine Applikation, die durch das P2P Paradigma ermöglicht wird. Von unmittelbarer Relevanz ist weiterhin, wie P2P Netze konstruiert werden müssen, um damit auch kommerziell Inhalte zu vertreiben. Die Beantwortung dieser Fragestellung würde einen neuen Vertriebskanal für die Medienbranche bieten. Eine weitere Forschungsfrage, die von wirtschaftlicher Relevanz ist, ist die Frage der Koordination und Allokation von verteilten Ressourcen. In diesem Bereich ist z.B. das Grid-Computing[9] ein interessanter Untersuchungsgegenstand, der durchaus Platz für ökonomische Forschung bietet. Weiterhin kann auch versucht werden, P2P Konzepte auszunutzen, um eine weitere Desintermediation[10] auf elektronischen Märkten zu erreichen, denn in P2P Netzen können Wirtschaftssubjekte direkt miteinander kommunizieren und benötigen keine ökonomisch relevante zentrale Plattform mit Intermediärcharakter.

- **Technologische Relevanz.** Forschungsarbeiten zum Thema P2P Technologien bzw. technologische Konzepte sind in jüngster Vergangenheit in sehr umfangreichem Maße erschienen. Diese Art von Forschungsarbeiten adressieren hauptsächlich die erhebliche Dezentralität von P2P Netzen und schlagen im weitesten Sinne Technologiekonzepte für das „Management" von und in P2P Netzen vor. Weit verbreitete Themen sind: das performante und effiziente Routen[11] in P2P Netzen, effizientes Auffinden von Ressourcen (Dateien, Dienste,...) im Netz[12], Sicherheit in P2P Netzen[13] oder die technische Konzeption von P2P Anwendungen und

---

[8] Vgl. Mediasharing 2003.
[9] Vgl. Foster/Kesselman/Tuecke 2002.
[10] Vgl. Tomczak/Schögel/Birkhofer 2000, S. 225.
[11] Vgl. Scammel 2001.
[12] Vgl. Tang/Xu/Mahalingam 2002.
[13] Vgl. Sit/Morris 2002.

Architekturen[14]. Technologische P2P Konzepte können jedoch auch als wissenschaftliche Vorarbeiten für andere Forschungsbereiche gelten, wie z.B. für Mobile-Computing Anwendungen, bei denen mobile Einheiten spontan miteinander interagieren[15], oder auch für das so genannte Ubiquitous-Computing[16].

Nachdem die Relevanz des Themas „Peer-to-Peer" aufgezeigt wurde, stellt sich an dieser Stelle die Frage, welche Aspekte grundlegend betrachtet werden sollten. Die vorliegende Arbeit geht zunächst den Weg einer Paradigmendiskussion. Diese Diskussion betrachtet das Thema aus der Vogelperspektive und verknüpft das Thema „Peer-to-Peer" mit anderen – auch zunächst fachfremden – Bereichen und ist somit als Versuch zu werten, die Bedeutung des P2P Paradigmas auf eine sehr allgemeine Weise darzustellen. Ergebnis der Diskussion ist die Feststellung, welche Beiträge die Wirtschaftsinformatik als wissenschaftliche Disziplin zu diesem Thema leisten kann. Darauf folgend wird der Betrachtungsfokus verengt, um sich zielgerichteter mit der genauen wissenschaftlichen Ausrichtung der vorliegenden Arbeit zu beschäftigen. Zu diesem Zweck werden zunächst eine Definition des P2P Begriffes unternommen und anschließend verschiedene P2P Architekturen charakterisiert. Es folgt dann eine Begründung, warum P2P Computing gerade in der jüngsten Vergangenheit zu einem relevanten Thema geworden ist. Aufbauend auf diesen Erkenntnissen werden im nächsten Schritt die unterschiedlichen Anwendungsbereiche aufgezeigt, bei denen das P2P Paradigma angewendet werden kann. Außerdem werden P2P Basistechnologien und der derzeitige Stand der Forschung verdeutlicht.

2.1 Peer-to-Peer – Eine Paradigmendiskussion

Für eine Diskussion des P2P Paradigmas ist es zunächst sinnvoll, die Begrifflichkeiten „Paradigma" und „Peer-to-Peer" bezüglich eines allgemeinen, noch nicht auf die Informatik oder Wirtschaftsinformatik bezogenen, Verständnisses zu analysieren.

---

[14] Vgl. Minar 2001a, Minar 2001b.
[15] Vgl. Papadimitratos/Hass 2002.
[16] Vgl. Fleisch/Mattern/Billinger 2003, S. 5ff.

Der Begriff des Paradigmas lässt sich ursprünglich in der Philosophie finden. In der Antike versteht Platon im Rahmen seiner Ideenlehre[17] Paradigmen als „Urbilder sinnlich wahrnehmbarer Dinge. Sie werden für ewig, unveränderlich und ermöglichend gehalten, während die nach ihnen gestalteten innerweltlichen Dinge veränderlich und vergänglich sind"[18]. Ein etwas modernerer Paradigmenbegriff in der Wissenschaftstheorie wird von Kuhn geliefert. Der Begriff des Paradigma steht dabei „[...] für die eine Wissenschaft in einem bestimmten Zeitraum prägenden allgemein akzeptierten Auffassungen"[19]. Weiterhin regelt ein Paradigma „[...], was als untersuchenswerter Gegenstand wissenschaftlicher Betrachtung zu gelten hat, die Art und Weise, wie dieser Gegenstand zu beobachten ist und was als befriedigende Lösung eines wissenschaftlichen Problems anzusehen ist.". Diese Definition Kuhns zeigt, dass die Gültigkeit von Paradigmen stets zeitabhängig ist und somit – je nach den allgemeinen und wissenschaftlichen Möglichkeiten – im Kontext der realen und wissenschaftlichen Umgebung zu sehen ist. In einem späteren Abschnitt wird erklärt, warum das Thema „Peer-to-Peer" sich zu einem Paradigma entwickeln konnte.

Nach dem Begriff des „Paradigma" ist nun der Begriff „Peer-to-Peer" zu analysieren. „Peer-to-Peer" bedeutet übersetzt lediglich „von Gleich zu Gleich" und weist zunächst nicht grundsätzlich auf einen IT-Bezug hin. An dieser Stelle soll auch noch kein IT-Bezug hergestellt werden, da die Diskussion zunächst noch allgemeiner Natur sein soll. Eine Überleitung zum IT-Kontext erfolgt erst am Ende der Paradigmendiskussion.

Die bisherigen Begriffsanalysen sind sehr allgemein gehalten. Beim „Peer-to-Peer" Begriff wird also zunächst die Frage aufgeworfen, in welcher Beziehung „Gleich zu Gleich" steht. Um noch unabhängig von einer Wissenschaftsdisziplin zu bleiben, soll anfangs nur gesagt werden, dass „Gleich zu Gleich" bedeutet, dass etwas zwischen zwei gleichartigen oder ähnlichen Elementen „organisiert" wird. Diese „Organisation" kann ein Austausch von Informationen – wie z.B. in Gesellschaften, in der Wirtschaft oder in der Informatik üblich - sein oder auch – wie in der Elementarteilchenphysik - ein **Austausch von Kräften** sein. Aufgrund des Austausches zwischen den Elementen folgt eine **Reaktion** zwischen den bzw. innerhalb der Elemente. Diese Reaktion kann als

---

[17] Vgl. Platon 1990, S. 555ff.
[18] Vgl. Brockhaus 1991, S. 571, Stichwort „Paradigma".
[19] Vgl. Gabler 1997, S. 2921, Stichwort „Paradigma".

2 Peer-to-Peer Grundlagen

Veränderung bestimmter definierter Parameter der Elemente gesehen werden. Betrachtet man die Gesamtheit aller im System interagierender Elemente, so kann der **Gesamtzustand des Systems** erfasst werden. Definiert man Kennzahlen, die den Gesamtzustand des Systems geeignet charakterisieren, so kann mit diesen Kennzahlen der **Makrozustand** des Systems definiert werden. Die Darstellung des Makrozustandes des Systems bedeutet gegenüber dem Gesamtzustand des Systems einen Informationsverlust, jedoch reichen die definierten Kennzahlen aus, um das Gesamtsystem mit Hilfe des Makrozustandes bezüglich eines bestimmten Ziels hinreichend zu beschreiben. Abbildung 1 zeigt den Prozess von der individuellen Interaktion der Systemelemente bis hin zum Makrozustand des Systems auf verschiedenen Abstraktionsebenen.

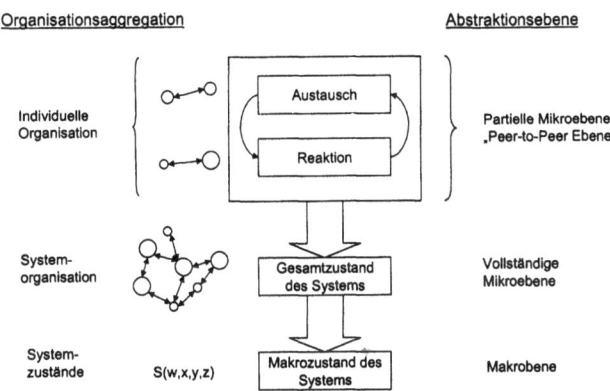

Abbildung 1: Verschiedene Abstraktionsebenen eines Systems

Insgesamt gibt es drei Ebenen: Die Ebene der **individuellen Organisation** kann als die „Peer-to-Peer" Ebene interpretiert werden. Auf dieser Ebene findet die Organisation der Systemelemente – der Peers – durch Interaktion statt. Die zweite Ebene beschreibt den **Gesamtzustand des Systems** als das Ergebnis der individuellen Organisation. Die **Makroebene** aggregiert das System geeignet zu wenigen charakterisierenden Kennzahlen.

Bezüglich der oben dargestellten Abstraktionsebenen können nun zwei unterschiedliche Forschungsmethoden angeführt werden, die Formulierung **deskriptiver** und **normativer Modelle**.

Deskription beschäftigt sich mit der Beschreibung und somit der Erklärung von Systemen. Um ein System zu beschreiben, ist es notwendig, Verhaltensannahmen über die inhärenten Elemente des Systems zu treffen. Durch die Definition von Verhaltensannahmen kommt es zur Modellierung des Systems. Modelle setzen dabei auf einer der drei genannten Ebenen an, indem sie Verhaltensannahmen auf einer der Abstraktionsebenen treffen. Ein Modell, dass seine Verhaltensannahmen auf der „Peer-to-Peer" Ebene, also der Ebene der Interaktion der einzelnen Systemelemente, definiert und den Makrozustand des Systems genauso gut erklärt, wie ein Modell, dass die Verhaltensannahmen auf einer höheren Abstraktionsebene trifft, ist stets aussagekräftiger und wissenschaftlich gehaltvoller. Dies ist vor allem dadurch zu erklären, dass nahezu alle Prozesse in der Realität auf der dezentralen „Peer-to-Peer Ebene" ihren Ursprung haben und dadurch ein System „an der Wurzel" erklärt wird. Als Beispiel können gesellschaftliche Kommunikationsprozesse, wirtschaftliche Vernetzung oder die Wechselwirkung von Elementarteilchen gelten.

An dieser Stelle erscheint es sinnvoll, einige Beispiele von Theorien darzustellen, um sie bezüglich der gewählten Abstraktionsebene der Verhaltensannahmen einzuordnen. Besonderes Augenmerk verdienen dabei die Theorien von Typ „Peer-to-Peer", die ihre Verhaltensannahmen auf der Interaktionsebene ihrer atomaren Systemelemente definieren. Nachfolgend werden exemplarisch einige Modelle mit wirtschaftswissenschaftlichem Bezug bezüglich ihrer Abstraktionsebene eingeordnet.

Das **IS-LM Modell** ist ein Modell der Makroökonomie.[20] Das Modell beschreibt nicht das Verhalten individueller Wirtschaftssubjekte, sondern aggregiert Güter- und Geldmarkt zu gesamtwirtschaftlichen Funktionen. Das IS-LM Modell ist bezüglich seiner Modellvorstellung auf der Ebene des **Makrozustands** des zu beschreibenden Systems, der Volkswirtschaft, einzuordnen.

Das **neoklassische Marktmodell**[21] modelliert Nachfrage- und Angebotskurven durch das Aufsummieren der Nachfrage bzw. des Angebots jedes einzelnen Haushalts bzw. Unternehmens. Jeder Haushalt besitzt dabei eine Nutzenfunktion und generiert mit seiner Budgetrestriktion seine Nachfrage. Auf der Angebotsseite generiert jede Unternehmung ihr Angebot mit Hilfe ihrer

---

[20] Vgl. Rittenbruch 1990, S. 234ff.
[21] Vgl. Schumann/Meyer/Ströbele 1999, S. 22ff.

Produktionsfunktion und dem Ziel der Gewinnmaximierung. Da dieses Modell Angebot und Nachfrage als Gesamtprozess aller individuellen Angebote und Nachfragen darstellt, liegt die Vermutung nahe, es handele sich um ein Modell, das auf „Peer-to-Peer Ebene" ansetzt. Dies ist jedoch nicht der Fall, da das Modell nicht die Interaktion zwischen den Wirtschaftssubjekten selbst abbildet.[22] Vielmehr koexistieren Nachfrager und analog Anbieter ohne Wechselwirkungen und reagieren lediglich auf Preisausrufe des zentralen neoklassischen Auktionators. Das neoklassische Modell ist insofern auf der vollständigen Mikroebene, nicht jedoch auf der „Peer-to-Peer Ebene" anzusiedeln. Folgend sollen zwei Beispiele für Modelle auf „Peer-to-Peer Ebene" dargestellt werden. Johansen / Sornette und Ledoit beschreiben in ihrem Aufsatz „Predicting Financial Crashes Using Discrete Scale Invarance"[23] ein Modell für Vorhersagen von Crashes auf Kapitalmärkten. Die Entwicklung des Kurses eines Vermögensgegenstandes hängt dabei von den Kaufentscheidungen der Marktteilnehmer ab. Die Entscheidungen wiederum fällt jeder Marktteilnehmer mit Hilfe einer Überlagerung der Zustände seiner benachbarten Teilnehmer und seiner individuellen „Meinung": „All the traders in the world are organised into a network (family, friends, collegues, etc.) and they influence each other *locally* through this network: For instance, an active trader is constantly on the phone exchanging information and opinions with a set of selected collegues"[24]. Dieses Zitat zeigt deutlich den „Peer-to-Peer" Chararkter des Modells: dezentrale ökonomische Agenten handeln durch Austausch von Informationen in Abhängigkeit gleichartiger Nachbarn.

Ein weiteres Beispiel für „Peer-to-Peer" basierte Modelle sind so genannte „Social Percolation" Modelle[25]. Auch Perkolationsmodelle beschäftigen sich mit dem Verhalten eines Gesamtsystems, wobei direkte lokale Interaktionen zwischen ökonomischen oder sozialen Agenten stattfinden, so dass sich soziale Netzwerke herausbilden. Solomon modelliert ein soziales Netzwerk, in dem sich Agenten entscheiden sollen, ob sie einen Kinofilm anschauen oder nicht: „On each site there is an agent i („film goer") which can communicate information about the film and its quality q to ‚its nearest neighbours' (agents

---

[22] Gemeint ist, dass in dem Modell nicht vorgesehen ist, dass sich Nachfrager gegenseitig austauschen oder zwischen produzierenden Unternehmen Wechselwirkungen bestehen.
[23] Vgl. Johansen/Sornette/Ledoit 1999.
[24] Vgl. Johansen/Sornette/Ledoit 1999, S. 5.
[25] Vgl. Solomon et al. 2000.

located on sites to which the present site is joined by a link)."[26]. Auch hier wird deutlich, dass diese Art von Modellen auf gegenseitigen Austauschbeziehungen zwischen „Peers" – in diesem Falle potenzielle Kinogänger – aufgebaut ist.

Obwohl die genannten „Peer-to-Peer" Modelle alle Bezug zu den Wirtschaftswissenschaften haben, stammen einige Modelle mit „Peer-to-Peer" Charakter nicht direkt aus den Wirtschaftswissenschaften, sondern aus fremden Wissenschaftsgebieten wie z.B. der Physik, die ihr Instrumentarium auf wirtschaftswissenschaftliche Fragestellungen adaptiert hat. In den Wirtschaftswissenschaften selbst wird oftmals von einem repräsentativen Wirtschaftssubjekt[27] ausgegangen und somit die Notwendigkeit der Modellierung auf der „Peer-to-Peer" Ebene ausgeklammert. Ökonomische Modelle der Wirtschaftswissenschaften, die auf der „Peer-to-Peer" Ebene ansetzen, sind etwa im Bereich der Netzwerkökonomie zu finden.[28]

Alle bisherigen Modelle waren deskriptiver Natur, da sie ein bestimmtes System zu beschreiben bzw. modellhaft zu erklären versuchen. Dieser Forschungsansatz jedoch ist für die Wirtschaftsinformatik weniger von Bedeutung. Dies ist vor allem deshalb der Fall, weil die Wirtschaftsinformatik eine angewandte Wissenschaft ist und grundsätzlich eher zum Untersuchungsgegenstand hat, wie (IT-)Systeme bezüglich einer Zielvorstellung zu gestalten sind. Die Wirtschaftsinformatik ist diesbezüglich also „schöpferisch" tätig und folgt insofern ingenieursmäßigen Prinzipien. Die ingenieursmäßige Ausrichtung jedoch impliziert eine normative, weniger aber eine deskriptive Vorgehensweise. Somit kann auch beantwortet werden, welchen Beitrag die Wirtschaftsinformatik zum Thema „Peer-to-Peer" leisten kann, nämlich die Beantwortung der Frage: „Wie ist ein IT-System bezüglich einer definierten (ökonomischen) Zielvorstellung zu konstruieren, welches eine dezentrale Informationsverarbeitung mit Hilfe vieler und überwiegend homogener Verarbeitungseinheiten abwickelt?". Konkret sind dies Fragen, wie P2P Anwendungen wie z.B. Filesharing, Groupware oder Grid-Computing hinsichtlich technischer und ökonomischer Zielsetzung auszugestalten sind.

Bestehen solche P2P Anwendungen oder Systeme bereits, können sie natürlich auch aus Sicht der Wirtschaftsinformatik deskriptiv mit Hilfe von

---

[26] Vgl. Solomon et al. 2000, S. 240.
[27] Vgl. Dornbusch/Fischer 2002, S. 360f.
[28] Vgl. Zimmermann 2002, S. 277ff.

(formalen) Modellen, wie bereits oben beschrieben, analysiert werden (z.B. bezüglich Nutzerverhalten, Systemstruktur, etc.). Die Wirtschaftsinformatik sollte sich jedoch überwiegend mit der softwaremäßigen Konstruktion und dem Design solcher Systeme unter der Nebenbedingung wirtschaftlicher Aspekte auseinandersetzen.

2.2 Der Peer-to-Peer Begriff

Der Begriff „Peer-to-Peer" ist in der Literatur nicht eindeutig definiert, so dass unterschiedliche Begriffsdefinitionen koexistieren. Wie bereits beschrieben kann „Peer-to-Peer" mit „von-Gleichem-zu-Gleichem" übersetzt werden. Diese Terminologie lässt bereits vermuten, dass hier in irgendeiner Form gleichgestellte Kommunikationspartner interagieren.[29]

Mitunter wird der Begriff „Peer-to-Peer" als eine LAN-Topologie verstanden, bei der Rechner direkt physikalisch miteinander verbunden sind. Ein solches Verständnis des P2P Begriffs aus Hardwaresicht bzw. als Vernetzungstopologie ist für die folgenden Ausführungen jedoch ungeeignet. P2P ist vielmehr – analog zum Begriff Client/Server[30] – als eine Softwarearchitektur zu sehen. Im Gegensatz zu Client/Server-Architekturen sind jedoch die Aufgabenverteilungen der beteiligten Applikationen grundsätzlich anders. Bevor jedoch eine für die vorliegende Arbeit geeignete Definition entwickelt wird, sollen zunächst einige Definitionsversuche aus der Literatur gegenübergestellt werden:

Autor	Definition
BARKAI	„P2P computing is a *network-based* computing model for applications where computers *share resources* via *direct exchanges* between the participating computers."[31]
SHIRKY	„P2P is a class of *applications* that takes advantage of resources – *storage, cycles, content, human presence* – available at the *edges of the internet*. Because accessing these *decentralized*

---
[29] Vgl. Schoder/Fischbach 2002.
[30] Vgl. Stahlknecht/Hasenkamp 1999, S. 104.
[31] Vgl. Barkai 2001, S. 13.

	resources means operating in an environment of *unstable connectivity* and *unpredictable IP addresses*, P2P nodes must operate outside DNS system and have significant or total *autonomy from central servers.*"[32]
JATELITE-SYSTEMS	„A type of Network in which each participating system (i.e. workstations, servers) has *equivalent capabilities* and *responsibilities*. Each side may initiate *communication*. This differs from client/server architectures, in which some computers are dedicated to *serving* the others."[33]

Tabelle 3:   Beispielhafte P2P Definitionen

Die dargestellten Definitionen stellen teilweise unterschiedliche Aspekte des P2P Begriffs dar. An dieser Stelle kann der P2P Begriff bzw. der Begriff des P2P Netzwerks wie folgt zusammengefasst werden. Als Merkmale für P2P Netzwerke für die vorliegende Arbeit sollen gelten:

- Es handelt sich um eine *Softwarearchitektur*.

- Die beteiligten Peers sind *direkt miteinander verbunden*. Diese direkte Verbundenheit bezieht sich jedoch nicht auf eine direkte physikalische Verbindung, sondern auf eine logische direkte Verbundenheit über das Internet mit Hilfe von TCP/IP[34].

- Die beteiligten Peers sind strukturell ähnlich aufgebaut. Die Verrichtung von Aufgaben im P2P Netzwerk basiert auf homogener Aufgabenverteilung bezüglich Last und Art der Aufgaben. Peers übernehmen insofern *temporär sowohl Client- als auch Serverfunktionalitäten*.

---

[32] Vgl. Shirky 2000.
[33] Vgl. Jatelite 2002.
[34] Vgl. Network Working Group 1991.

- Für die Verrichtung von Aufgaben werden *dezentrale Ressourcen geteilt*. Diese Ressourcen können z. B. Plattenspeicher, Rechenkapazität oder Inhalte sein.

- Eine mögliche zentrale Instanz (wie z. B. ein Indexserver) ist nur mit den nötigsten *Funktionalitäten* ausgestattet. Die grundsätzliche Kommunikation verläuft von Peer zu Peer, so dass das Netzwerk einen hohen Grad an Dezentralität aufweist.

2.3 Peer-to-Peer Architekturen

Für den Begriff des P2P Netzwerks wurden bereits einige Merkmale dargestellt. Diese Charakteristika können allgemein für P2P Netzwerke gelten. Jedoch sind P2P Netzwerke nicht immer gleichartig aufgebaut. Vielmehr gibt es erhebliche Freiheitsgrade bei der Konzeption von P2P Netzwerken, so dass eine Klassifikation generischer Architekturen sinnvoll ist.[35] Leuf kategorisiert P2P Architekturen grundsätzlich in Modelle von Typ *atomistic* (oft auch als *pure* bezeichnet), *user-centric* und *data-centric*.[36] Eine atomistische Architektur beinhaltet nur Peers, jedoch keinerlei zentrale Server. Die Modelle user-centric und data-centric enthalten dabei wenige oder nur einen zentralen Server für Koordinationszwecke. Server im Modell user-centric speichern lediglich eine Liste mit Adressen verfügbarer Peers im Netzwerk, im Modell data-centric werden darüber hinaus auch noch Verweise auf verfügbare Ressourcen im P2P Netzwerk verwaltet. Diese Kategorisierung von Architekturmodellen bildet jedoch die existierenden Modelle nicht hinreichend ab. Zudem gibt es zwischen den Modellen user-centric und data-centric eigentlich keinen Unterschied, da in beiden Modellen Server mit zentralen Funktionen existieren, es jedoch bezüglich eines Architekturmodells nicht zwingend von Relevanz ist, dass diese Server unterschiedliche Aufgaben durchführen. Eine Klassifikation aufgrund der Aufgaben von Diensten ist eher bei der Kategorisierung von P2P Anwendungen angebracht, als bei der Kategorisierung von P2P Netzarchitekturen. Aus diesem Grund soll bezugnehmend auf in der Praxis existierende Architekturen folgende Architekturklassifizierung vorgenommen werden:[37]

---

[35] Vgl. Minar 2001a, Minar 2001b.
[36] Vgl. Leuf 2002, S. 40.
[37] Vgl. Hong 2001, S. 204.

- Reine P2P Architekturen (Pure P2),

- P2P Architekturen mit einer zentralen Einheit (Brokered P2P) und

- Hybride und hierarchische P2P Architekturen.

2.3.1 Pure Peer-to-Peer Architektur

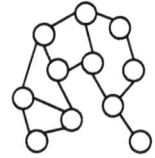

Abbildung 2: Reine P2P Architektur

Bei reinen P2P Architekturen herrscht die maximal mögliche Dezentralität. Es existiert keinerlei zentrale Instanz zu Koordinationszwecken. Suchanfragen müssen somit von einem Peer zum nächsten geleitet werden (Forwarding), um durch das Netzwerk „hindurch zu diffundieren". Durch dieses Weiterleiten kann eine sehr hohe Belastung der Netzwerkbandbreiten der teilnehmenden Peers entstehen, da die Anzahl der Suchanfragen exponentiell zunimmt, wenn ein Peer die gleiche Suchanfrage zu jeweils mehreren Peers weiterleitet. Das P2P System Gnutella ist nach diesem Prinzip aufgebaut und hatte in der Vergangenheit aufgrund der hohen Anzahl der Suchanfragen im Netz Probleme.[38] Es existieren jedoch Vorschläge für dezentrale Suchalgorithmen, die wesentlich besser als exponentiell skalieren.[39] Außerdem muss in einem reinen P2P System damit gerechnet werden, dass die Ergebnismenge einer Suchanfrage nur eine Teilmenge der insgesamt möglichen Ergebnisse darstellt, da die Suchanfragen aufgrund der raschen Verbreitung in der Regel nur eine begrenzte Tiefe erreichen. Neben den Nachteilen bezüglich Performance und Skalierbarkeit hat die reine P2P Architektur allerdings den Vorteil, dass aufgrund der fehlenden Zentralinstanz Autoritäten wie Behörden oder Gerichte wenige Ansatzpunkte haben, um den Betrieb des P2P Netzwerks zu unterbinden. Diese Systeme weisen insofern eine gewisse Robustheit auf. Diese Art von Robustheit gegenüber Behörden oder Gerichten ist jedoch für kommerzielle P2P Anwendungen fragwürdig, da kommerzielle Anwendungen nicht in rechtlichen Graubereichen agieren (dürfen).

---

[38] Vgl. Ripeanu/Foster/Iamnitchi 2002.
[39] Vgl. Aberer 2001.

2.3.2 Brokered Peer-to-Peer Architektur

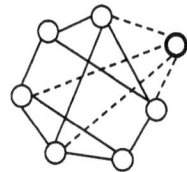

Abbildung 3: Brokered P2P Architektur

Um die Probleme der schlechten Performance und Skalierbarkeit bei reinen P2P Architekturen abzuschwächen, kann ein P2P System mit einem zentralen Server ausgestattet werden. Der zentrale Server übernimmt Koordinationsfunktionen, damit Peers oder Ressourcen schneller gefunden werden können. Der zentrale Server selbst stellt allerdings keine Ressourcen wie z. B. Plattenspeicher oder Content zur Verfügung, sondern bietet nur reine Koordinationsdienste an. Er kann im Wesentlichen in zwei unterschiedlichen Ausprägungen auftreten:[40]

Der zentrale Server als *Discovery-Server (user-centric)* dient lediglich dazu, andere Peers aufzufinden, nicht jedoch deren Ressourcen oder Dienste. Im Prinzip handelt es sich lediglich um eine Liste mit aktuell verfügbaren Peers. Beim Ein- bzw. Ausloggen aus dem P2P Netzwerk wird das entsprechende Peer als verfügbar in die Liste aufgenommen bzw. aus der Liste gestrichen.

Der zentrale Server als Discovery- und *Lookup-Server (data-centric)* ermöglicht über das Finden von Peers hinaus auch das Lokalisieren von Ressourcen und Diensten der entsprechenden Peers. Der Indexserver des Filesharing-Systems Napster kann als Lookup-Server betrachtet werden, da auf ihm die Informationen darüber abgelegt wurden, welcher Musiktitel auf welchem Peer zu finden ist.

P2P Netzwerke mit einem zentralen Discovery- und Lookup-Server sind für kommerzielle Dienste gut geeignet, denn der Lookup-Server ermöglicht ein schnelles Auffinden der dezentralen Ressourcen und verursacht wenig Netzwerkverkehr, weil Suchanfragen nicht von Peer zu Peer geleitet werden müssen. Darüber hinaus können auf dem Lookup-Server Daten untergebracht werden, die nur von autorisierten Peers manipuliert werden dürfen. Diese Daten können Stammdaten von Teilnehmern, Kontostände oder öffentliche Schlüssel (bei der Anwendung asymmetrischer Verschlüsselungsverfahren) sein. Weiterhin kann der zentrale Lookup-Server bei bestimmten Anwendungen auch als Trust Center dienen. Eine sichere Verwaltung dieser

---

[40] Vgl. Dreamtech Software India 2002, S. 4.

Daten ist in reinen P2P Architekturen nur schwer denkbar und bedarf fortgeschrittener Algorithmen.

2.3.3 Hybride und hierarchische Peer-to-Peer Architekturen

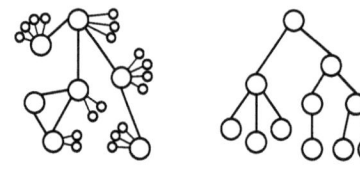

Abbildung 4: Hybride (links) und hierarchische (rechts) P2P Architektur

Die Architekturen mit bzw. ohne zentrale Koordinationseinheit stellen nicht alternative Architekturprinzipien dar. Vielmehr ist es möglich, Architekturen zu vermischen, um somit Vorteile der zentralen Koordinationseinheit und der absoluten Dezentralität zu kombinieren.

Bei hybriden Architekturen gibt es nicht nur eine zentrale Koordinationseinheit, sondern mehrere gleichberechtigte Peers, die Koordinationsaufgaben übernehmen. Diese werden hierbei als *Supernodes* bezeichnet.[41] Dabei kann die Funktion als Supernode auch spontan übernommen werden, weil es sich z.B. um ein besonders leistungsfähiges und verfügbares Peer handelt. Insofern bilden sich Cluster mit lokalen Koordinationseinheiten heraus. Suchanfragen werden also zunächst an den lokalen Koordinator gesendet. Kann dieser eine Anfrage nicht beantworten, so kann er die Anfrage an eine benachbarte Koordinationseinheit schicken. Mit einer solchen Architektur kann eine absolut zentrale und verletzliche Einheit vermieden werden. Auf der anderen Seite müssen Suchanfragen jedoch trotzdem nicht von Peer zu Peer geschickt werden, da nur Supernodes für Suchanfragen zuständig sind. Eine solche Architektur wird vom Filesharing-System KaZaa[42] erfolgreich verwendet.

Bei hierarchischen P2P Architekturen stehen die beteiligten Peers nicht gleichberechtigt nebeneinander, sondern sind in eine Hierarchie eingeordnet. Die Knoten dieser Hierarchie können dabei auch wiederum Supernodes wie im Fall der hybriden Architektur sein, an denen normale Peers „hängen". Das Weiterleiten von Suchanfragen ist auch hier wieder den Supernodes überlassen, nur kann aufgrund der Hierarchie eine gezieltere Weiterleitung geschehen, da hinter der Baumstruktur analog zu Binär-Bäumen eine

---

[41] Vgl. Hong 2001, S. 240.
[42] Vgl. KaZaa 2003.

Ordnungssystematik hinterlegt sein kann. Problematisch ist bei hierarchischen Strukturen die Unterbrechung der Hierarchie durch ein Ausschalten der Supernodes, da so ein „ganzer Ast" von dem Netzwerk abgeschnitten werden kann. Um diesem Umstand vorzubeugen, sollten Hierarchien redundant organisiert sein.

2.4 Voraussetzungen für Peer-to-Peer Computing

2.4.1 Peer-to-Peer „Gesetze"

P2P Computing ist grundsätzlich keine neue Idee. So z. B. kann das *Domain Name System* (DNS) auch als P2P System mit hierarchischer Ausprägung angesehen werden.[43] Die Popularität des Themas „Peer-to-Peer" ist jedoch erst in jüngster Vergangenheit aufgekommen. Das Filesharing-System Napster hat dabei den Begriff des P2P Systems bekannt gemacht, denn die Nutzerzahlen dieses Systems stiegen innerhalb kürzester Zeit enorm an. Die entscheidende Frage ist also:

Welche Voraussetzungen sind notwendig, damit ein P2P System – z.B. Napster – eine solche Popularität erreichen kann/konnte?

Diese Frage ist also die Frage nach der erfolgreichen Verbreitung eines P2P Systems. Da die technische Realisierung von P2P Systemen theoretisch kein Problem darstellt, ist die Beantwortung der Fragestellung im ökonomischen Bereich anzusiedeln. Für die Beantwortung der Frage können drei „Gesetze" in Anspruch genommen werden: „Moore's Law"[44], „Gilder's Law"[45] und „Metcalf's Law"[46].

Wenn eine neue Anwendung einem breiten Kreis von Personen zugänglich gemacht wird und ihre technische Implementierung grundsätzlich unproblematisch ist, dann liegt die Argumentation nahe, dass bestimmte Kosten inzwischen so niedrig geworden sind, dass das Betreiben der Anwendung für die Partizipienten lohnenswert ist. Daher müssen also die Arten von Kosten identifiziert werden, die für das Betreiben der Anwendung bei den Anwendern anfallen.

---

[43] Vgl. Minar/Hedlund 2001, S. 7 ff.
[44] Vgl. Moore 1965.
[45] Vgl. Netlingo 2003.
[46] Vgl. Shapiro/Varian 1999, S. 184.

Als *Partizipationskosten* können die Kosten angesehen werden, die notwendig sind, um an dem P2P System teilzunehmen. Als konkrete Voraussetzungen für eine Teilnahme an einem P2P System können gelten: ein *netzwerkfähiges Endgerät* (PC, Handy, PDA usw.), eine ausreichende *Netzwerkbandbreite* und hinreichend niedrige *Verbindungskosten* in das Internet.

Die Kosten aller drei Voraussetzungen sind in jüngster Vergangenheit extrem gesunken. Die kostengünstige Verfügbarkeit von Endgeräten wie PCs belegt z.b. das *Gesetz von* MOORE[47], demzufolge sich die Transistorendichte bei gleichzeitig fallenden Preisen für diese immer leistungsfähigeren Geräte alle 18 Monate verdoppelt. Auch die Netzwerkbandbreite ist erheblich gestiegen. Dieser Umstand wird analog zum Gesetz von Moore vom *Gesetz von Gilder* formuliert, welches die Aussage macht, dass die gesamte Netzwerkkapazität mindestens drei mal schneller wächst als die gesamte Rechenkapazität. Während vor einigen Jahren als Netzwerkendgerät noch das Modem vorherrschte, ist inzwischen eine weite Verbreitung von ISDN oder dem um ein Vielfaches leistungsfähigeren DSL zu verzeichnen. Das Transferieren von z.B. Musikdateien wurde erst mit DSL für die Geduld der Nutzer erträglich.

MP3-Files	56K-Modem 1999	ISDN 1999	ADSL 1999	Stadtnetze 2000–2001	UMTS ab 2002
Prelistening-Files 30 Sek.	45 Sek.	30 Sek.	3 Sek.	1,5 Sek.	2,5 Sek.
Einzeltitel ca. 3 MB	7 Min.	6 Min.	30 Sek.	8 Sek.	25 Sek.
Album ca. 50 MB	120 Min.	100 Min.	9 Min.	2,5 Min.	6,5 Min.

Tabelle 4: **Übertragungsdauern alternativer Technologien auf der letzten Meile**[48]

Zuletzt sind auch die Zugangskosten für das Internet gefallen. Besonders die inzwischen weite Verbreitung so genannter Flat-Rates veranlasst Nutzer dazu, nahezu den ganzen Tag online zu sein – dies auch zu Zeiten der Abwesenheit des Nutzers selbst, um umfangreichere Downloads zu bewerkstelligen.

---

[47] Vgl. Stahlknecht/Hasenkamp 1999, S. 35.
[48] Vgl. Phonographische Wirtschaft 2001, S. 66.

Zu den *Transaktionskosten* gehören die Kosten, die bei einem Nutzer des P2P Systems neben den Online-Kosten anfallen, um die durch das P2P Netzwerk angebotene Leistung zu erhalten. Die Art der Leistung ist dabei anwendungsspezifisch. Transaktionskosten können also z.b. Suchkosten oder Gebühren zur Nutzung des Systems sein. Um die Vorteilhaftigkeit des P2P Systems zu beurteilen, müssen die Transaktionskosten immer mit den Transaktionskosten alternativer Beschaffungswege verglichen werden. Eine abschließende Beurteilung ist auch hier wieder anwendungsspezifisch. Am Beispiel Napster lässt sich demonstrieren, dass die Transaktionskosten als sehr gering gesehen werden müssen und darüber hinaus die getauschten Musiktitel kostenlos sind.

Als ein weiteres Argument für die Verbreitung eines P2P Systems neben Kostenaspekten können Netzwerkeffekte mit positiver Rückkopplung gesehen werden.[49] Dieser Umstand wird von Metcalf's Gesetz ausgedrückt, welches – wenn auch nur mit Hilfe eines heuristischen Argumentes – besagt, dass der Gesamtwert eines Netzwerkes quadratisch mit der Nutzerzahl ansteigt. Kennzeichnend ist hierbei, dass jeder weitere Nutzer in einem Netzwerk jedem bereits vorhandenen Nutzer einen Mehrwert erbringt und somit die Attraktivität mit steigenden Nutzerzahlen überproportional wächst. Ob Netzwerkeffekte existieren, hängt von der P2P Anwendung ab. Bei P2P Anwendungen für z.B. elektronische Märkte kann davon oftmals ausgegangen werden, weil mehr Handelspartner aufgrund erhöhter Wahrscheinlichkeit der Partnerfindung die Attraktivität des Marktes aufwerten. Dies erklärt letztendlich auch, warum eine Anwendung wie Napster den „Peer-to-Peer Hype" auslösen konnte.

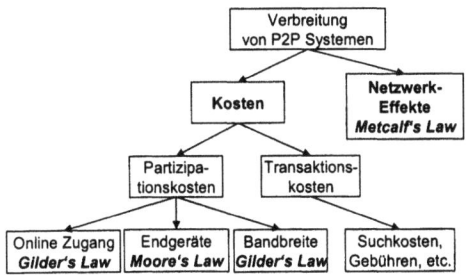

Abbildung 5: Gründe („Gesetze") für die Verbreitung von P2P Anwendungen

---

[49] Vgl. Zerdick 2000, S. 156.

2.4.2 Peer-to-Peer Innovationszyklus

Das P2P Paradigma kann für verschiedenste Anwendungen verwendet werden. Wie die Realität mit Napster gezeigt hat, sind zunächst einfache Anwendungen wie das Filesharing entstanden. Das Besondere an Napster und den nachfolgenden Filesharing-Systemen ist die auf der P2P Technologie beruhende Dezentralität. Das technische Paradigma „Peer-to-Peer" kann insofern als *Initialphase* des Innovationszyklus gelten. Um tatsächlichen Nutzen zu stiften, muss das Paradigma „Peer-to-Peer" jedoch in entsprechende Applikationen integriert werden. Die Existenz von *P2P basierten Applikationen* kann insofern als zweite Phase im Innovationsprozess gelten. Für den Erfolg bzw. die Verbreitung von P2P Applikationen gelten dabei die im letzten Abschnitt geschilderten Voraussetzungen. In der nächsten Phase äußern sich die ökonomischen Auswirkungen einer P2P basierten Applikation. Diese Auswirkungen sind anwendungsspezifisch. Im Bereich Filesharing drücken sie sich durch eine erhöhte Raubkopieraktivität bzw. durch die offensichtliche Verärgerung der großen Musiklabels über Verletzungen von Urheberrechten aus. Die letzte Phase des Innovationszyklus stellt die Adaption, insbesondere *des Geschäftsmodells*, der durch die ökonomischen Auswirkungen Betroffenen dar. Bezüglich des Filesharing kann man hier beispielsweise die Einführung von Digital-Rights-Management-Systemen[50] nennen. Auch Bemühungen, Geschäftsmodelle auf P2P Technologien aufzubauen, können als Adaptionen interpretiert werden. Das Ergebnis der Adaption ist die Veränderung oder vielmehr Erweiterung der zugrundeliegenden P2P Basistechnologie, so dass die negativen ökonomischen Auswirkungen des ersten Zyklus (zumindest teilweise) kompensiert werden (*Technologieadaption*). Neben der Technologieadaption kann nach einem Zyklus jedoch auch die *Applikationsinnovation* auftreten. Dies bedeutet, dass die zugrunde liegende Basistechnologie nicht für die Anwendung des ersten Zyklus verbessert wird, sondern dass eine neue Applikation auf Basis des P2P Konzeptes entwickelt wird. Die Innovationszyklen verlaufen in der Realität dabei zeitlich nicht streng hintereinander ab. Trotzdem kann der vorgestellte P2P Innovationszyklus als ein Ordnungsrahmen Verwendung finden.

---

[50] Vgl. Shapiro/Vingralek 2001.

2 Peer-to-Peer Grundlagen

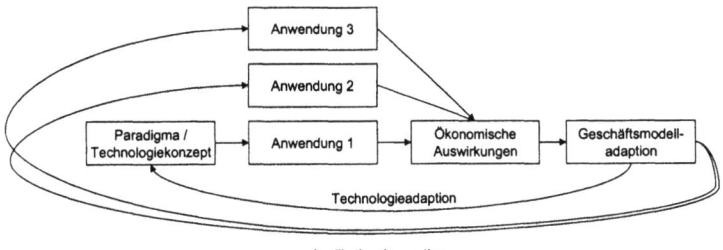

Abbildung 6: Der P2P Innovationszyklus

2.5 Peer-to-Peer Anwendungsfelder

Aus Fachliteratur, Beiträgen und aus Veröffentlichungen der vielen neu entstandenen Konferenzen[51] zum Thema P2P lassen sich die Anwendungsbereiche Filesharing, Instant Messaging, Collaborative Computing und Grid-Computing (verteiltes Rechnen) herausfiltern. Diese Abgrenzung von Anwendungsfeldern ist nicht überschneidungsfrei, jedoch zeigt sich, dass in der Praxis diese Abgrenzung aufgrund der vorhandenen Anwendungen sinnvoll ist. Beispielsweise könnte man das Anwendungsfeld Instant Messaging als Teilapplikation des Collaborative Computing interpretieren. P2P Instant Messaging soll jedoch als eigenes Anwendungsfeld angesehen werden, da in der Realität Instant Messaging Systeme als solche weite Verbreitung haben.

2.5.1 Filesharing

Filesharing Anwendungen sind die P2P Systeme der ersten Stunde. Zu ihnen zählen beispielsweise Napster[52], Gnutella[53] oder Freenet[54]. Die über das Netz geteilte Ressource bei den Filesharing Systemen ist der Speicherplatz auf den teilnehmenden Peers, was Anwender in die Lage versetzt, Dateien direkt von der lokalen Festplatte eines anderen Netzteilnehmers zu beziehen. Filesharing Anwendungen gibt es in verschiedensten Architekturen, wobei das von Ian Clarke entwickelte Freenet den eigentlichen P2P Gedanken auf die Spitze treibt. Freenet ist ebenso wie Gnutella völlig dezentral organisiert und wurde entwickelt, um Informationen anonym zu beziehen und zur Verfügung zu stellen. Die Dateien werden zu diesem Zweck verschlüsselt auf den

---

[51] Vgl. O'Reilly 2003.
[52] Vgl. Shirky 2001.
[53] Vgl. Kan 2001.
[54] Vgl. Langley 2001, Clarke et al. 2002.

Festplatten der Peers abgelegt. Die Netzteilnehmer wissen dabei nicht, welche Daten auf Ihrer Festplatte abgelegt werden. Filesharing-Systeme werden oftmals verwendet, um digitale Musik (überwiegend im mp3-Format[55]) in einem P2P Netzwerk zu verteilen, obwohl diese Systeme natürlich nicht auf diesen Dateityp beschränkt sind. Da es sich in der Regel um urheberrechtlich geschützte Titel handelt, operieren diese Systeme in rechtlichen Graubereichen. Weil die verfügbare Bandbreite stetig zunimmt, werden auch andere, bezüglich der Datenmenge sehr viel umfangreichere Medieninhalte, für die Verteilung in Filesharing-Systemen attraktiv. So besteht die Gefahr, dass auch Filme in einem ähnlichen Umfang in Filesharing-Systemen distribuiert werden könnten.[56] Aufgrund der allgemeinen Bekanntheit von Filesharing Anwendungen soll die Beschreibung dieser Systeme an dieser Stelle nicht weiter vertieft werden.[57]

2.5.2 Instant Messaging

Das Instant Messaging ist eine P2P basierte Anwendung, um Textnachrichten oder Multimediadateien direkt zwischen teilnehmenden Knoten auszutauschen. Dabei bieten die Anwendungen einen ähnlichen Funktionsumfang wie die klassische EMail, gleichen im tatsächlichen Kommunikationsablauf jedoch eher einem Chat, da sie meist für kurzen, synchronen Informationsaustausch genutzt werden. Auch die zu Grunde liegende Technologie ist nicht mit der EMail zu vergleichen. Der Pull-Mechanismus bei herkömmlichen POP-Mailservern wird bei Instant Messaging Systemen durch einen Push-Mechanismus ersetzt. Die Nachrichten müssen nicht vom Anwender vom Server abgeholt werden, sondern werden aktiv und direkt auf den Zielrechner übertragen.

Der zu Grunde liegende Netzaufbau bei den Instant Messaging Systemen ist in der Regel vom Typ brokered P2P. Denkbar sind auch ein hybrider oder puristischer Aufbau, oder ein eher Client/Server orientierter Ansatz.[58] Moderne Instant Messaging Systeme bieten zusätzliche P2P typische Funktionen wie Filesharing an und versuchen, wie beispielsweise ICQ[59], sich über Anbindung der klassischen EMail, sowie Telefonverbindungen und SMS (Short Message

---

[55] Vgl. Fraunhofer 2003.
[56] Vgl. Hess/Anding 2002.
[57] Vgl. Shirky 2001, S. 21.
[58] Vgl. Hummel 2002.
[59] Vgl. ICQ 2003.

Service) als regelrechte Kommunikationszentralen zu etablieren. Das oben im Text erwähnte ICQ ist neben dem AOL Instant Messenger[60], der ursprünglich ein fester Bestandteil der AOL Zugangssoftware war und nun auch als frei verfügbare Anwendung losgelöst vom „Mutterprogramm" erhältlich ist, der prominenteste Vertreter dieser Art von P2P Anwendung. Die Instant Messaging Systeme sind bereits sehr ausgereift und bieten einen breiten Funktionsumfang. Dennoch werden sie aufgrund ihrer synchronen Kommunikationsweise die klassischen EMailsysteme nicht verdrängen, sondern sind als erweiterte Möglichkeit der elektronischen Kommunikation zu sehen.

2.5.3 Collaborative Working

Anwendungen, die sich unter dem Begriff Collaborative Computing subsumieren lassen, bieten dem Anwender eine P2P basierte Arbeitsumgebung, die Informationsaustausch in Form von Kommunikation (Chat, Austausch von Textnachrichten) und Dokumentensharing unterstützt. Ziel der Anwendungen ist es, zeitlich synchrones und asynchrones, sowie örtlich verteiltes, gemeinsames Arbeiten zu unterstützen. Man könnte diesen Anwendungstyp also als eine Form von Groupware bezeichnen, die auf einer speziellen technischen Basis beruht. Die Entwicklung der klassischen Groupwaresysteme begann bereits in den siebziger Jahren und findet seinen prominentesten Vertreter in Lotus Notes[61], welches nicht auf P2P Technologie basiert. Ray Ozzie, Begründer von Groove[62], bezeichnet sein Produkt als „platform for person-to-person collaboration with the spontaneity of email that does not rely on larger, central computers, as Notes and other collaborative software do."[63]. So können also auch die Instant Messaging Anwendungen wie ICQ mit Ihrem großen Funktionsumfang als Collaborative Computing Umgebung verstanden werden. Anwendungen dieser Art bieten dem Nutzer in der Regel:

- Filesharing Funktionen
- Diskussionsforen
- Chat (Textbasiert oder mit Sprachunterstützung)

---

[60] Vgl. AOL 2003.
[61] Vgl. Lotus 2003.
[62] Vgl. Groove 2003.
[63] Vgl. Nichani/Rajamanickam 2000.

- Kalenderfunktionen
- Web Browsing
- IP-Telefonie usw.

Unter Verwendung von Filesharing- und Instant Messaging Technologie ist eine überwiegend dezentrale Datenhaltung, asynchrone Interaktion und ein dezentrales Gruppenmanagement möglich geworden. Es kann jedoch notwendig sein, dass Informationen gecached werden müssen, sobald Teilnehmer einer Arbeitsgruppe nicht online verfügbar sind. Hier ist es also notwendig, zentrale Caching-Dienste in Anspruch zu nehmen, so dass es sich auch hier um eine brokered P2P Architektur handelt.

Projekte wie Groove sind als Plattform konzipiert und können von Anwendern für ihre Belange modifiziert werden. Die vorgefertigte Plattform bietet dabei „von Haus aus" die oben genannten Funktionen. Denkbar sind so angepasste Umgebungen für Studenten, Unternehmen oder auch im privaten Bereich.

Die Grenzen zwischen den einzelnen Anwendungsgebieten, insbesondere dem Filesharing, Instant Messaging und Collaborative Computing sind sehr fließend und zeigen große Überschneidungen auf. Der Trend zur Zusammenführung dieser Bereiche ist unübersehbar und wird in der Zukunft vermehrt zu vielseitig nutzbaren P2P Plattformen führen.

2.5.4 Grid-Computing

Beim Grid-Computing (der Begriff ist aus der englischen Bezeichnung für Stromnetze „power grid" entstanden) handelt es sich um die Nutzung verteilter Rechnerressourcen, wobei den Anwendern eine möglichst große Rechenleistung ortsunabhängig zur Verfügung stehen soll. Der Grundgedanke bei diesen Anwendungen ist die Aufhebung der Grenzen des einzelnen lokalen Rechners und Schaffung eines großen logischen Rechners, der aus dem Verbund der teilnehmenden Peers entsteht. Die hohen Rechenkapazitäten, die auf diese Weise entstehen, können für wissenschaftliche Analysen, wie z.B. die Genomanalyse verwendet werden.[64] Eines der ersten Projekte dieser Art ist Seti@home[65] (Search for extraterrestrial intelligence). Es handelt sich hierbei allerdings nicht um ein wirkliches P2P Netz, sondern eher um eine Client / Server Anwendung. Seti ist eine wissenschaftliche Initiative

---

[64] Vgl. Foster/Kesselman/Tuecke 2002.
[65] Vgl. SETI 2003.

der Universität von Kalifornien, mit dem Ziel, die anfallenden Daten eines Radioteleskops in Puerto Rico nach auffälligen Mustern zu durchsuchen, die auf extraterrestrische Intelligenz hinweisen. Die Daten werden von Seti in kleine Pakete geteilt und können dann von den 4.07 Millionen teilnehmenden Rechnern (Stand November 2002) über das Internet heruntergeladen werden. Hat ein Peer sein Datenpaket fertig berechnet, werden die Ergebnisse zu Seti geschickt und ein neues Datenpaket wird geladen. Auf diese Weise sind bis zum November 2002 über 1.2 Millionen Jahre CPU Laufzeit zusammengekommen.

Zukünftige Grid Anwendungen sollten auf wirklichen P2P Architekturen basieren. In einem solchen System könnte ein regelrechtes Marktmodell für Rechenleistung entwickelt werden. Jedes teilnehmende Peer bekommt für seine Rechenleistung einen gewissen Betrag auf seinem Account gutgeschrieben, während jeder Netzteilnehmer auch berechtigt ist, gegen einen definierten Geldbetrag pro Zeiteinheit CPU Leistung, Rechenaufträge in das Netz zu geben. Insbesondere in Verbindung mit den zur Zeit wachsenden Standards im Zusammenhang mit XML (Extensible Markup Language) und den Web Services sind komplexe Grid Anwendungen, die nicht wie Seti@home starr auf die Berechnung eines Modells festgelegt, sondern flexibel für Berechnungen aller Art sind, in die Nähe des technisch Möglichen gerückt.[66] Die Zukunftsvision der Grid Entwickler geht noch weiter in Richtung eines internetweiten Betriebssystems (internet spanning operating System, ISOS)[67], welches hauptsächlich zwei P2P Basisanwendungen unterstützt. Zum einen die verteilte Datenverarbeitung (Berechnung von Analysen, Graphiken, Prognosen usw.), zum anderen die Datenarchivierung durch Bereitstellung von Datenbanken, Websites, sowie fortgeschrittenen Suchmaschinen.

2.6 Peer-to-Peer Technologien

Um P2P Anwendungen zu implementieren bedarf es Technologien, die der Verteiltheit und der Plattformunabhängigkeit als Hauptcharakteristika einer P2P Anwendung entsprechen. Zunächst ist festzuhalten, dass es nicht **die** Technologie gibt, mit der P2P Anwendungen zu realisieren sind. Vielmehr koexistieren Technologien, die teils in einem komplementären, teils in einem

---

[66] Vgl. Sarmenta 2002.
[67] Vgl. Anderson/Kubiatowicz 2002.

substitutiven Verhältnis stehen und geeignet miteinander kombiniert werden müssen, um eine P2P Anwendung zu implementieren. Grundsätzlich lassen sich zwei Arten von Technologien im Zusammenhang mit P2P Anwendungen unterscheiden. Einerseits gibt es Technologien, die nicht P2P spezifisch sind, jedoch grundsätzlich für P2P Anwendungen in Frage kommen. Andererseits gibt es Technologien, die speziell P2P Anwendungen als Fokus haben. Nach diesem Unterscheidungskriterium werden nachfolgend für P2P Anwendungen relevante Technologien skizziert.

2.6.1 Technologien im Zusammenhang mit Peer-to-Peer Anwendungen

Grundsätzlich können P2P Anwendungen entwickelt werden, sobald eine Kommunikation über (IP-)Sockets implementiert werden kann. Die Kommunikation über Sockets geschieht jedoch grundsätzlich auf Byteebene und ist insofern sehr mühsam und wenig effizient. Es ist daher sinnvoll, weitere Technologien für die Kommunikation und Verarbeitung in einem P2P Netzwerk hinzuzuziehen. Im Folgenden werden moderne und verbreitete Technologien vorgestellt und die Eignung für eine P2P Umgebung diskutiert. Wichtig sind dabei vor allem die Eigenschaften Plattformunabhängigkeit, Programmiersprachenunabhängigkeit und Möglichkeit der Implementierung einer verteilten Anwendung. Als wichtigste Technolgien in diesem Zusammenhang wurden XML, Web Services, Corba und RMI, JXTA und Microsoft .Net identifiziert.

2.6.1.1 XML

XML (eXtensible Markup Language) ist ein vom W3C vorgeschlagener Dokumentenverarbeitungsstandard.[68] XML-Dokumente sind normaler ASCII-Text, bei denen die Dokumentensemantik durch Markups (so genannte Tags) organisiert ist. Während z.B. der HTML-Standard eine feste Menge von Tags beinhaltet, können XML-Dokumente grundsätzlich beliebig viele verschiedene Tags enthalten, da die Tags vom Entwickler frei definiert werden können. XML ist somit als eine Metaauszeichnungssprache anzusehen.

Die Struktur eines XML-Dokumentes wird in einer Document Type Definition (DTD)[69] oder einem XML-Schema festgelegt. In der DTD ist definiert, welche Tags wie oft und in welcher Reihenfolge in einem XML-Dokument stehen müssen. Ist ein XML-Dokument gemäß einer bestimmten DTD aufgebaut, so

---

[68] Vgl. W3C 2003.
[69] Vgl. Eckstein/Klever 2000, S. 13.

spricht man von einem gültigen XML-Dokument[70]. Ist das XML-Dokument syntaktisch richtig, ohne gegen eine DTD zu validieren, so spricht man von der Wohlgeformtheit[71] des Dokumentes.

XML-Dokumente sind grundsätzlich – im Gegensatz zu HTML – nicht präsentationsorientiert, d.h. die enthalten keine Hinweise, wie sie visualisiert werden sollen. Um XML-Dokumente zu visualisieren müssen sie in geeignete Präsentationsformate transformiert werden. Generell ist das Transformieren von XML-Dokumenten dabei mit XSL (eXtensible Stylesheet Language)[72] möglich. In einem XSL-Dokument ist definiert, wie die Elemente eines XML-Dokumentes in die Zielform zu überführen sind.

XML eignet sich aus folgenden Gründen gut zur Kommunikation in einer P2P Umgebung:

- **Plattformunabhängigkeit.** XML-Dokumente sind purer Text und können insofern unmissverständlich von jeder Plattform gelesen werden.
- **Verbreitung.** XML ist inzwischen weit verbreitet und kann als zukunftssichere Technologie gelten.
- **Werkzeugunterstützung.** Für die Verarbeitung gibt es umfangreiche Unterstützung in verschiedensten Programmiersprachen. XML-Parser sind in vielen APIs vorhanden.

Ein Nachteil von XML ist, dass Datenfelder nicht getypt sind und insofern immer vom Typ CDATA sind. Abhilfe kann hier der Einsatz von XML-Schemas[73] schaffen, die – wie die meisten Programmiersprachen auch – verschiedenste Elementardatentypen kennen.

2.6.1.2 Web Services

Web Services bauen auf der soeben erklärten XML auf und sind grundsätzlich eine Art standardisierte und auf XML (und HTTP) basierende entfernte Prozeduraufrufe (Remote Procedure Call - RPC[74]).

---

[70] Vgl. McLaughlin 2002, S. 16.
[71] Vgl. Weitzel/Harder/Buxmann 2001, S. 22.
[72] Vgl. Eckstein/Klever 2000, S. 43.
[73] Vgl. Weitzel/Harder/Buxmann 2001, S. 43.
[74] Vgl. Sun 1988.

Die Web Service Architektur besteht aus einem Dienstanbieter (Service Provider), einem Dienstnachfrager (Service Requestor) und einem Dienstmakler (Service Broker), die nachfolgend kurz dargestellt werden:[75]

- Der *Dienstanbieter* stellt einen bestimmten Service zur Verfügung, der von ihm beschrieben und beim Dienstmakler **veröffentlicht** wird. Des Weiteren übernimmt er die Erstellung, den Betrieb und die Wartung des Services.
- Der *Dienstnachfrager* tritt als Konsument für einen Service auf, der von einem Dienstanbieter betrieben wird. Dazu nutzt er den Dienstmakler, um den für ihn geeigneten Service zu **finden** und **bindet** diesen dann in seine Applikation ein.
- Der *Dienstmakler* ermöglicht die Verwaltung von Servicebeschreibungen und den dazugehörigen Dienstanbieterdaten. Der Dienstmakler stellt also einen Verzeichnisdienst zur Verfügung, welcher nach bestimmten Services durchsucht werden kann. Des Weiteren kann man die für die Einbindung notwendigen Schnittstellenbeschreibungen vom Dienstmakler beziehen.

Abbildung 7 stellt die eben beschriebenen drei Rollen, die Kommunikation zwischen den einzelnen Rollen und die verwendeten Technologien graphisch dar.

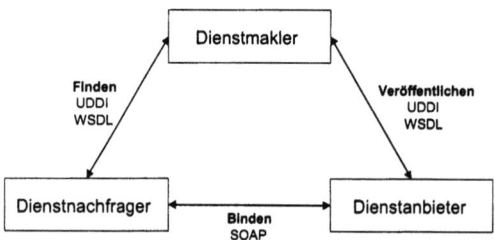

Abbildung 7: **Web Service Architektur**

Nachfolgend werden nun kurz die notwendigen Technologien dargestellt. Hierzu bietet sich eine Untergliederung in die Funktionsbereiche der Dienst-

---

[75] Vgl. Kreger 2002.

kommunikation (SOAP), der Dienstbeschreibung (WSDL) und der Dienstauffindung (UDDI) an.[76]

Im Bereich der Dienstkommunikation hat sich SOAP (Simple Object Access Protokoll) als Standard für die Nachrichtenkapselung durchgesetzt. Hierbei handelt es sich um ein einfaches sprach-, plattform- und betriebssystemunabhängiges Protokoll für den entfernten Prozeduraufruf. Sowohl der Aufruf als auch die Antwort erfolgt in Form eines wohlgeformten XML-Dokumentes. Dabei lässt sich die SOAP-Nachricht in einen Umschlag (SOAP:Envelope) und einen Innenteil zerlegen, wobei der Innenteil wiederum in einen optionalen Header (SOAP:Header) und einen Hauptteil (SOAP:Body) zerfällt. Im Hauptteil sind dann alle notwendigen Informationen wie der Methodenname und die Parameter im Fall des Methodenaufrufs beziehungsweise die Rückgabewerte oder Fehlermeldungen im Falle der Antwortnachricht eingebettet. Des Weiteren zeichnet sich SOAP durch seine Flexibilität in Bezug auf das verwendete Anwendungsprotokoll (eine vielzahl von Bindungen an Internetprotokolle wie z.B. HTTP, RMI/IIOP, SMTP, FTP und MQ sind möglich), auf die verwendete Struktur der Nachricht (Transport von beliebigen XML-Daten durch die Verwendung von Namensräumen) und auf das Kommunikationsmodell (Unterstützung von Messaging und Weiterleiten der Nachrichten über das RPC-Modell hinaus) aus.[77]

Im Bereich der Dienstbeschreibung hat sich die XML-basierte Auszeichnungssprache WSDL (Web Service Description Language) als IDL (Interface Definition Language) etabliert. Durch WSDL werden alle notwendigen technischen Informationen gekapselt, die zum Aufruf und zur Nutzung eines Web Service nötig sind. Als Beispiele für die hinterlegten Informationen seien an dieser Stelle die abstrakten Nachrichtenformate (Anfrage oder Antwort), die Art der Bindung (Anfrage, Anfrage-Antwort, Antwort) und die Bindung an das genutzte Internetprotokoll selbst (HTTP, SMTP) genannt. Zurzeit sind jedoch in der Spezifikation SOAP 1.2 nur Bindungen an HTTP GET/POST und SMTP beschrieben.[78]

Bei der Dienstauffindung hat sich UDDI (Universal Description, Discovery and Integration) als ein möglicher Verzeichnisdienst durchgesetzt. Die UDDI Spezifikation bietet einen Mechanismus zur Beschreibung des Anbieters und zur

---

[76] Vgl. Beimborn/Mintert/Witzel 2002, Knuth 2002.
[77] Vgl. Vasudevan 2001, Scribner/Stiver 2000, Box 2001.
[78] Vgl. Christensen et al. 2001, Vasudevan 2001.

Veröffentlichung von Web Services. Zentraler Bestandteil von UDDI ist ein Verzeichnis, in dem die Anbieter von Web Services Informationen über sich selbst und die angebotenen Dienste sowie die Zugriffsmöglichkeiten hinterlegen. Dieses Verzeichnis besteht aus weißen, gelben und grünen Seiten. Die weißen Seiten enthalten allgemeine Informationen über den Anbieter wie Name, Adresse, Kontaktperson, etc. Die grünen Seiten ermöglichen die Hinterlegung der technischen Beschreibung u.a. in Form eines Verweises auf ein WSDL-Dokument. Um eine leichtere Suche innerhalb des Verzeichnisdienstes zu ermöglichen, können sich die Unternehmen beispielsweise in den gelben Seiten nach geographischen Parametern kategorisieren. Für die Aktualität der hinterlegten Informationen ist der Web Service Anbieter selbst verantwortlich.[79]

Nachdem die drei Rollen innerhalb einer Web Service Architektur dargestellt und die Technologien erläutert wurden, sollen in folgenden die notwendigen Schritte bei der Erstellung und Nutzung eines Web Service und die dabei angewendeten Technologien auf Seiten der Dienstanbieter und Dienstnachfrager anhand eines Web Service Lebenszyklus veranschaulicht werden.

Zu Beginn erstellt der Dienstanbieter einen Web Service, indem er die notwendige Anwendungslogik und eine Schnittstelle, die über das Internet zu erreichen und über SOAP ansprechbar ist, erstellt. Danach veröffentlicht der Dienstanbieter Informationen über den Web Service (Schnittstellenspezifikation und Funktionalität) beim Dienstmakler. Entschließt sich der Dienstanbieter einen Dienst einzustellen, so zieht er die Veröffentlichung beim Dienstmakler zurück.

Ein Dienstnachfrager, der einen Dienst in Anspruch nehmen möchte, sucht beim Dienstmakler nach einem Web Service, der die gewünschte Funktionalität besitzt und bezieht nach erfolgreicher Suche die Schnittstellenspezifikation in Form eines WSDL-Dokuments. Auf Basis dieses Dokuments ist er dann in der Lage, den Service einzubinden und zu nutzen, wobei er durch Entwicklungswerkzeuge unterstützt werden kann. Die komplette Kommunikation zwischen Dienstnachfrager und Dienstanbieter wird auf Basis von SOAP abgewickelt.[80]

---

[79] Vgl. Vasudevan 2001, Oellermann 2001.
[80] Vgl. Rawolle/Burghardt 2002, Burghardt/Gehrke/Schumann 2003b, S. 73.

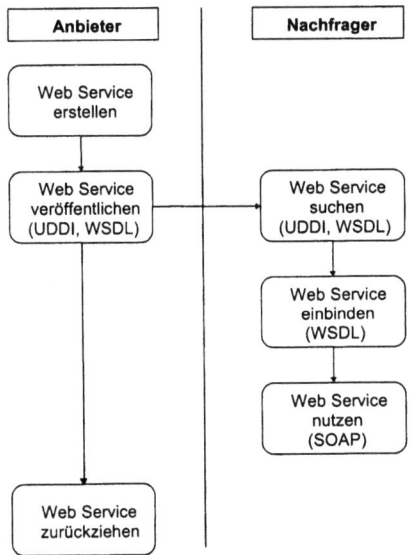

Abbildung 8: Lebenszyklus eines Web Services

Web Services bieten über die Verwendung von XML hinaus die Standardisierung des Aufrufes und die Dienstbeschreibung durch WSDL. Web Services sind insofern grundsätzlich als Möglichkeit für die Kommunikation in einer P2P Umgebung geeignet. Allerdings kann nicht das ganze Web Services Konzept in einer P2P Umgebung Verwendung finden. So geht man bei Web Services aufgrund der Dienstbeschreibung im WSDL Dokument davon aus, dass ein Service immer an einem bestimmten Ort (URL) zu finden ist. Das Konzept des UDDI-Servers als zentrales Dienstverzeichnis ist insofern eher für eine stabile Dienstelandschaft konzipiert. In einer P2P Umgebung wäre ein flexibles Diensteverzeichnis notwendig, welches Dienste indiziert, wenn sich Peers in das P2P Netzwerk einloggen. Nichtsdestotrotz können SOAP-Aufrufe auch ohne Dienstmakler (UDDI) für P2P Umgebungen als standardisierter Kommunikationsmechanismus zwischen Peers Verwendung finden.

2.6.1.3 Corba und RMI

CORBA[81] und RMI[82] sind zwei verschiedene Technologien, die aus dem Bereich des Distributed Computing stammen. Diese Technologien fokussieren

---

[81] Vgl. OMG 2003.

nicht unmittelbar P2P Anwendungen, sondern erlauben vielmehr das objektorientierte Implementieren verteilter Anwendungen. Die verteilten Objekte haben jedoch in der Regel nicht – im Gegensatz zu den Peers – gleichartige Funktionen, sondern bieten unterschiedliche Dienste, sodass eine typische objektorientierte Client/Server-Architektur ermöglicht wird. Gleichwohl ist es denkbar, diese Technologien aufgrund des Fokus auf die Verteiltheit auch zur Entwicklung von P2P Technologien heranzuziehen. CORBA und RMI sind vom Grundsatz her ähnlich konzeptioniert. Beide Technologien arbeiten z. B. mit Stellvertreterobjekten, den Stubs und Skeletons, die dem Entwickler eine „lokale Sicht" auf die entfernten Objekte erlauben und somit die Verteiltheit kapseln.[83] Grundsätzlich sind die Technologien jedoch nicht kompatibel, obwohl inzwischen Brücken wie RMI-over-IIOP von Sun zur Verbindung von CORBA und RMI entwickelt wurden.[84] Erwähnt sei noch, dass CORBA programmiersprachen- und plattformunabhängig ist, wohingegen RMI an die Sprache Java gebunden ist und somit lediglich die Eigenschaft der Plattformunabhängigkeit besitzt. CORBA hingegen besitzt bezüglich des Einsatzes in einer P2P Umgebung den Nachteil, dass es sehr umfangreich und kompliziert ist.

2.6.2 Technologien für Peer-to-Peer Applikationen

2.6.2.1 JXTA

JXTA ist ein Projekt, welches das Ziel verfolgt, eine gemeinsame Basis zur Entwicklung von P2P Netzwerken zu schaffen. JXTA leitet sich aus dem englischen Wort „Juxtapose" ab, was übersetzt so viel bedeutet wie „nebeneinander stellen". Der Titel wurde gewählt, weil zum Ausdruck gebracht werden soll, dass das Client-Server-Modell heute eine wichtige Rolle spielt, jedoch neben diesem auch die Notwendigkeit für P2P Modelle und –Anwendungen existiert. Sun bezeichnete diese Erweiterung des klassischen Internets bei der Vorstellung von JXTA als „Expanded Web".[85]
JXTA definiert einen Satz von Protokollen, welche P2P Computing ermöglichen. Jedes dieser Protokolle soll sich dabei einfach implementieren und

---

[82] Vgl. Sun 2002.
[83] Vgl. Krüger 2001, S. 1083.
[84] Vgl. IBM 2003.
[85] Vgl. Oaks/Travaset/Gong 2002, S. 3.

2 Peer-to-Peer Grundlagen

in bestehende Netze integrieren lassen. Dieser Satz von Protokollen bildet den Kern von JXTA. JXTA ist nicht auf eine bestimmte Hard- und Software-Plattform festgelegt. Verschiedenartige Geräte mit komplett unterschiedlicher Hard- und Software können über die JXTA-Protokolle zusammenarbeiten. Die Protokolle können unabhängig von der darunter liegenden Netzwerkinfrastruktur implementiert werden. Möglich sind hierbei z.b. TCP/IP, HTTP, Bluetooth und andere. Somit können nicht nur übliche Personal-Computer als Peers im JXTA-Netz auftreten, sondern auch andere Geräte, welche eine Verbindung zum Netz haben. Peers können so alle möglichen Geräte von Sensoren und Handys über normale Handhelds und PCs bis hin zu Supercomputern sein.

Die JXTA-Technologie kann insofern bezeichnet werden „... as a set of open protocols that allow any connected device on the network ranging from cell phones and wireless PDAs to PCs and servers to communicate and collaborate in a P2P manner."[86]

Ziel des JXTA P2P Frameworks ist, dass Entwickler von P2P Systemen sich nicht mehr immer wiederkehrenden P2P Standardfunktionalitäten widmen müssen und sich stattdessen auf die Implementierung der eigentlichen Applikation konzentrieren können. Standardfunktionalitäten in P2P Systemen können dabei sein:

- Auffinden von Peers und dezentralen Ressourcen im Netzwerk,
- Austauschen von Dokumenten mit beliebigen Peers,
- Gruppenverwaltung von Peers und „virtuellen Räumen",
- sichere Kommunikation von Peer zu Peer und Authentifikationsmechanismen.

Das JXTA-Framework ist dabei – wie in der Informatik üblich – in einem Schichtenmodell[87] organisiert. Die Abstraktion nimmt dabei mit der Höhe der entsprechenden Schicht zu. Die unterste Schicht stellt das Netzwerkkommunikationsprotokoll dar (z. B. TCP/IP). Die Schicht darüber organisiert – wenn gewünscht – die sichere Kommunikation. Auf der darüber ge-

---

[86] Vgl. JXTA 2003.
[87] Vgl. Stahlknecht/Hasenkamp 1999, S. 112.

legenen Schicht werden Funktionalitäten zur unidirektionalen Kommunikation zwischen Peers (*Peer Pipes*) oder auch zur Verwaltung kooperierender Peers (*Peer Groups*) geboten. Auf den höher angesiedelten Ebenen werden applikationsnahe Dienste vorgehalten (Filesharing, Ressourcensuche, Verschlagwortungen). Abbildung 9 stellt das Schichtenmodell von JXTA dar.

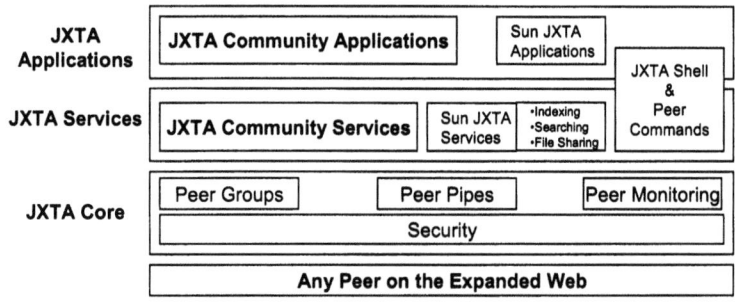

Abbildung 9: Das Schichtenmodell des JXTA-Frameworks[88]

JXTA Core Layer

Der JXTA Core Layer bildet die Schicht des virtuellen Netzwerkes ab und stellt die grundlegenden Konzepte und Funktionen zur Verfügung, welche für alle Arten von P2P Anwendungen gleich sind. Dazu gehören die Konzepte der Peers und Peer Groups sowie die grundlegenden Funktionen wie der Discovery-Service, welcher das gegenseitige Auffinden der Peers ermöglicht. Weiterhin enthält der JXTA Core Layer die Mechanismen, welche die Kommunikation zwischen den Peers ermöglichen. Die Kommunikation erfolgt über „Peer Pipes" genannte Kanäle.[89] Auf Grundlage dieser Konzepte und Mechanismen ist die Zusammenarbeit zwischen den Anwendungen auf den verschiedenartigen Endgeräten möglich.

Als Peers bezeichnet das JXTA-Projekt jede Art von vernetztem Gerät, welches eines oder mehrere der JXTA-Protokolle implementiert. Der Begriff des Gerätes ist hierbei nicht ganz treffend: Sollten beispielsweise zwei JXTA-Anwendungen auf einem PC laufen, so stellen sie zwei verschiedene Peers

---

[88] Vgl. JXTA 2002.
[89] Vgl. Sun 2003.

da. Im Kern geht es bei dem Begriff des Gerätes um die Implementierung der Protokolle und in diesem Sinne ist dann ein Programm ein Gerät.[90]
Die Peer Groups fassen Peers zu Gruppen zusammen und ermöglichen die Zugangskontrolle zu Ressourcen, wodurch auch sicherheitstechnische Aspekte auf der Ebene des JXTA Cores berücksichtigt werden. Der Core stellt nur die Methoden zur Verfügung, um Gruppenmitgliedschaften an- bzw. abzulehnen. Die genaue Ausgestaltung bzw. welche Bedingungen an eine Gruppenmitgliedschaft gestellt werden ist von der einzelnen Implementierung abhängig.
Das Peer Monitoring ermöglicht die Implementierung von Managementfunktionen innerhalb einer Peer Group. Dies kann z.B. Bandbreitenabstimmung oder Priorisierung bestimmter Vorgänge sein.
Der Core Layer ist absichtlich klein gehalten worden und bietet nur die grundlegenden Funktionen an, welche für P2P Computing notwendig sind.[91] Hierdurch wird bei JXTA das Ziel verfolgt, die Kompatibilität zwischen den Anwendungen der Hersteller sicherzustellen und genügend Spielraum für Innovationen zu lassen.

JXTA Services Layer
Der Services Layer beinhaltet alle Netzwerk-Dienste[92], die nicht unbedingt notwendig, aber für ein P2P Netzwerk im Allgemeinen wünschenswert sind. Beispiele hierfür sind z.B. Instant-Messaging-, File-Sharing- und Grid-Computing-Dienste.
JXTA-Services erweitern die Fähigkeiten des Cores, indem sie diese zu fertigen Bausteinen zusammenfassen. Services stellen so die Basis für die Entwicklung von Anwendungen dar und sind in diesem Sinne mit klassischen Programm-Bibliotheken vergleichbar.
Anwendungen nutzen die Services, um ihre spezifischen Aufgaben zu erfüllen. So ist es denkbar, dass verschiedene Programme den gleichen Service für Grid-Computing nutzen, dabei aber unterschiedliche Zwecke verfolgen. Programme, welche die Reaktionen von Krebszellen auf verschiedene Substanzen simulieren[93], können im Prinzip den gleichen Service nutzen wie Pro-

---

[90] Vgl. Oaks/Travaset/Gong 2002, S. 13.
[91] Vgl. Traversat et al. 2003, S. 2.
[92] Die Begriffe Dienst und Service werden synonym verwendet.
[93] Vgl. Intel 2003.

gramme, welche in Radiosignalen nach außerirdischem Leben suchen[94], da beide im Kern rechenaufwändige Aufgaben an andere Peers verteilen.

JXTA Application Layer
Diese Schicht beinhaltet die eigentlichen Anwendungen, mit welchen der Endanwender in Berührung kommt. JXTA-Applikationen werden auf Grundlage der Services und des Cores entwickelt und können die bekannten Anwendungsfelder Filesharing, Instant-Messaging und Grid-Computing abdecken. Ebenso sind neue Anwendungsfelder wie Auktionssysteme, P2P Mail-Systeme und Groupware denkbar. Die Grenze zwischen Service und Applikation ist hierbei nicht trennscharf. Eine Applikation könnte in einer anderen Applikation z.B. als Service genutzt werden.[95]

Ressourcenverwaltung in JXTA
Die so genannten Advertisements sind die Form, in welcher JXTA Metadaten verwaltet. Sie ermöglichen es, jede Art von Ressource, einschließlich Gruppen, Peers, Pipes und Inhalten zu beschreiben und zu suchen. Die JXTA-Infrastruktur organisiert die Verteilung von Advertisements für diverse Ressourcen an interessierte Parteien. Ein JXTA-Peer sucht nach Advertisements, an denen es interessiert ist, und antwortet auf Anfragen bezüglich Advertisements, welche es selbst veröffentlicht hat. Advertisements sind als XML-Dokumente plattformneutral.

JXTA kennt sechs verschiedene Arten von Advertisements: Peer Advertisements, Peer Group Advertisements, Pipe Advertisements, Service Advertisements, Content Advertisements und Endpoint Advertisements.

Jedes Advertisement wird mit einer spezifischen Lebensdauer im JXTA-Netz veröffentlicht und gibt so Auskunft über die Verfügbarkeit der beschriebenen Ressource. Das Konzept der Lebensdauer ermöglicht es, veraltete Ressourcen zu entfernen, ohne dass das Netz über eine zentrale Kontrollinstanz verfügen muss. Advertisements können auch vor Ablauf der Lebensdauer erneut veröffentlicht werden, um so die Verfügbarkeit der Ressource zu verlängern.[96]

---

[94] z.B. SETI 2003.
[95] Vgl. Sun 2003, S. 6.
[96] Vgl. Sun 2003, S. 12.

```
<?xml version="1.0"?>
<!DOCTYPE jxta:PipeAdvertisement>
<jxta:PipeAdvertisement xmlns:jxta="http://jxta.org">
<Id>
  urn:jxta:uuid-59616261646162614E50472050325033A10C
        F46E7B7041B48C3EBF32A5DA2A4404
</Id>
<Type>
JxtaUnicast
</Type>
<Name>
frodo.replyTo
</Name>
</jxta:PipeAdvertisement>
```

Abbildung 10: Pipe-Advertisement

JXTA ist eines der wenigen Frameworks, die explizit für P2P Anwendungen entwickelt wurden. Auffällig ist, dass JXTA grundsätzlich keine zentralen Dienste auf Applikationsebene vorschlägt bzw. mitbringt, obwohl zentrale Dienste natürlich mit JXTA implementiert werden können. Grundsätzlich baut JXTA insofern tendenziell auf der „Pure P2P" Architektur auf, was für kommerzielle Anwendungen nicht immer die geeignetste Architektur ist.

2.6.2.2 Microsoft .NET

Microsoft's .NET[97] ist ein Framework zur Implementierung verschiedenster Anwendungsarten. Mit .NET können normale Windows-Applikationen, Web-Applikationen, Web Services oder auch Windows Dienste mit Hilfe der den Entwicklungsprozess unterstützenden Entwicklungsumgebung sehr schnell und produktiv implementiert werden. Aufgrund der Entwicklungsunterstützung dieser verschiedenen Anwendungsarten wird deutlich, dass .NET nicht grundsätzlich ein Framework zum Entwickeln von P2P Anwendungen ist, sondern einen viel breiteren und umfangreicheren Fokus hat. .NET ist somit nicht mit JXTA zu vergleichen, da es explizit kein Application Programming Interface (API) für P2P Anwendungen bereitstellt. Dennoch können auch P2P Anwendungen mit .NET mit Hilfe der vorhandenen Netzwerk- und Web-Services Klassen entwickelt werden. Olson z.B. schlägt vor, zentrale Dienste wie einen Indexserver (in Form z.B. eines Discovery- oder Lookupservers) als Web Services zu implementieren.[98] Die Implementierung von Web Services bietet sich hierfür an, da .NET das Programmieren von Web Services sehr einfach gestaltet. Die Kommunikation zwischen Peers kann nach Olson mit Hilfe nor-

---

[97] Vgl. Vasters 2001, S. 9ff.
[98] Vgl. Olson 2001.

maler Netzwerkkommunikation mit z.B. Sockets durchgeführt werden. Die Programmierung von Sockets ist zwar mit .NET ebenfalls sehr komfortabel, jedoch hat die geschilderte Vorgehensweise den Mangel, dass sich das Service- und Kommunikationsmodell von zentralen (Server) und dezentralen (Peers) Elementen im Netzwerk unterscheidet. Hier wäre es besser, wenn ein Dienste- und Kommunikationsmodell vorherrschte, welches unabhängig von der Stellung des Dienstes (ob zentral oder dezentral) einheitlich ist.

2.6.2.3 Weitere Peer-to-Peer Entwicklungsunterstützung

Um P2P Anwendungen zu entwickeln, gibt es noch einige weitere, jedoch weniger bekannte Entwicklungsmöglichkeiten. Eine gute Übersicht über kleinere und weniger bekannte Projekte gibt Miller.[99] Erwähnenswert in diesem Zusammenhang sind die Projekte Groove[100], OpenCola[101] und PeerMetrics[102]. Groove ist ein P2P Collaborative Working Tool, welches auch um weitere selbstprogrammierte Komponenten erweitert werden kann. Auch mit OpenCola können Entwickler mit Hilfe des OpenCola SDK eigene Collaborative Working Software programmieren. PeerMetrics dagegen ist eine Sammlung von Klassen, die das allgemeine Entwickeln von P2P Anwendungen vereinfachen soll.

2.7 Aktuelle und zukünftige Forschungsbestrebungen

Gerade in jüngerer Vergangenheit sind sehr viele neue wissenschaftliche Arbeiten im Bereich „Peer-to-Peer" entstanden. An dieser Stelle soll der Stand der Forschung dargelegt werden, ohne zu sehr auf spezielle P2P Anwendungen einzugehen, damit der allgemeine Stand der Forschung zum Ausdruck kommen kann. Aufgrund der Fülle und der Dynamik der Literatur kann jedoch kein Anspruch auf Vollständigkeit erhoben werden. Insgesamt können die erschienenen wissenschaftlichen Beiträge in folgende Kategorien eingeordnet werden:

- **Technologische Konzepte.** Technologische Konzepte im Bereich P2P betreffen bestimmte technische Aspekte, die in P2P Netzen relevant sind. Insbesondere sind hier technologische Konzepte bei reinen P2P Netzen zu

---

[99] Vgl. Miller 2001, S. 424ff.
[100] Vgl. Groove 2003.
[101] Vgl. Opencola 2003.
[102] Vgl. Peermetrics 2003.

erwähnen, da in Netzen ohne Zentraleinheit fortgeschrittene Algorithmen für z.B. das Routing, für das Auffinden von Informationen, für die Datenhaltung und Sicherheitsmechanismen schwieriger zu implementieren sind, als in Netzen mit Zentraleinheit.[103] In die Kategorie „Technologische Konzepte" fällt z.B. die Entwicklung des Gnutella Protokolls[104]. Weitere Konzepte, Daten in P2P Netzen aufzufinden (und auch weitere Aspekte), werden im Projekt P-Grid erforscht.[105] Hier finden sich Konzepte für laufzeitminimales Auffinden von Informationen in P2P Netzwerken oder auch Ansätze zum Schaffen von Vertrauen zwischen Peers in einer dezentralen Umgebung.

- **P2P Technologien.** Mit P2P Technologien sind P2P Frameworks und APIs gemeint. Hier wurden bereits JXTA und PeerMetrics als Projekte mit einem solchen Fokus erwähnt. Peripher gehören auch Forschungen zu XML, Web Services und allgemein aus dem Bereich des Distributed Computing[106] in diesen Bereich.

- **Analytische Aspekte von P2P.** Analytische Aspekte von P2P Systemen untersuchen bereits bestehende Systeme bezüglich Eigenschaften, Nutzerverhalten oder Evolution eines P2P Netzwerkes. Diese Art von Forschung ist oftmals deskriptiver Natur und versucht Phänomene mit Hilfe von (formalen) Modellen zu erklären. In diesem Bereich finden sich etwa Modelle, die das so genannte Freerider Problem beschreiben, erklären und Vorschläge zum Lösen des Problems anbieten.[107] Weiterhin existieren Forschungsansätze, die Eigenschaften von P2P Netzen und das Verhalten von Suchanfragen analysieren.[108] Andere Beiträge wiederum untersuchen die Verbreitung von Informationen und die Entwicklung der Netzwerkkommunikation in P2P Netzwerken.[109]

- **P2P Applikationen.** Die Forschung um P2P Applikationen bemüht sich um den Entwurf und um die Implementierung von Anwendungen, die auf einer

---

[103] Vgl. Grothoff 2003, Dynda/Rydlo 2003.
[104] Vgl. Gnutella 2000.
[105] Vgl. Aberer 2001, Aberer/Hauswirth 2002.
[106] Vgl. Tanenbaum/Steen 2002.
[107] Vgl. Adar/Hubermann 2000, Ramaswamy/Liu 2003.
[108] Vgl. Adamic/Lukose/Huberman 2002, Adamic et al. 2001.
[109] Vgl. z.B. Krishnamurthy/Wang/Xie 2001.

P2P Architektur aufbauen. Die verbreitetsten P2P Anwendungsgebiete (Filesharing, Instant Messaging, Collaborative Working und Grid-Computing) wurden bereits beschrieben. Es gibt jedoch Bestrebungen, weitere P2P basierte Anwendungsgebiete zu erschließen. So existiert z.B. mit dem Projekt Edutella der Versuch, P2P Prinzipien in den E-Learning Bereich zu exportieren.[110] Weiterhin besteht mit dem Project Science-to-Science das Bestreben, den Austausch wissenschaftlicher Informationen mit Hilfe von JXTA-basierter P2P Software zu optimieren.[111] Ein weiteres Anwendungsgebiet stellen Videospiele dar, die mit Hilfe von P2P Technologien Multiplayerfunktionalitäten erlauben.[112]

- **Ökonomische Aspekte von P2P Anwendungen.** Ökonomische Aspekte von P2P Anwendungen beschäftigen sich mit der kommerziellen Verwertung von P2P Applikationen.[113] In diesem Rahmen ist die Erforschung von Geschäftsmodellen für P2P Applikationen (wie z.B. das gescheiterte Geschäftsmodell von Napster) möglich.[114] Weitere Forschungsbestrebungen wenden wirtschaftswissenschaftliche Modelle auf P2P Anwendungen an. So z.B. kann die Principal-Agent-Theorie oder die Spieltheorie angewendet werden, um den Umfang von bereitgestelltem Content seitens der Nutzer in P2P Netzwerken zu analysieren bzw. zu steuern.[115] Im Bereich des Grid-Computing gibt es einige Forschungsbeiträge, die die Handelbarkeit von dezentralen Ressourcen untersuchen. Hierbei wird versucht, eine Art „Grid-Economy" zu etablieren.[116]

- **Rechtliche Aspekte von P2P Anwendungen.** Rechtliche Aspekte im Zusammenhang mit P2P sind hauptsächlich auf (illegale) Filesharingsysteme zu beziehen, da diese Art von P2P Systemen regelmäßig die Urheberrechte von schützenswerten Medieninhalten verletzen. Erwähnenswert sind hier einerseits allgemeine juristische Aspekte[117] und

---

[110] Vgl. Nejdl et al. 2002a, Nejdl et al. 2002b.
[111] Vgl. Neofonie 2003.
[112] Vgl. Proksim 2003, Microsoft 2002.
[113] Vgl. dazu auch Detecon 2002.
[114] Vgl. für eine Übersicht Hummel/Stromme/La Salle 2003, Gehrke 2002.
[115] Vgl. Kim/Hoffman 2000, Becker/Clement 2003.
[116] Vgl. Wolski/Plank/Brevik 2000.
[117] Vgl. Hoeren 2002.

andererseits neuere Entwicklungen im Bereich des Urheberrechts.[118] Aus einer technischen Perspektive heraus gesehen kann das so genannte Digital-Rights-Management[119] erwähnt werden, welches versucht, durch technische Restriktionen wie z.B. Kopierschutz oder mit Hilfe von Digitalen Wasserzeichen[120] die Nutzung eines Medieninhaltes auf das durch das Urheberrecht gewährte Maß zu reduzieren.

Weiterer Forschungsbedarf ist zu sehen in einer genaueren, jedoch generischen, Charakterisierung von P2P Netzwerken. P2P Netzwerke bestehen aus sehr vielen Elementen oder Peers, so dass für die Ausprägung von P2P Netzwerken viele Freiheitsgrade verbleiben. Insofern wäre es erstrebenswert, einen charakterisierenden Ordnungsrahmen für den Aufbau und die Eigenschaften von P2P Netzwerken zu entwickeln. So zum Beispiel könnten diese bezüglich des Aspektes der Kommunikationsflußasymmetrie, der Robustheit, der Hierarchiefreiheit, der Verteiltheit, der Skalierbarkeit, der Ausfallsicherheit, der Redundanz, der Performanz, der Kontrollierbarkeit und der Ökonomisierbarkeit charakterisiert werden.

---

[118] Vgl. Patalong 2003.
[119] Vgl. Kwok 2002.
[120] Vgl. Dittmann 2000, S. 19ff.

3 Entwicklung von kommerziellen Peer-to-Peer Anwendungen

3.1 Einleitung

P2P Applikationen sind hochverteilte Anwendungen, die durch hochgradige Interaktion zwischen den teilnehmenden Peers eine oder mehrere bestimmte Aufgaben lösen. „Peer-to-Peer" wird oft mit Filesharing in Verbindung gebracht. Aufgrund der in der Praxis auftretenden Urheberrechtsverletzungen ist der Begriff „Peer-to-Peer" somit oftmals mit einem negativen Beigeschmack verbunden. Die existierenden P2P Anwendungen basieren dabei auf verschiedenen P2P Architekturen und verschiedenen Infrastrukturen. Dieses Kapitel versucht zu analysieren, welche Gemeinsamkeiten P2P Anwendungen haben, um diese in einem generischen Framework einzuarbeiten. Hierbei wird insbesondere darauf Wert gelegt, dass die mit Hilfe des Frameworks denkbaren P2P Anwendungen auch kommerzieller Natur sein können, somit also Aspekte berücksichtigt werden müssen, die bei kostenlosen P2P Applikationen vernachlässigt werden können oder dürfen.

3.2 Motivation und Forschungsbedarf

Die wachsende Relevanz von P2P Systemen belegen unzählige Berichte über den Streit zwischen Musikindustrie und diversen Filesharing Systemen auch außerhalb der Fachpresse. Die steigende Popularität und Bekanntheit hat wiederum Wirkungen auf die Produktion neuer P2P Applikationen. Insofern koexisterien in der Praxis viele unterschiedliche P2P Applikationen mit ähnlicher Zielsetzung. Allein im Bereich des Filesharings gibt es inzwischen eine beträchtliche Anzahl verschiedener P2P Applikationen. Auf der Seite www.mediasharing.de wird für das Betriebssystem Windows über mehr als 30 P2P Filesharing-Systeme berichtet, die mehr oder weniger untereinander kompatibel sind.[121] Bezüglich der Applikationsart „Distributed Computing" (z.B. SETI@home, Folding@home,...), die auch P2P Züge aufweist, listet die Seite www.rechenkraft.de 108 Projekte auf (60 davon aktiv).[122] Allein diese beiden P2P Anwendungsdomänen zeigen, wie heterogen und unvereinheitlicht die Applikationslandschaft zurzeit aussieht. Dazu kommt, dass die genannten Anwendungen bislang überwiegend nichtkommerziell sind. Denkt man an

---

[121] Vgl. Mediasharing 2003.
[122] Vgl. Rechenkraft 2003.

kommerzielle P2P Anwendungen, so kommen Aspekte zum Vorschein, die in den bisherigen Applikationen undiskutiert bleiben. Diese Aspekte sind z.B. einheitliche Indiziermechanismen, Nutzerverwaltung, Ressourcenverwaltung, Abrechnungsmechanismen in dezentralen Umgebungen und insbesondere auch Sicherheitsmechanismen in P2P Anwendungen. Die folgenden Abschnitte definieren zunächst den Begriff des Frameworks und erarbeiten anschließend einen Anforderungskatalog für kommerzielle P2P Anwendungen. Danach werden Basisfunktionalitäten herausgefiltert, die als „kleinster gemeinsamer Nenner" aller P2P Anwendungen gelten können, um für diese Basisfunktionalitäten Standardservices zu entwickeln.

3.3 Begriffsdefinitionen

Bevor die Einzelheiten des P2P Frameworks im Detail beschrieben werden, ist es notwendig, den Begriff des Frameworks zu definieren. Ein Framework kann definiert werden als „eine Menge von zusammenarbeitenden Klassen, die einen wieder verwendbaren Entwurf für eine bestimmte Klasse von Software darstellen."[123] Im vorliegenden Falle wäre somit eine Menge von wieder verwendbaren Klassen gemeint, mit der P2P Anwendungen implementiert werden können. Eine Architektur einer solchen Klassenmenge wird später auch beschrieben. Der Begriff des Frameworks muss jedoch über eine bloße Klassensammlung hinaus erweitert werden, da P2P Anwendungen sehr verteilte Anwendungen sind bzw. eine P2P Anwendung nur im Zusammenhang mit weiteren Anwendungen funktionieren kann. Das vorgestellte P2P Framework enthält neben der zusammenhängenden Klassenmenge zusätzlich auch eine Menge von (zentralen und selbständig funktionierenden) Basisdiensten (z.B. Indexierung von Content) und auch eine Menge von Protokollen, die die Kommunikation zwischen den Elementen einer P2P Anwendung (also zwischen Peers und verschiedenen (zentralen) Diensten) festlegt. Insofern soll für das beschriebene P2P Framework folgende Definition gegeben werden:

Das P2P Framework ist eine Menge zusammenhängender und wieder verwendbarer Klassen für die Implementierung einer P2P Anwendung sowie eine Menge vorgegebener, immer wiederkehrender Standardbasisdienste und eine Sammlung von Protokollen, die die Kommunikation zwischen Peers und den Standardbasisdiensten festlegt.

---

[123] Vgl. Gamma/Riehle 2002, S. 37.

3.4 Anforderungen an ein Peer-to-Peer Framework

Da es sich im vorliegenden Kapitel um ein Framework für kommerzielle P2P Anwendungen handelt, sind spezifische Anforderungen an ein solches Framework zu stellen. Diese Anforderungen lassen sich aus ökonomischen Motiven ableiten.

Das **ökonomische Prinzip** sagt, dass eine gegebene Aufgabe mit möglichst wenig Ressourcen zu erledigen bzw. mit gegebenen Ressourcen ein möglichst hoher Output zu erzielen ist.[124] Hieraus lassen sich die Anforderungen *Produktivität*, *Synergetik*, *Kongruenz* und *Modularität* ableiten (siehe unten).

Kommerzielle P2P Anwendungen werden aufgrund ihrer Professionalität steigende Ansprüche bei den Nutzern zur Folge haben. Eine Grundvorrausetzung für die Nutzung einer kommerziellen P2P Anwendung ist somit das **Vertrauen** in das System. Für Vertrauen wiederum ist eine essenzielle Anforderung, dass das P2P Framework ausreichend technische *Sicherheit* bietet. Weiterhin erwartet ein Nutzer eines kommerziellen Dienstes eine entsprechende Servicequalität, so dass die Anforderung der hinreichenden *Performance* formuliert werden kann.

Das P2P Framework, oder besser die aus dem Framework entstehende Infrastruktur, wird von unterschiedlichsten Anwendungen verwendet. Entwickler, die das Framework als Grundlage verwenden, müssen sich auf die Mechanismen innerhalb des Frameworks in der Zukunft verlassen können, selbst wenn das Framework von immer mehr Anwendungen und Anwendern benutzt wird. Hieraus ergibt sich das ökonomische Ziel der **Investitionssicherheit**. Ableitbar aus diesem ökonomischen Ziel ist die Anforderung der *Skalierbarkeit*.

Die Anforderungen lassen sich im Einzelnen wie folgt darstellen:

- **Produktivität.** Die Anforderung der Produktivität meint, eine P2P Anwendung in möglichst kurzer Zeit zu entwickeln. Dabei sollte die Anwendungsentwicklung derart ermöglicht werden, so dass bei der Konzeption und der Implementierung lediglich Konzentration auf die Anwendung erforderlich ist, nicht jedoch Standardaufgaben wie z.B. Nutzerverwaltung oder Indexierung von Ressourcen überdacht werden müssen.

---

[124] Vgl. Schierenbeck 2003, S. 3ff.

Hierfür sind Standardservices und damit korrespondierende Protokolle innerhalb des P2P Frameworks zu definieren.
- **Synergetik.** Die Synergetik meint, dass die Architekturen von Diensten innerhalb des P2P Frameworks derart flexibel aufgebaut sein sollten, dass diese Dienste in möglichst vielen Kontexten wieder verwendbar sind. Somit sollte es möglich sein, einen Dienst anzubieten der z.b. in zwei verschiedenen P2P Applikationen integrierbar ist.
- **Kongruenz.** Das P2P Framework stellt bestimmte Basisdienste zur Verfügung. Diese Basisdienste sollten derart aufgebaut sein, dass sie Grundlage nahezu aller P2P Anwendungen sein können. Bezüglich dieser Basisdienste sollte gelten: *Sowenig wie möglich, so viele wie nötig.*
- **Modularität.** Modularität bezieht sich auf die Komplexität der angebotenen (Basis)dienste. Die Dienste sollen möglichst modular aufgebaut sein, also jeweils immer nur eine zusammenhängende Aufgabe lösen. Dies ermöglicht eine einfache Lastverteilung und trägt zur Transparenz und Erweiterbarkeit des Systems bei. Bezüglich der Granularität der Dienste sollte der Grundsatz „Divide et impera" gelten.
- **Sicherheit.** Sicherheit ist in jeder kommerziellen Anwendung ein wichtiges Thema. In einer P2P Umgebung jedoch lassen sich aufgrund der hohen Dezentralität schwierigere Sicherheitsprobleme vermuten. Die Sicherheit betrifft hierbei insbesondere die Sicherheit zwischen (zentralen) Diensten, zwischen Diensten und Peers und von Peer zu Peer. Auf jeder dieser Kommunikationsebenen müssen die üblichen Anforderungen Integrität, Vertraulichkeit, Authentizität, Verbindlichkeit und Autorisierung erfüllt werden.[125]
- **Performance.** Die Performance adressiert die Eigenschaft, dass P2P Anwendungen innerhalb des Frameworks eine gleich bleibende und hinreichend schnelle Antwortzeit aufweisen. Performance ist somit ein Teil der Dienstgüte (Quality of Service). Die Performance sollte dabei unabhängig von der Existenz anderer P2P Applikationen sein, die die gleichen Dienste nutzen und somit in bestimmten Situationen um Ressourcen konkurrieren können.
- **Skalierbarkeit.** Die Anforderung der Skalierbarkeit fokussiert den Umstand, dass das P2P Framework erweitert bzw. die darauf basierenden An-

---

[125] Vgl. Oaks 2001, S. 1ff, Nusser 1998, S. 52f.

wendungen zahlreicher werden können, ohne dass das Gesamtsystem (also die Menge aller auf dem Framework aufbauender Anwendungen) seine (positiven) Eigenschaften verliert. In P2P Netzen ist dies bspw. im Bereich des Auffindens von Ressourcen in absolut dezentralisierten Netzen ein großes Problem, da hier Suchanfragen – wie z.b. im Gnutella Protokoll beschrieben[126] – von Peer zu Peer weitergereicht werden, und somit eine exponentielle Vermehrung von Nachrichten erzeugt wird. Ein solcher Mechanismus erfüllt die Anforderung der Skalierbarkeit unzureichend.

3.5 Verhältnis zu anderen Peer-to-Peer Technologien

Der Umstand, dass in Theorie und Praxis bisher wenige Arbeiten für ein P2P Framework existent sind, motiviert zur Konzeption eines solchen Frameworks. Um den Themenbereich „Peer-to-Peer" ranken sich inzwischen viele verschiedene Technologien. Diese Technologien eignen sich zwar grundsätzlich für den Einsatz in einer P2P Applikation, jedoch gibt es bisher nur wenige Technologierahmen, die als generisches Framework speziell für P2P Anwendungen bezeichnet werden können. Die im Zusammenhang mit P2P Anwendungen genannten Technologien sind oftmals: XML[127], Web Services[128], SOAP[129], UDDI[130] u.a.. Diese und weitere Technologien sind im Rahmen eines Frameworks derart in Beziehung zu setzen, so dass P2P Funktionalitäten schnell und einfach implementiert werden können.

Es gibt jedoch inzwischen auch speziell auf P2P Anwendungen zugeschnittene Frameworkbestrebungen. In diesen Bereich kann das JXTA-Projekt[131] von Sun gezählt werden. Die JXTA-API stellt eine Menge von Klassen bereit, um Peer-Anwendungen zu implementieren. JXTA ist grundsätzlich sehr dezentral ausgelegt, d.h. grundsätzlich werden keine zentralen Services auf Applikationsebene (wie Userdatenbanken oder Indexservices) als fertiger Bestandteil geboten. Solche zentralen Services müssen stets selbst entwickelt werden. Eine zentralisiertere Rolle kann ein Peer nur einnehmen, wenn es als so genanntes Rendezvous Peer konfiguriert ist. Ein Rendezvous Peer ist aber lediglich ein technischer Intermediär, der gecachte XML-Dokumente

---

[126] Vgl. Gnutella 2000.
[127] Vgl. W3C 2003.
[128] Vgl. Knuth 2002.
[129] Vgl. Box 2001.
[130] Vgl. UDDI 2003.
[131] Vgl. JXTA 2003.

(Advertisement) auf Anfrage zurückgibt. Das hier vorliegende Framework steht in keiner Substitutionsbeziehung zu JXTA. Vielmehr kann es möglich sein, Peer Anwendungen mit der JXTA-API zu implementieren und darüber hinaus die (zentralen) (Index)services des vorgestellten Frameworks zu verwenden, die JXTA nicht standardmäßig bereitstellt.

Microsoft strebt mit seiner .NET Plattform[132] insbesondere das komfortable erstellen von Web Services an. Web Services können auch in einer P2P Umgebung als Kommunikationsstandard verwendet werden, so dass mit .NET mächtige Mechanismen auch für P2P Applikationen zur Verfügung stehen.

Auf P2P Anwendungen spezialisierte Frameworks werden von einigen Spezialanbietern angeboten. Oftmals ist jedoch das entsprechende Framework auf einen bestimmten P2P Applikationstyp zugeschnitten, was zu Lasten der Allgemeinverwendbarkeit eines solchen Frameworks geht. Als prominenter Vertreter im Bereich Collaborative Working kann Groove genannt werden. Groove ist dabei sowohl eine fertige Basisanwendung als auch ein Framework zur Erweiterung von Groove. Im Bereich Grid-Computing kann Avaki[133] erwähnt werden.

3.6 Konzept

3.6.1 Peer-to-Peer Architektur des Frameworks

In der Literatur treten P2P Anwendungen in verschiedenen Architekturen auf. Die verschiedenen Architekturen unterscheiden sich hauptsächlich durch den Grad der Dezentralisierung des Gesamtsystems. Somit lassen sich in der Literatur hauptsächlich die die Architekturtypen pure P2P (nur Peers, ohne Zentraleinheiten), brokered P2P (auch vermittelnde Zentraleinheiten vorhanden) und hybrid P2P (Zentrale Aufgaben werden auf Superpeers verteilt) Architekturen finden.[134] Das dargestellte P2P Framework setzt stark auf den brokered P2P Ansatz, enthält also gewisse zentrale Elemente, die weiter unten genau beschrieben werden. Diese Wahl determiniert jedoch nicht den Grad der Dezentralität der auf dem P2P Framework aufsetzenden Anwendungen, denn den Entwicklern der P2P Anwendungen steht es frei, mit welcher Intensität zentrale Dienste verwendet werden sollen. Selbstverständlich ist es auch denkbar, eine absolut dezentrale Anwendung zu

---

[132] Vgl. Microsoft 2003.
[133] Vgl. Awaki 2003.
[134] Vgl. Keuper/Gehrke 2002, S. 8ff.

implementieren. Die grundsätzliche Fokussierung des P2P Frameworks auf einige zentrale Dienste lässt sich im Wesentlichen durch folgende drei Argumente stützen:
1. Die Anforderungen *Performance* und *Skalierbarkeit* benötigen gewisse zentrale Dienste. Besonders das Auffinden von Ressourcen und anderen Peers ist mit Hilfe zentraler oder teilzentraler Indexservices schneller und einfacher. Die Dienstgüte kann mit zentralen Diensten enorm erhöht werden.
2. Absolut dezentrale Systeme werden oft mit dem Ziel gewählt, um zentrale (juristische) Angriffspunkte zu vermeiden. Ein zentraler Angriffspunkt ist jedoch nur dann von Bedeutung, wenn die P2P Applikation in rechtlichen Graubereichen wie z.B. Urheberrechtsverletzungen operiert. Das dargestellte Framework bezieht sich allerdings überwiegend auf kommerzielle P2P Applikationen, so dass Aspekte wie Dienstgüte, Benutzbarkeit, Performance und Skalierbarkeit vorgehen.
3. Bei kommerziellen P2P Diensten kommt es nicht zwingend darauf an, technische Intermediäre zu vermeiden. Der Fokus sollte hier darauf liegen, ökonomische Intermediäre zu vermeiden, um eine weitere Disintermediation[135] zu erreichen, so dass letztendlich die durch die P2P Anwendung abzuwickelnden Prozesse kostengünstiger werden. Einfache zentrale technische Elemente können insofern erheblich dazu beitragen, die überwiegend dezentralen Prozesse effizient abzuwickeln, ohne selbst viel ökonomische Wertschöpfung zu beinhalten. Die zentralen Dienste innerhalb einer P2P Applikation enthalten insofern keine oder nur wenig wertschöpfende Geschäftslogik oder spezifisches geschäftliches Know-How sondern sind – im Gegenteil zu zentralen E-Commerce Plattformen – lediglich technische Vermittler wie z.B. ein Telefonbuch bei der Dienstleistungssuche in der realen Welt.

3.6.2 Servicehierarchie

3.6.2.1 Übersicht

Im Rahmen des P2P Frameworks gibt es eine vorgegebene Hierarchie von Diensten. Diese Dienste unterscheiden sich dabei hauptsächlich bezüglich der *Verwendungsreichweite* und bezüglich der *Kommunikationsart*. Bezüglich der

---

[135] Vgl. Merz 1999, S. 92ff.

3 Entwicklung von kommerziellen Peer-to-Peer Applikationen

Verwendungsreichweite können Dienste unterschieden werden, die grundsätzlich für die Menge aller Anwendungen innerhalb des Frameworks nutzbar sind und Dienste, die nur innerhalb einer spezifischen P2P Applikation verwendet werden können. Die Kommunikationsart kann dabei auf der einen Seite Client/Server orientiert sein, wenn es sich bspw. um einen zentralisierten Indexdienst handelt. Auf der anderen Seite existiert die Kommunikationsart zwischen Peers, mithin also hochgradig dezentralisierte Dienste.

Im Rahmen des Frameworks sind sechs verschiedene Dienstearten von Bedeutung. Diese Dienstearten stehen teilweise in hierarchischen Beziehungen, teilweise sind sie gleichberechtigt. Die unterschiedlichen Dienstearten sind dabei: Basic Framework Services, Value Added Framework Services, Basic Application Services, Value Added Application Services, Basic Peer Services und Value Added Peer Services. Im Folgenden sind die Aufgabenfelder der einzelnen Dienstearten beschrieben:

1. **Basic Framework Services.** Basic Framework Services stellen zentral orientierte Dienste dar, die von Peers bzw. anderen, weiteren Diensten benutzt werden können. Diese Basic Framework Services sind eine vorgegebene und festumrissene Menge von Diensten. Solcherlei Dienste kann man sich vorstellen wie z.B. den Indexserver von Napster, jedoch sind die Dienste weder Applikationsart- noch Applikationsspezifisch und stehen grundsätzlich allen Anwendungen innerhalb des Frameworks zur Verfügung. Als Basic Framework Services sind folgende identifiziert worden, die später noch detailliert erklärt werden: Userindexer-, Ressourcenindexer-, Serviceindexer-, Peerindexer- und Berechtigungsindexerdienst. Die verschiedenen Dienste sind grundsätzlich unabhängig und können sogar auf physikalisch unterschiedlicher Hardware laufen. Dies soll ein hohes Maß an Modularität gewährleisten.

2. **Value Added Framework Services.** Value Added Framework Services sind Dienste, die sich ebenfalls bezüglich der Reichweite auf das gesamte Framework beziehen. Ihre Funktion kann jedoch nicht mehr zu den Basisdiensten gezählt werden. Value Added Framework Services werden im Rahmen des Frameworks nicht spezifiziert. Vielmehr ist es vorgesehen, dass diese Services von anderen, beliebigen Organisationen oder Firmen entwickelt und zur Verfügung gestellt werden. Vorstellbare Value Added Services können z.B. Abrechnungsdienste für P2P Transaktionen,

Archivierungsdienste für Daten im P2P Netzwerk oder auch Auktionsdienste sein. Hinter Value Added Services können Geschäftsmodelle der Anbieter stehen, die die Nutzung und Vergütung steuern. Value Added Services sind ähnlich allgemein gehalten wie die Basic Framework Services und können von unterschiedlichen P2P Anwendungen benutzt werden, d.h. sie funktionieren unabhängig vom P2P Applikationskontext. Beispielsweise ist es denkbar, dass ein und derselbe Abrechungsdienst im Rahmen einer kommerziellen Filesharing-Anwendung benutzt wird, während der Abrechungsdienst gleichzeitig auch für eine Grid-Computing Anwendung in Anspruch genommen wird.

3. **Basic Application Services.** Basic Application Services sind zentral orientierte Spezialdienste, die nur innerhalb einer bestimmten P2P Anwendung funktionieren. Hier kann man sich bspw. einen Grid-Service vorstellen, welcher Rechenzeit koordiniert und den Peers Rechenaufträge zuweist. Die Dienste sind derart speziell, so dass andere P2P Anwendungen die Basic Application Services nicht sinnvoll nutzen können.

4. **Value Added Application Services.** Value Added Application Services sind Zusatzdienste im Rahmen einer speziellen P2P Applikation. Diese Zusatzdienste können bspw. von Anbietern offeriert werden, die nicht mit dem Anbieter der eigentlichen P2P Applikation übereinstimmen. Value Added Services sollten dynamisch in die Basis P2P Anwendungen eingeklinkt werden können und müssen mit den übrigen Basisdiensten des Peers harmonieren.

5. **Basic Peer Services.** Basic Peer Services beziehen sich stets auf spezielle P2P Anwendungen. Ein weiteres Charakteristikum ist, dass Basic Peer Services Dienste sind, die stets eine P2P Kommunikation voraussetzen. Es handelt sich insofern nicht um zentrale, sondern um dezentrale Dienste. Ein Basic Peer Service kann bspw. das Austauschen einer Datei zwischen zwei Peers im Rahmen einer Filesharing Anwendung sein.

6. **Value Added Peer Services.** Value Added Peer Services sind wiederum rein P2P bezogenene Dienste, die von Fremdanbietern in eine bestehende P2P Anwendung „hereingeklinkt" werden.

Die Unterscheidung der verschiedenen Dienstearten erfolgt nicht aus rein technischen Gründen, sondern erfolgt grundsätzlich aus Architekturüber-

3 Entwicklung von kommerziellen Peer-to-Peer Applikationen

legungen, die die genannten Anforderungen wie z.b. Modularität, Produktivität und Synergetik möglichst gut abdecken. Denn technisch kann sich z.b. ein Basic Peer Services von einem Value Added Peer Service gar nicht unterscheiden. Er wird möglicherweise sogar mit derselben API implementiert. Jedoch übernehmen die verschiedenen Dienstearten eine unterschiedliche Rolle in der Framework Architektur ein bzw. haben auch unterschiedliche ökonomische Funktionen. So kann ein Value Added Service – auf welcher Ebene auch immer - stets auch von Fremdanbietern angeboten werden, so dass Value Added Services auch die Rolle von „Zulieferdiensten" innehaben können. Der modulare Aufbau hat somit nicht nur softwaredesignorientierte Vorteile, sondern ermöglicht auch eine sehr granulare Arbeitsteilung bezüglich der Erstellung einzelner Services.

Abbildung 11 visualisiert die Beziehungen der einzelnen Dienstearten und zeigt die jeweiligen Charakteristika auf.

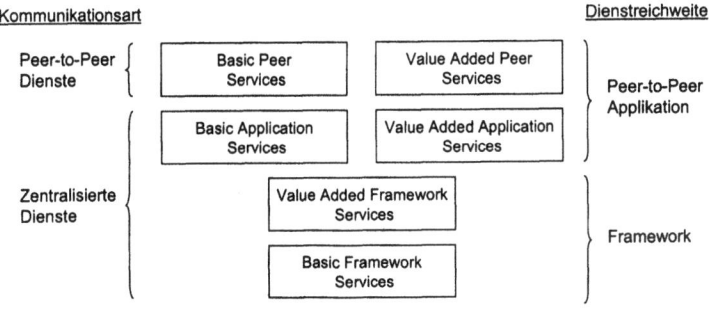

Abbildung 11: Diensteverhältnis im P2P Framework

Das dargestellt Framework leistet letztendlich zweierlei:

1. Das Framework bietet fertige Basic Framework Services, die nicht mehr von P2P Entwicklern implementiert werden müssen. Diese Services müssen im Zweifel – wenn der gewünschte Basisserviceserver nicht vorhanden ist – lediglich auf einem Server installiert werden. Im Rahmen einer Anwendung werden diese Basisdienste dann lediglich von der Peersoftware angesprochen.

2. Weiterhin bietet das Framework eine API, mit der die Peersoftware entwickelt werden kann. Diese API soll es dem Entwickler ermöglichen, dass er lediglich genau abgegrenzte Services modular implementiert, sich jedoch nicht um die Abwicklung der Kommunikation zu anderen Peers oder Diensten kümmern muss. Die Entwicklung soll sich auf die fachliche Implementierung des Services konzentrieren können. Selbstverständlich kann dieser Teil des Frameworks auch durch andere P2P APIs wie z.B. JXTA ersetzt werden, wenn es der Entwickler wünscht.

3.6.2.2 Sicherheit innerhalb des Peer-to-Peer Frameworks

P2P Anwendungen sind hochgradig dezentralisiert. Da somit sehr viele Systeme bzw. Nutzer in Interaktion treten, ist die Frage der Sicherheit von erheblicher Bedeutung. Insgesamt kann es zu folgenden Kommunikationsarten kommen: 1. Peer zu zentraler Dienst, 2. Peer zu Peer, 3. zentraler Dienst zu zentralem Dienst. Alle diese Kommunikationsbeziehungen müssen hinreichend sicher sein, so dass das Gesamtsystem als hinreichend sicher gelten kann. Letztendlich ist es notwendig, jeden einzelnen Service auf jeder Dienste- bzw. Peerinstanz individuell mit Sicherheitsrichtlinien versehen zu können. Wie später noch gezeigt werden wird, wird es für diesen Zweck den Basisdienst des Berechtigungsindexers geben. An dieser Stelle sollen insofern lediglich die grundlegenden Sicherheitsstufen, mit denen Services versehen werden können, erklärt werden. Jedem Dienst im Framework ist eine der folgenden Sicherheitsstufen zuzuweisen:

- **Sicherheitsstufe 0.** Die geringste Sicherheitsstufe sagt aus, dass ein Dienst von jedem ohne Restriktionen aufgerufen werden kann. Es findet insofern keine Überprüfung von Sicherheitsrichtlininen statt. Diese Sicherheitsstufe kann für Basisdienste vergeben werden, die grundlegende und nicht schützenswerte Dienstleistungen erbringen (z.B. reine Informationsdienste). Aufgrund dieser Sicherheitsstufe kann ein Dienst anonym verwendet werden.
- **Sicherheitsstufe 1.** Diese Sicherheitsstufe verlangt, dass sich der Dienstaufrufer identifizieren lässt. In seiner Dienstanfrage muss er seine Identität angeben. Ansonsten gibt es für die Nutzung keinerlei Restriktionen.
- **Sicherheitsstufe 2** entspricht der Sicherheitsstufe 1, jedoch wird zusätzlich geprüft, ob der Dienstnachfrager sich für die P2P Anwendung, in dessen

Rahmen der Service eingesetzt wird, registriert hat. Dienstnachfrager, die nicht registriert sind, werden abgelehnt.

- **Sicherheitsstufe 3** beinhaltet, dass zunächst überprüft werden muss, ob der spezielle Dienstnachfrager zur Nutzung des Dienstes berechtigt ist. Hierfür wird der Basisdienst des Berechtigungsindexers benötigt. Der Berechtigungsindexer gibt dann Auskunft darüber, welcher Nutzer, welche Services bei wem nutzen darf.
- **Sicherheitsstufe 4** wird verwendet, wenn ein Dienst nur einmalig in einer bestimmten Art und Weise verwendet werden soll. Hierfür werden von einer bestimmten Anwendung eine TAN an berechtigte Peers ausgegeben bzw. beim Berechtigungsindexer hinterlegt, die beim Durchführen einer speziellen Dienstanfrage bei dem Dienst vorgelegt werden muss. Anhand der TAN kann dann entschieden werden, ob die spezielle vorliegende Anfrage durchgeführt werden soll.

3.6.2.3 Kommunikation innerhalb des Frameworks

Die Kommunikation innerhalb des Frameworks basiert auf dem Austausch von Nachrichten zwischen den Beteiligten. Bezüglich der Standardisierung der Kommunikation kann zweierlei gesagt werden:

1. Die Kommunikation zwischen Peers innerhalb einer Anwendung bzw. zwischen Peers und speziellen zentralen Diensten kann und soll nicht vom Framework vorgegeben werden. Zwar sollten Nachrichten stets bestimmte inhaltliche Informationen mit sich führen (z.B. Identität des Dienstaufrufenden, Signatur der Nachricht, usw.), jedoch kann nicht vorgeschrieben werden, wie die Nachrichten strukturiert werden sollen. Dies ist vielmehr den Entwicklern der spezifischen P2P Anwendung überlassen. Als Nachrichtenformate kommen grundsätzlich binäre Formate, allgemeine XML-basierte Formate oder auch Web-Service konforme SOAP Aufrufe[136] in Frage. Das Framework kann hier natürlich Standardmechanismen zur Kommunikation zur Verfügung stellen, dessen Nutzung ist aber freigestellt.

2. Während spezielle P2P Anwendungen in beliebiger Art und Weise – je nach Entwicklerpräferenz – kommunizieren können, legt das Framework die Nachrichtenstruktur, die für die Kommunikation mit den Basic Frame-

---

[136] Vgl. Box 2001.

work Services benötigt wird, fest. Selbstverständlich kann jedoch diese Nachrichtenstruktur auch für beliebige andere Services verwendet werden.

Punkt zwei stellt das Hauptaugenmerk bezüglich der Kommunikationsmechanismen in dem P2P Framework dar. Insbesondere sollte eine Nachricht stets folgende drei Bestandteile haben, damit insbesondere die Anforderung der Sicherheit erfüllt werden kann: einen Transaktionskopf, einen Teil mit den Parametern für den Aufruf der Servicemethode, und einen Teil für die digitale Unterschrift der Nachricht bzw. allgemein für Sicherheitsbelange. Ein Beispielaufruf in XML könnte z.B. wie folgt aussehen:

```
<Message>
    <MessageBody>
        <Service>Filesharing@Serviceindexer.com</Service>
        <Transaction>
            <ID>StedmundEuder@usc.de</ID>
            <PublicKey>uz7jv4b59g64jkrlv9rh4hgfklfh337f56977</PublicKey>
            <TransactionID>3465654</TransactionID>
            <TAN>568347562</TAN>
        </Transaction>
        <MethodRequest>
            <Method>GetAdress</Method>
            <Username>ScherhardGoeder@dps.de</Username>
        </MethodRequest>
    </MessageBody>
    <Security>
            <Signature scope='MessageBody'>brth4ghg5j33h4hj5j56k6k78kk8k</Signature>
    </Security>
</Message>
```

Abbildung 12: Aufruf eines Dienstes innerhalb des P2P Frameworks

Obiges XML-Dokument verdeutlicht beispielhaft den Aufruf eines Basic Framework Services innerhalb des P2P Frameworks. Innerhalb des Tags <Transaction> werden Informationen für den Aufruf der Methode des Services untergebracht. Der Umfang der hier untergebrachten Informationen hängt von der Sicherheitsstufe der Methode ab. Zumindest sollte hier die Identität des Aufrufenden untergebracht sein. Der öffentliche Schlüssel wird auch mitgeliefert, jedoch sollte der angesprochene Dienst den öffentlichen Schlüssel zusätzlich noch vom Userindexerdienst (siehe unten) beziehen, um sicherzustellen, dass der in der Nachricht mitgeteilte öffentliche Schlüssel der Richtigkeit entspricht. Die weiteren Informationen, wie eine TransaktionsID und die TAN sind nur bei einem entsprechenden Sicherheitsniveau notwendig. Im Bereich <MethodRequest> werden die Parameter übergeben, die zum Aufruf einer bestimmten Methode des Services benötigt werden. Der letzte <Security> Teil ist bspw. dazu dar, die Nachricht zu signieren, damit festge-

stellt werden kann, ob es sich um denjenigen Dienstnutzer handelt, der auch im <Transaction>-Teil der Nachricht vorgegeben wird.
Die Antwort auf den Aufruf der Methode des Dienstes kann im Prinzip spiegelbildlich aufgebaut werden. Anstatt des <MethodRequest>-Bereichs jedoch ist hier ein <MethodResponse>-Bereich notwendig, der die Antwort der Anfrage beinhaltet.

3.6.2.4 Zentral orientierte Services

Im Folgenden wird zwischen zentralen und Peer orientierten Diensten unterschieden. Mit zentral orientierten Diensten sind Dienste gemeint, die grundsätzlich eher dem Client/Server Paradigma entsprechen. Bei der Diskussion um die zentralen Dienste sind sowohl die Serverseite, also der eigentliche Dienst, als auch die Clientseiten, die z.B. in einer Peersoftware integriert sein können, einbezogen. Mit Peer orientierten Diensten sind Dienste gemeint, die keine zentrale Einheit wie einen Server, sondern nur Kommunikation zwischen Peers erfordern.

3.6.2.4.1 Basic Framework Indexservices

Die Basic Framework Services sind bereits erwähnt worden und sollen an dieser Stelle detailliert dargestellt werden. Sie können als kleinster gemeinsamer Nenner aller P2P Anwendungen angesehen werden. Alle Basic Framework Services sind dabei derart entworfen, dass eine Instanz eines Basic Framework Services stets von mehreren P2P Applikationen verwendet werden kann, um möglichst viele Synergieeffekte zu ermöglichen. Im Folgenden werden die Basic Framework Services Userindexer, Serviceindexer, Peerindexer, Ressourceindexer und Berechtigungsindexer dargestellt.

3.6.2.4.1.1 Userindexer

Der Userindexer stellt lediglich eine Nutzerverwaltung dar. Allerdings beziehen sich die Nutzerkonten nicht grundsätzlich auf eine bestimmte Applikation. Vielmehr können die Nutzeraccounts in späteren Schritten beliebigen P2P Applikationen „hinzugemappt" werden. Userindexer können von beliebig vielen unabhängigen Organisationseinheiten betrieben werden, sodass eine verteilte Nutzerverwaltung innerhalb des P2P Frameworks vorliegt. Um zu gewährleisten, dass niemals zwei oder mehr Nutzer denselben Nutzernamen haben, wird der Nutzername mit dem Userindexernamen kombiniert (z.B. maxmueller@yahoo.de oder tinatest@web.de). Zusätzlich zum Nutzernamen wird die Adresse und der Public Key auf dem Userindexer abgelegt. Es soll auch möglich sein, mehrere Adressen und Public Keys abzulegen, damit später unterschiedlichen Applikationen unterschiedliche Adressen und Keys zugewiesen werden können.

Mindestens folgende Methoden sollten innerhalb des Userindexers implementiert werden:

S-Stufe	Methodenname	Parameter	Zweck
0	RegisterUser	Username, Adress, Public Keys	Registrierung eines Nutzers mit mindestens einem Adressdatensatz.
0	GetPublicKey	AppID, Username	Erfragen des Public Key eines Users in Bezug auf eine bestimmte Anwendung.
1	DeleteUser	User	Löschen eines Users.
3/4	LookupUser	AppID, Username	Adressdaten eines Users einsehen.

Tabelle 5: Methoden des Userindexers

Die oben beschriebenen Methoden stellen den Mindestumfang der benötigten Methoden eines Userindexers dar. Wie man an den Parametern sehen kann, können verschiedenen Anwendungen unterschiedliche Adressdaten und Public Keys zugeordnet werden. Die Spalte ganz links stellt die Sicherheitsstufe der Methode dar. Die ersten beiden Methoden können uneingeschränkt benutzt werden, für die letzte Methode müssen Sicherheitsregeln beachtet werden (diese müssen vom entsprechenden Berechtigungsserver bezogen werden). Die Methode DeleteUser kann nur von dem User verwendet werden, dem das Nutzerkonto gehört. Deshalb ist lediglich eine Authentifizierung notwendig.

3.6.2.4.1.2 Serviceindexer

Ein Serviceindexer ist ein Verzeichnis, in dem Hinweise über Dienste hinterlegt sind. Ein solcher Indexer ist vergleichbar mit einem UDDI-Server[137] im Bereich der Web Services. Jedoch ist der Serviceindexer an spezielle Erfordernisse des P2P Frameworks angepasst. So z.B. muss ein Serviceindexer berücksichtigen, dass Peers, die Dienste bereitstellen, nicht ständig online verfügbar sind. Das Verwalten von Diensten geschieht in einem zweistufigen Prozess. Zunächst ist ein Dienst beim Serviceindexer zu registrieren. Bei der Registrierung wird der Dienst beschrieben und Hinweise hinterlegt, wie der Dienst benutzt werden kann. In einem zweiten Schritt melden die Teilnehmer des P2P Frameworks beim Serviceindexer an, dass sie einen bestimmten, be-

---

[137] Vgl. UDDI 2003.

reits registrierten Service anbieten. Insgesamt sind somit sieben grundlegende Methoden für den Dienst des Serviceindexers notwendig.

S-Stufe	Methodenname	Parameter	Zweck
1	RegisterAppl	User, AppID, Desc	Eine Applikation registrieren.
1	GetAppl	User, SearchString	Abrufen von Applikationsinformationen.
1	RegisterService	Art, ServiceID, AppID, Name, DescURL, User, MethodDescriptionURL, SourceURL, IndexerList	Einen Service registrieren. Die Art des Services ist z.B. Value Added Framework Service, Peer Service, usw.
1	GetServices	AppID, User, SearchString	Abrufen von Serviceinformationen.
1	DeleteService	ServiceID, User	Einen registrierten Service wieder löschen.
1	AnnounceService	ServiceID, User, URL	Anmelden, dass ein User unter der URL den Service mit der ServiceID anbietet.
1	RevokeService	ServiceID, User, URL	Melden, dass ein User unter der URL den Service mit der ServiceID nicht weiter anbietet.

Tabelle 6: Methoden des Serviceindexers

Tabelle 6 zeigt die notwendigsten Methoden des Serviceindexers. Spiegelbildlich gibt es jeweils zwei Methoden zum Anmelden eines Services und zwei Methoden zum zurückziehen eines Services. Die Methode RegisterService ist die komplexeste Methode. Mit dieser Methode wird ein Service im Framework definiert. Hierzu wird eine eindeutige ServiceID übergeben und mindestens eine Applikation genannt, in deren Kontext der Service gültig ist. Die ApplicationID setzt sich – analog zum Username – zusammen aus ApplikationID und Name des Serviceindexers (ApplicationID@Serviceindexerserver). Weiterhin kann ein Link auf eine Beschreibung des Dienstes, auf die Beschreibung der Service Methoden (z.B. auf Basis von WSDL), auf den Ort des Quellcodes, um den Service einzubinden, und eine Liste mit Referenzen auf weitere Basisindexservices, die im Zusammenhang mit dem registrierten Service wichtig sind, hinterlegt werden. Für jeden Service sollte jeweils mindestens ein Peerindexer, ein Ressourcenindexer und ein Berechtigungsindexer angegeben werden. Somit ist festgelegt, wo die Benutzer des Services suchen müssen, um Ressourcen aufzufinden bzw. um Berechtigungen zu erfahren.

3.6.2.4.1.3 Ressourcenindexer

Ein Ressourcenindexer stellt einen Katalog aller potenziell verfügbaren Ressourcen innerhalb des P2P Frameworks dar. Was diese Ressourcen sind, ist für den Ressourcenindexer irrelevant und ist lediglich im Kontext der jeweiligen Anwendung interpretierbar. Eine Ressource kann somit z.B. eine Datei, Multimediacontent oder auch Spezialhardware sein. Der Ressourcenindexer führt nicht Buch darüber, welche Ressourcen zur Zeit von welchem Peer bereitgestellt werden, sondern listet alle Ressourcen, die grundsätzlich angemeldet wurden. Somit ist innerhalb des P2P Frameworks nicht nur bekannt, wie viele Ressourcen zurzeit „online" sind, sondern auch, wie viele Ressourcen potenziell verfügbar sein könnten. Der Ressourcenindexer benötigt folgende grundsätzliche Methoden:

S-Stufe	Methodenname	Parameter	Zweck
¾	RegisterRessource	AppID, ServiceID, RessourceID, User, Metadaten	Registrieren einer Ressource.
¾	DeleteRessource	AppID, ServiceID, RessourceID, User	Löschen einer registrierten Ressource.
¾	LookupMetadata	AppID, ServiceID, RessourceID	Gibt die Metadaten der Ressource zurück.
¾	SearchRessource	AppID, ServiceID, SearchString	Sucht in den Metadaten nach Übereinstimmungen und liefert die RessourcenID zurück.

Tabelle 7:   Methoden des Ressourcenindexers

Eine Ressource ist immer in Kombination mindestens einer Applikation und eines Services definiert. Die RessourcenID wird von der jeweiligen registrierenden Applikation generiert. Im Falle einer Datei kann dies zum Beispiel ein digitaler Fingerabdruck erzeugt mit dem MD5-[138] oder SHA1-Algorithmus[139] sein. Zusätzlich zu den genannten Methoden sind weitere Methoden denkbar, die z.B. statistische Informationen über die registrierten Ressourcen liefern.

3.6.2.4.1.4 Peerindexer

Ein Peerindexer führt Buch über die verfügbaren Peers und deren Ressourcen und enthält somit – im Gegensatz zum Userindexer, Serviceindexer und Ressourcenindexer – tendenziell eher Bewegungsdaten als Stammdaten. Am Peerindexer melden sich Peers an, um ihre Online-Verfügbarkeit zu signalisieren. Gleichzeitig werden auch die Ressourcen in den entsprechenden Anwendungs- und Servicekontexten indexiert. Die Ressourcen werden dabei lediglich durch eine ID identifiziert. Die Beschreibung der Ressourcen hingegen ist in den Metadaten des entsprechenden Ressourcenindexers zu finden. Eine Interpretation der verfügbaren Ressourcen ist insofern nur im Zusammenhang mit einem Ressourcenindexer möglich. Für die Funktionalitäten eines Peersindexers sind folgende Methoden notwendig:

---

[138] Vgl. Rivest 1992.
[139] Vgl. Eastlake 2001.

3 Entwicklung von kommerziellen Peer-to-Peer Applikationen

S-Stufe	Methodenname	Parameter	Zweck
1	LoginPeer	User, AppID, URL	Anmelden eines Users bezüglich einer bestimmten Anwendung, der unter der URL erreichbar ist.
1	LogoutPeer	UserID, AppID	Abmelden eines Users bezüglich einer bestimmten Anwendung.
3/4	IndexRessource	User, AppID, ServiceID, RessourceID, ParameterString	Indexieren einer bestimmten Ressource im Rahmen einer Anwendung und eines Services.
¾	GetIndexedRessource	User, AppID, ServiceID, SearchString	Abrufen von indexierten Ressourcen.
3/4	DelIndexedRessource	User, AppID, ServiceID, RessourceID	Löschen einer indexierten Ressource.
3/4	LookUpPeer	User, RequestedUser, AppID	Gibt die URL zurück, unter der der angefragte User zu erreichen ist.

Tabelle 8: Methoden des Peerindexers

Obige Methoden sind größtenteils selbsterklärend. Die Methode *Index-Ressource* ist die interessanteste Methode. Sie übernimmt das indexieren der im Framework vorhandenen Ressourcen in Abhängigkeit einer bestimmten Applikation und eines bestimmten Services. Mit Hilfe des Übergabeparameters *ParameterString* kann die Ressource über die Metadaten im entsprechenden Ressourcenindexer hinaus spezifisch parametrisiert werden. Ressourcen werden analog zu Services durch das Schema RessourcenID@Ressourcenindexername eindeutig referenziert.

3.6.2.4.1.5 Berechtigungsindexer

Der Berechtigungsindexer stellt einen Dienst dar, der verwaltet, inwiefern Methoden der unterschiedlichen Services innerhalb des Frameworks angesprochen werden können. Es können komplexe Regelwerke hinterlegt werden, die den Zugriff regeln. Die Berechtigungen werden beim Berechtigungsindexer als XML-Datei abgelegt. Alle Berechtigungen müssen insofern mit Hilfe von XML modelliert werden. Um die Problematik der Berechtigung hinreichend zu lösen, wird zwischen **Regeln** und **Rechten** unterschieden. Regeln beschreiben, ob bzw. inwiefern ein Zugriff auf einen Service ermöglicht werden soll. Rechte hingegen definieren, wer welche Regeln überhaupt definieren darf. Die Rechte determinieren also, durch welchen Nutzerkreis Regeln bezüglich einer P2P Applikation erstellt werden. Es gibt insgesamt drei verschiedene Arten von Rechten.[140]

1. Das bereits genannte Recht, **Zugriffregeln definieren** zu können.

---

[140] Folgend wird die Sicherheitsstufe 4 (TAN basiert) nicht technisch beschrieben, sondern lediglich die Sicherheitsstufe 3 nähergebracht.

2. Das Recht, **Gruppen** innerhalb von Anwendungen **anzulegen** bzw. zu **löschen**.
3. Das Recht, **Nutzer** bestimmten **Gruppen zuzuweisen**, bzw. Nutzer aus Gruppen zu entfernen.

Innerhalb einer P2P Applikation können beliebig viele Gruppen angelegt werden. Gruppen dienen zur Separierung innerhalb einer Anwendung. Sie können bspw. dazu genutzt werden, um Nutzer mit unterschiedlichen Zahlungsbereitschaften in normale und privilegierte Nutzer einzuteilen. Unterschiedlichen Gruppen können unterschiedliche Rechte zugewiesen werden. Darüber hinaus gibt es Rechte (siehe 1 und 2), die das Administrieren der Gruppen innerhalb einer Anwendung erlauben.

Zunächst soll demonstriert werden, wie Zugriffsregeln auf Methoden von Diensten in XML modelliert werden können. Hierfür soll folgendes Beispiel dienen:

```xml
<RULE defaultmode='denied'>
    <RULEID>454375634</RULEID>
    <DATE>01.01.2003</DATE>

    <APPID>Filesharing@serviceindexer.de</APPID>
    <SERVICEID>GetFile@serviceindexer.de </SERVICEID>

    <FROM>
        <GROUP>normalcontentuser@Filesharing@serviceindexer.de@securityindexer.de
        </GROUP>
            <USER>maxmueller@yahoo.de</USER>
    </FROM>

    <TO>
            <USER>nobelcontentprovider@globallink.com</USER>
    </TO>

    <METHOD mode='allowed'>GetInformation</METHOD>

    <METHOD mode='allowed'>
        DownloadFile
        <CONDITION>
            <PARAM name='FILE' mode='equals'>*.AVI</PARAM>
        </CONDITION>
    </METHOD>
</RULE>
```

Abbildung 13: In XML modellierte Zugriffsregel für P2P Services

Abbildung 13 zeigt eine in XML modellierte Zugriffsregel. Eine Zugriffsregel bezieht sich immer auf einen Service im Zusammenhang einer bestimmten Applikation (siehe Tag <AppID> und <ServiceID>). Es kann im <RULE>-Tag eingestellt werden, ob grundsätzlich Zugriffe im Rahmen des Services erlaubt oder verboten sind. Nachdem Applikation und Service spezifiziert sind, wird festgelegt für welche Kommunikationsverbindung die Regel gelten soll. In dem obigen Beispiel werden also alle Kommunikationsverbindungen zwischen der Gruppe „normalcontentuser@Filesharing@appserver.de@securityindexer.de"[141] bzw. dem Nutzer „maxmueller@yahoo.de" und dem Nutzer „nobelcontentprovider@globallink.com" adressiert. Für diese Kommunikationsverbindung gilt im Rahmen des Services GetFile@serviceindexer.de grundsätzlich, dass keine Zugriffe auf die Methoden des Services erlaubt sind. Die folgenden <METHOD>-Tags allerdings regeln genaue Zugriffsmöglichkeiten auf einzelne Methoden. So ist hier definiert, dass die Methode *GetInformation* stets aufgerufen werden darf. Die Methode *DownloadFile* darf ebenfalls aufgerufen, allerdings nur, wenn der Parameter *FILE* auf „.AVI" endet. Es sollen also nur AVI-Videos herunterladbar sein.

Mit der vorgestellten Art und Weise können Zugriffsrechte auf sehr feiner Ebene definiert werden, wenn dies gewünscht ist. Problematisch wird es, wenn Regeln beim Berechtigungsindexer hinterlegt wurden, die sich gegenseitig widersprechen. Hier muss eine Priorität für Regeln gefunden werden. Sinnvoll wäre es, stets die Regel zu verwenden, die am spätesten eingetragen wurde und somit als am aktuellsten gelten kann.

Nachdem vorgestellt wurde, wie Regeln abgebildet werden können, soll nun aufgezeigt werden, wie Rechte mit Hilfe von XML repräsentiert werden könnten. Ein Recht, Regeln zu definieren, könnte wie folgt gestaltet werden:

---

[141] Schema: Gruppenname@applikationsname@indexservername.

```
<RIGHT defaultmode='denied' type='rule'>
    <RIGHTID>46574657</RIGHTID>
    <DATE>01.01.2003</DATE>

    <APPID>Filesharing@yahoo.de</APPID>
    <SERVICEID>GetFile@yahoo.de</SERVICEID>

    <RIGHTOWNER>
            <GROUP>premuiumuser@Filesharing@appserver.de@securityindexer.de
            </GROUP>
            <GROUP>testuser@Filesharing@appserver.de@securityindexer.de
            </GROUP>
            <USER grant='yes'>heinzerhardt@web.de</USER>
    </RIGHTOWNER>

    <METHOD mode='allowed'>
            Downloadfile
    <FROM>

    <GROUP>normalcontentuser@Filesharing@appserver.de@securityindexer.de
    </GROUP>
    </FROM>
    <TO>
            <GROUP>*</GROUP>
     </TO>

    </METHOD>

</RIGHT>
```

Abbildung 14: Recht zur Definition von Regeln

Die Modellierung gleicht am Anfang der Modellierung von Regeln. Auch ein Recht ist jeweils nur in Verbindung mit einem Service bzw. einer Applikation gültig. Nachfolgend sind die Nutzer genannt, denen das modellierte Recht zusteht. Das Attribut ‚grant' bedeutet dabei, dass der Nutzer anderen Nutzern Rechte einräumen kann. Hierbei gilt allerdings der Grundsatz, dass maximal ebenbürtige Rechte, nicht aber stärkere Rechte, als der einräumende Nutzer hat, gewährt werden können. Im Beispiel ist definiert, dass grundsätzlich von den genannten Rechteeignern niemand das Recht hat, Regeln zu definieren (<RIGHT>-Tag). Bezüglich der Methode *DownloadFile* allerdings dürfen Regeln definiert werden, sofern der Kommunikationsfluss von Mitgliedern der Gruppe „normaluser" zu beliebigen anderen Mitgliedern führt.

Die beiden weiteren Rechte betreffen das Administrieren von Gruppen und das Administrieren von Nutzern innerhalb der Gruppen. Das Recht ‚Administrieren von Gruppen' kann das Neuanlegen, das Löschen oder das Ansehen von Gruppenmitgliedern beinhalten. Das Administrieren von Nutzern umfasst die Zuweisung von Nutzern zu Gruppen. Abbildung 15 zeigt, wie solcherlei Rechte modelliert werden könnten. Eine genaue Erklärung soll jedoch an dieser Stelle unterbleiben.

3 Entwicklung von kommerziellen Peer-to-Peer Applikationen   67

Gruppenadministration	Nutzeradministration in den Gruppen

`<RIGHT defaultmode='denied' type='groupadmin'>`
 	
  `<RIGHTID>46571257</RIGHTID>`
  `<DATE>01.01.2003</DATE>`
 	
  `<APPID>Filesharing@yahoo.de</APPID>`
 	
  `<RIGHTOWNER>`
    `<GROUP>premuiumuser</GROUP>`
    `<GROUP>testuser</GROUP>`
    `<USER grant='yes'>heinzerhardt@web.de</USER>`
  `<RIGHTOWNER>`
 	
    `<PARENTGROUP mode='allowed' create='yes' delete='no' read='yes'>spezialuser</PARENTGROUP>`
 	
`</RIGHT>`
	`<RIGHT defaultmode='denied' type='useradmin'>`
	
	  `<RIGHTID>46571257</RIGHTID>`
	  `<DATE>01.01.2003</DATE>`
	
	  `<APPID>Filesharing@yahoo.de</APPID>`
	
	  `<RIGHTOWNER>`
	    `<GROUP>testuser</GROUP>`
	    `<USER grant='yes'>heinzerhardt@web.de</USER>`
	  `<RIGHTOWNER>`
	
	    `<PARENTGROUP>spezialuser</PARENTGROUP>`
	
	`</RIGHT>`

Abbildung 15: Rechte bezüglich Gruppenadministration und Administration von Nutzern in Gruppen

Um Regeln und Rechte beim Berechtigungsindexer zu hinterlegen, müssen entsprechende Methoden existieren. Als Mindestmaß können folgende Methoden gelten:

S-Stufe	Methodenname	Parameter	Zweck
1	RegisterRight	User, RightXML	Ein Recht hinterlegen.
1	GetRight	User, SearchString	Ein Recht abrufen.
1	DeleteRight	User, RightID	Ein Recht löschen.
1	RegisterRule	User, RuleXML	Eine Regel hinterlegen.
1	GetRule	User, SearchString	Eine Regel abrufen.
1	DeleteRule	User, RuleID	Eine Regel löschen.
1	RegisterGroup	User, GroupDesc	Eine Gruppe anlegen.
1	GetGroup	User, SearchString	Gruppen abrufen.
1	DeleteGroup	User, Groupname	Eine Gruppe löschen.
1	PutUserInGroup	User, Username, Groupname	Einen Nutzer der Gruppe zuweisen.
1	DeleteUserInGroup	User, Username, Groupname	Eine Zuweisung rückgängig machen.
1	GetGroupMembers	User, Groupname, SearchString	Gruppenmitglieder abrufen.

Tabelle 9: Methoden des Berechtigungsindexers

Die Methoden des Berechtigungsindexers erlauben das Anlegen, Löschen und Einsehen von Rechten und Regeln, sowie die Administration von Gruppen. Regeln und Rechte werden – wie bereits demonstriert – im XML Format übergeben.

Dienste innerhalb des P2P Frameworks, die mit der Sicherheitsstufe 3 oder 4 beim Serviceindexer angemeldet wurden, müssen die sie betreffenden Regeln vom Berechtigungsindexer beziehen. Nachdem die Regeln auf Seiten des Regelabrufenden interpretiert wurden, kann die Gültigkeit der Anfragen an den betreffenden Dienst festgestellt werden.

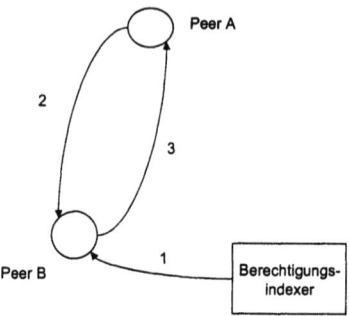

Abbildung 16: Ablauf einer Anfrage an einen Dienst mit Prüfung der Berechtigung

Abbildung 16 zeigt den Ablauf einer Anfrage an einen Dienst mit Prüfung der Berechtigung beispielhaft. Als erstes (1) bezieht jedes Peer die relevanten Regeln vom Berechtigungsindexer (angedeutet für Peer B). Anschließend nimmt Peer B eine Anfrage von Peer A entgegen (2). An dieser Stelle prüft Peer B alle vom Berechtigungsindexer empfangenen Regeln und entscheidet dann, ob die Anfrage ausgeführt wird (3).

3.6.2.4.2 Basic Framework Services im Zusammenspiel

Bisher wurden die verschiedenen Basic Framework Services getrennt bezüglich ihrer Funktionen dargestellt. An dieser Stelle soll das Zusammenspiel dieser Services verdeutlicht werden. An diesem Zusammenspiel der einzelnen Indexer-Services wird offensichtlich, welche Aufgaben den Entwicklern einer P2P Anwendung abgenommen wird. Abbildung 17 visualisiert ein mögliches Zusammenspiel der Basic Framework Services:

3 Entwicklung von kommerziellen Peer-to-Peer Applikationen 69

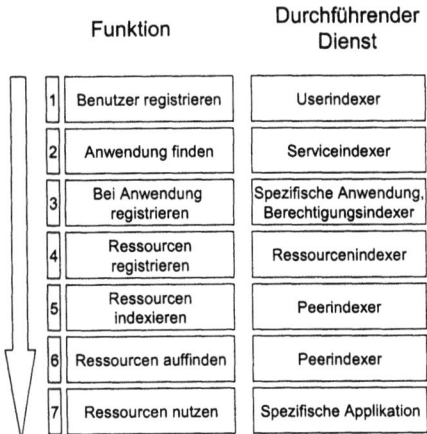

Abbildung 17: Mögliches Zusammenspiel der Basic Framework Services

In Schritt (1) wird zunächst ein Benutzerkonto bei einem Userindexer angelegt. Dies passiert unabhängig von jeglichem Applikationskontext.

Nach der Registrierung kann der Nutzer mit Hilfe eines Serviceindexers Dienste suchen und anschließend installieren (2). Der Serviceindexer hat hierbei eine ähnliche Funktion wie ein UDDI Server, jedoch ist seine Funktion nicht auf die Beschreibung von Schnittstellen begrenzt, sondern er liefert auch einen Hinweis auf eine konkrete Applikation, die installiert werden kann. Nach der Installation der P2P Anwendung muss sich der Nutzer für die spezifische Anwendung registrieren. Der Nutzer nimmt die Registrierung direkt bei der spezifischen Applikation vor. Im Hintergrund jedoch weist die Applikation einen Berechtigungsindexer an, den Nutzer durch Zuweisung zu einer Gruppe und Einräumen der gewünschten Rechte zu registrieren.

Im (3) Schritt registriert der neue Nutzer mit Hilfe seiner spezifischen, installierten (Peer)Software seine Ressourcen beim Ressourcenindexer.

Anschließend werden die Ressourcen des neuen Nutzers bei jedem Start der Software bei dem entsprechenden Peerindexer indexiert. Somit ist zentral verzeichnet, welche Ressourcen insgesamt verfügbar sind (5).

Während des Betriebs der Software kann der Peerindexer wiederum verwendet werden, um Ressourcen anderer Peers aufzufinden (6).

Die Nutzung und Verwendung der aufgefundenen Ressourcen ist Sache der spezifischen Anwendung. Die Basic Framework Services können hier keine direkte Hilfestellung leisten, denn dieser Funktionsbereich muss von den Entwicklern der P2P Anwendung entworfen und implementiert werden.

3.6.2.4.3 Value Added Framework Services

Value Added Framework Services haben wie die Basic Framework Services einen frameworkweiten Geltungsbereich. Spezifische Anwendungen, die Value Added Framework Services darstellen, werden vom Framework nicht bereitgestellt. Im Gegensatz zu den Basic Framework Services müssen diese nicht nur reine technische Koordinationsaufgaben übernehmen, sondern können auch Aufgaben mit ökonomischer Wertschöpfung durchführen. Denkbar wäre hier z.B. ein Reputationsservice, der die Reputation einzelner Peers bzw. Nutzer verwaltet oder ein Service, der beliebige Transaktionen abrechnet. Zur Demonstration soll hier ein einfacher Reputationsservice dienen. Der Reputationsservice führt z.B. Reputationskonten für Nutzer unabhängig vom Applikationskontext. Nach einer durchgeführten Transaktion bewerten sich die an der Transaktion Beteiligten gegenseitig. Die Entwickler eines solchen Services müssten bspw. folgende Methoden des Reputationsservices implementieren:

S-Stufe	Methodenname	Parameter	Zweck
3	RegisterTransaction	TransactionNo, InvolvedUsers, Parameter	Anmelden einer Transaktion, so dass diese mit AssessTransaction im Anschluss durch die Teilnehmer bewertet werden kann.
3	AssessTransaction	TransactionNo, User, AssessedUser, Assessment	Bewertung eines Users bezüglich eines anderen an der Transaktion beteiligten User.
3	GetUserProfile	User, UserOfInterest, SearchString	Gibt die Bewertungsprofile eines bestimmten Users zurück.

Tabelle 10: Beispielhafte Methoden eines Reputationsservices

Nach der Erstellung des Reputationsservices muss der Service bei einem Serviceindexer registriert und angemeldet werden. Anwender können anschließend mit Hilfe des Eintrags im Serviceindexer die Clientlogik lokalisieren und verwenden.

3.6.2.4.4 Basic Application Services und Value Added Application Services

Application Services haben keine frameworkweite Verwendungsreichweite. Application Services stellen vielmehr zentral orientierte Dienste dar, die speziell auf die Anforderungen einer P2P Anwendung zugeschnitten sind. Die

Anbieter einer P2P Applikation sollten Urheber der Basic Application Services sein. Grundsätzlich unterscheidet sich der Entwurf eines Application Services nicht vom Entwurf etwaiger anderer (Framework) Services. Ein Beispiel für einen Basic Application Service wäre ein Instant Messaging-Server, der z.B. die Chatteilnehmer vermittelt.

Value Added Application Services müssen sich grundsätzlich technisch nicht von Basic Application Services unterscheiden. Ihr Unterschied besteht vielmehr darin, dass sie lediglich im Kontext einer bereits bestehenden P2P Anwendung sinnvoll einsetzbar sind und insofern eine P2P Applikation lediglich durch weitere Features ergänzen. Um zu vermeiden, dass möglicherweise schadhafte Value Added Application Services für eine P2P Applikation registriert werden, sollte die Serviceregistrierung mit Hilfe eines Berechtigungsindexers derart reglementiert werden, dass der Hersteller der Basis P2P Anwendung weiterhin die Kontrolle über etwaige Value Added Application Services hat. Ein Beispiel für einen Value Added Application Service wäre eine zusätzliche Funktion zur Hauptapplikation „Instant Messaging", wie z.B. ein SMS-Versand-Dienst.

3.6.2.5 Peer orientierte Services

Peer orientierte Services sind die eigentlichen Bausteine einer P2P Anwendung. Diese Services sind für die Kommunikation zwischen Peers gedacht, und stellen somit die dezentralen Elemente einer P2P Anwendung dar. Basic Peer Services sind dabei analog zu den Basic Application Services diejenigen Dienste, die die P2P Hauptfuktionalitäten darstellen. Eine P2P Hauptfunktionalität könnte zum Beispiel der Download eines Files von einem anderen Peer sein.

Value Added Peer Services hingegen stellen analog zu den zentral orientierten Value Added Application Services Dienste dar, die dezentrale Zusatzfunktionalitäten bieten, die optional eingesetzt werden können.

3.6.3 Servicearchitektur

Bisher wurden die im P2P Framework existierende Servicehierarchie und die wichtigen Basic Framework Services beschrieben. Hierfür wurde festgelegt, was die einzelnen Services leisten müssen bzw. welche Schnittstellen in Form von Methoden zur Verfügung stehen sollten. An dieser Stelle soll dargestellt werden, wie das Innere eines Services, also dessen Softwarearchitektur, aussehen kann. Diese Softwarearchitektur kann zur Erstellung von Services verwendet werden. Es steht einem Entwickler jedoch frei, seinen Service auch mit Hilfe frameworkfremder Klassen zu implementieren, solange sein Service dieselbe „Sprache" wie das Framework spricht, die Kommunikationsprotokolle also eingehalten werden.

3.6.3.1 Grundsätzliche Systemarchitektur

Eine Anwendung hat eine Logikschicht und eine Präsentationsschicht.[142] Zentrale Services hingegen können auch nur eine Logikschicht beinhalten, da sie lediglich eine Operation durchführen. Anwendungen, die auf einem Peer laufen, müssen dem Benutzer eine Benutzeroberfläche bieten. Das Framework schlägt hier vor, die Präsentationsschicht in einer eigenen Applikation zu kapseln.

Peer Services und Präsentationsebene sind somit strikt getrennt und im Zweifel durch diese Modularisierung auch **flexibel austauschbar**. Zu ein und derselben Peer-Anwendung können somit unterschiedliche und alternative Präsentationsschichten koexistieren. Im einfachsten Fall wird als Präsentationsapplikation der Browser verwendet, der von der Peer Applikation HTML-Code zu Präsentationszwecken zurückbekommt. Es ist aber auch möglich, die Präsentationsschicht als Anwendung mit einer Windows-GUI zu implementieren. Die Kommunikation zwischen Window-GUI und Peer-Anwendungen kann dann mit Hilfe von XML erfolgen.

Verteilt man die Präsentation nach dem Client/Server Prinzip, so kann ein Peer auch verteilt von verschiedenen Präsentationsapplikationen angesprochen werden. Auf diese Art und Weise können – bei einem entsprechenden Berechtigungskonzept – Peers für mehrere Nutzer implementiert werden, sodass eine **Multipeeranwendung** ermöglicht wird.

---

[142] Vgl. Hansen/Neumann 2001, S. 92.

3 Entwicklung von kommerziellen Peer-to-Peer Applikationen 73

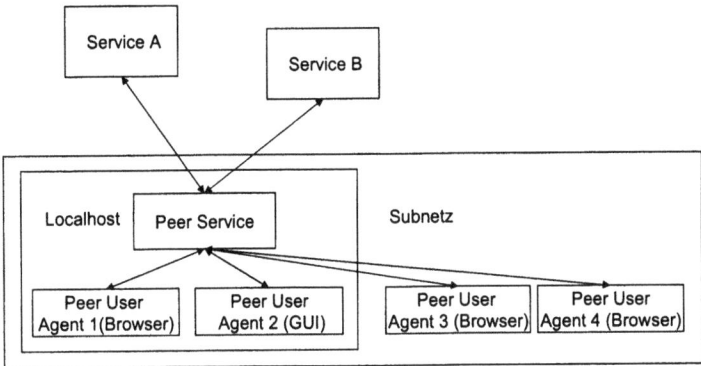

Abbildung 18: Möglichkeiten der Verteilung der Peerlogik und Präsentationsschicht

Abbildung 18 zeigt beispielhaft, wie die Logik einer Peer-Anwendung und die dazugehörige Präsentationsschicht verteilt werden kann. Einerseits kann die Peerlogik- und Präsentationsschicht gemeinsam auf einem Rechner laufen. Dies ist bei klassischen P2P Anwendungen wie z.b. Filesharing oftmals der Fall. Andererseits ist es jedoch möglich, die Präsentation auf andere Rechner (z.B. im Subnetz) auszulagern. Somit könnte das Peer gleichzeitig von mehreren Nutzern verwendet werden. Für solch eine Mehrfachnutzung ist es allerdings notwendig, dass das P2P Framework die Möglichkeit des Sessionmanagements[143] vorsieht.

3.6.3.2 Framework Klassen

Das Framework bietet fertige Klassen, um P2P Anwendungen in möglichst kurzer Zeit zu entwickeln. Ziel dieser Framework Klassen ist, dass der Entwickler sich lediglich auf die Umsetzung der fachlichen Anwendungslogik konzentrieren muss, nicht jedoch auf die Implementierung technischer Notwendigkeiten. Insofern müssen die Framework Klassen den Entwickler bezüglich der Implementierung der Kommunikation innerhalb des Frameworks und der Kommunikationssicherheit nahezu vollständig entlasten. Der Entwickler sollte vielmehr vollkommen auf seinen zu erstellenden Service orientiert implementieren können.

Im Folgenden wird beschrieben, wie die Framework Klassen zusammenarbeiten. Die Klasse *Servicehandler* kann als die Hauptklasse des Frame-

---

[143] Vgl. Roßbach/Schreiber 1999, S. 54ff, Wutka 2002, S. 344ff.

works angesehen werden. Ein Entwickler muss lediglich diese Klasse instanzieren und mittels der Methode *run()* als Thread starten. Der *ServiceHandler* lauscht sodann auf einem definierten Port auf Methodenaufrufe von fremden Peers. Mit dem Servicehandler wird auch der *PeerHandler* gestartet. Der PeerHandler kann als kleiner Webserver verstanden werden, der für die Interaktionen mit dem Benutzer bestimmt ist. Der PeerHandler parst z.B. eine HTTP-Anfrage, wenn der User-Agent einen Browser darstellt und leitet dann die Anfrage an den entsprechenden Service weiter. Der ServiceHandler enthält eine Instanz der Klasse *ServiceList*. Eine ServiceList kann dabei verschiedenste einzelne Services verwalten oder auch dynamisch laden. Die Klasse *Service* kapselt dabei die Anwendungslogik eines Services. Die Klasse selbst ist dabei abstrakter Natur, d.h. sie kann nicht instanziert werden. Ein Entwickler muss seinen konkreten Service von der abstrakten Klasse *Service* ableiten und in der abgeleiteten Klasse bestimmte, vorgegebene Methoden implementieren. Somit wird erreicht, dass ein Entwickler sich auf die Entwicklung seines Services konzentrieren kann. Die Kommunikation und der Datenfluss werden ihm von den Framework Klassen wie z.B. den verschiedenen Handlern abgenommen. Die spezifische Anwendungslogik eines Services wird in drei Methoden gekapselt:

- **invokeMethodOut**. Diese Methode wird vom Servicehandler aufgerufen, wenn eine Anfrage von außen, also z.B. einem anderen Peer eintrifft. Die Anfrage wird in einer Instanz der Klasse *Message* gekapselt und als Parameter übergeben. Zurückgegeben wird wiederum eine Instanz der Klasse Message und dann als Antwort an das aufrufende Peer weitergeleitet.
- **invokeMethodIn**. Die Methode wird vom PeerHandler aufgerufen und verarbeitet Interaktionen mit dem Benutzer.
- **receiveMessage**. Die Methode wird aufgerufen, wenn ein Service einen anderen, lokalen Service aufruft.

Das Übermitteln von Nachrichten wird stets in Instanzen der Klasse Message oder deren abgeleiteten Klassen als Spezialisierungen vorgenommen.
Jeder Service kann mit Hilfe einer zentralen Instanz der Klasse *DataContainer* Einträge für andere lokale Services tätigen. Die Klasse Datacontainer fungiert insofern als Schwarzes Brett für alle Services eines Peers.

Alle Framework Klassen können sowohl für Peer Services als auch für zentral orientierte Services verwendet werden. Die Basic Framework Services sind letztendlich ebenfalls lediglich Instanzen von Klassen, die von der abstrakten Klasse *Service* abgeleitet wurden. Abbildung 19 und Abbildung 20 visualisieren die grundlegenden Klassen des Frameworks.

76   3 Entwicklung von kommerziellen Peer-to-Peer Applikationen

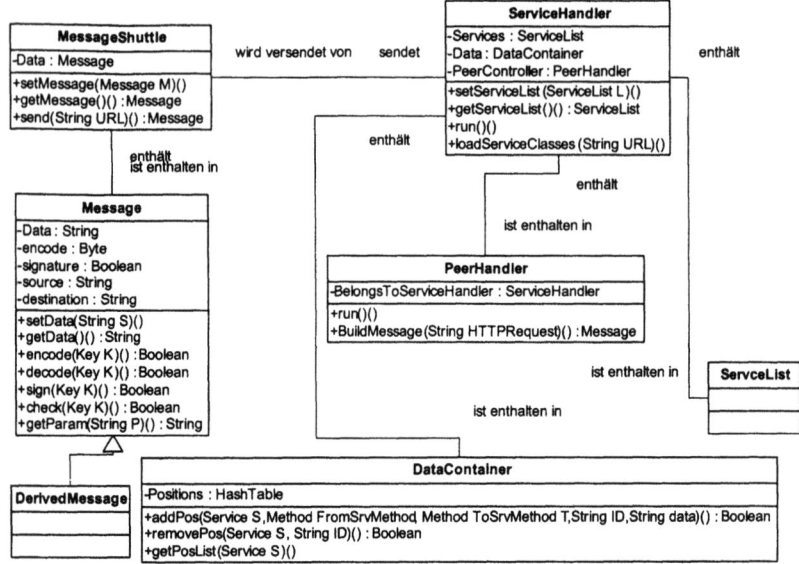

Abbildung 19: Grundlegende Klassen des Frameworks I

3 Entwicklung von kommerziellen Peer-to-Peer Applikationen

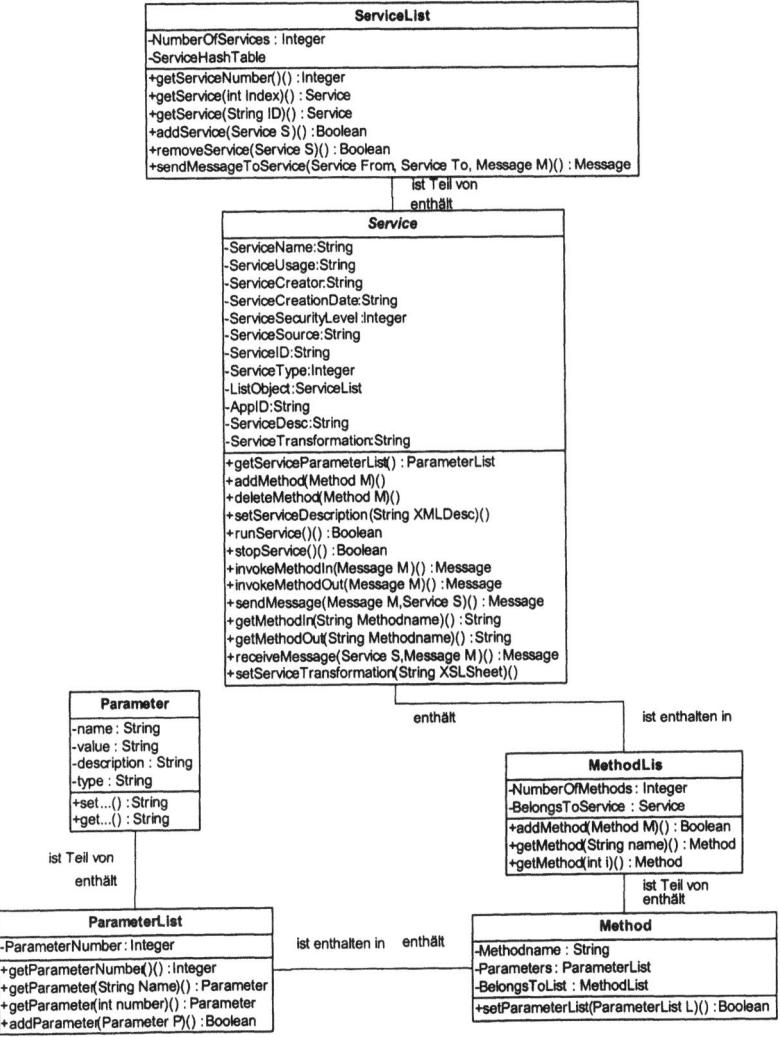

Abbildung 20: Grundlegende Klassen des Frameworks[144] II

3.6.3.3 Service Introspektion und Präsentation

Wie bereits beschrieben wurde ist es Aufgabe des Entwicklers eine abgeleitete Klasse der Klasse *Service* zu implementieren, um einen eigenen

---

[144] Die Modellierung der Sicherheitsrichtlinien im Zusammenhang mit einem Berechtigungsserver wurde aus Vereinfachungsgründen vernachlässigt.

Dienst zu entwickeln. Durch diesen Vorgang wird die Logik des Dienstes festgelegt. Ein Peer Service muss jedoch auch eine Benutzeroberfläche zur Verfügung stellen, um den Dienst zu bedienen. Wie bereits gezeigt, sieht das Framework grundsätzlich eine Trennung zwischen Logik und Präsentation vor. Die Präsentation, die die Logik des Services liefert, sollte ein XML-Dokument sein. Es ist dann Sache des User Agents bzw. der Benutzeroberfläche, wie die XML-Repräsentation für den Benutzer visualisiert wird. Es ist infolgedessen notwendig, dass neben der Implementierung der Logik vom Entwickler auch eine Beschreibung des Services in XML erstellt wird. Mit Hilfe geeigneter XSLT-Sheets[145] (die der Entwickler für verschiedene User Agents mitliefern muss) ist es dann z.B. möglich die Parameter für eine Methode in ein HTML-Formular zu transformieren, so dass eine Eingabe mit Hilfe des Browsers ermöglicht wird. Die XML-Repräsentation des Services bietet insofern eine Art Selbstauskunft oder Introspektion des Services. Eine XML-Repräsentation des Services könnte z.B. wie folgt aussehen:

```xml
<Service>
    <MethodIN name="Searchforfile">
        <Param>searchstring
            <Name>Suchbegriff</Name>
            <Description>Geben Sie ihren Suchbegriff ein.</Description>
            <Type command="text">string</Type>
        </Param>
        <Param>filetype
            <Name>typeoffile</Name>
            <Description>Geben Sie die Art der Datei an</Description>
            <type command="dropdown">
                <option>Musikdatei</option>
                <option>Bilddatei</option>
                <option>Videodatei</option>
            </type>
        </Param>
    </MethodIN>

    <MethodOUT>
    ...
    </MethodOUT>
</Service>
```

Abbildung 21: XML-Repräsentation eines Services

Wie das obige Beispiel zeigt, besteht ein Service aus <MethodIN> und <MethodOUT> Methoden. <MethodIN> Methoden sind Methoden, die der Benutzer aufrufen kann und insofern auch visualisiert werden müssen, während <MethodOUT> Methoden sind, die der Service „nach außen" hin bietet. Diese Methoden bedürfen grundsätzlich keiner visuellen Repräsentation, sollten jedoch auch in der XML-Repräsentation beschrieben werden. Im obigen Beispiel

---

[145] Vgl. Eckstein/Klever 2000, S. 43ff.

ist eine Methode „Searchforfile" beschrieben, die zwei Parameter - einen Suchstring und einen Dateitypen – beinhaltet. Folgende Abbildung zeigt in UML-Konvention[146], wie die Benutzeroberfläche automatisch aus der XML-Servicerepräsentation generiert werden kann:

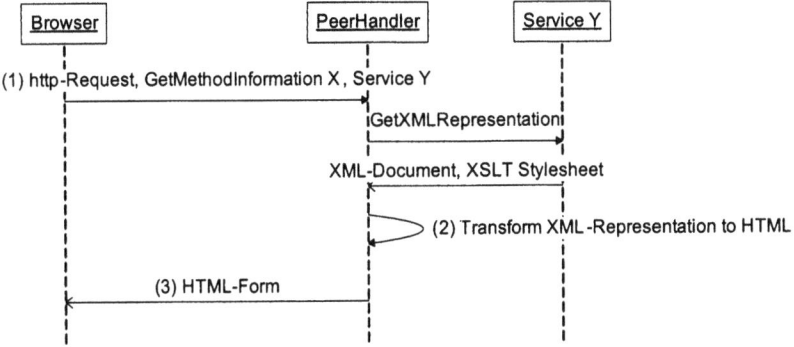

Abbildung 22: Prozess der Benutzeroberflächengenerierung für einen Browser

Zunächst schickt der Nutzer mit Hilfe eines Browsers eine HTTP-Anfrage an den Peerhandler seines Peers, der hinter einem lokalen Port horcht (1). Der Peerhandler erkennt anhand der Parameter der HTTP-Anfrage die gewünschte Methode eines bestimmten Services. Im HTTP-Header kann auch erkannt werden, dass als User Agent ein Browser verwendet wird. Mit diesen Informationen stößt der ServiceHandler die Transformation der XML-Methodenrepräsentation in ein HTML-Formular an (2) und liefert das Ergebnis als HTML-Formular an den Browser zurück (3).

Mit Hilfe dieses Mechanismus ist gesichert, dass die Präsentation weitestgehend automatisch aus der XML-Repräsentation und den XSLT-Stylesheets generiert werden kann. Anpassungen im Quellcode sind nicht notwendig.

3.6.3.4 Serviceaufruf

Im letzten Abschnitt wurde beschrieben, wie die Präsentation einer Methode aus der XML-Repräsentation generiert wird. An dieser Stelle soll nun beschrieben werden, wie die Abarbeitung einer Anfrage durchgeführt wird. Abbildung 23 zeigt ein Sequenzdiagramm:

---

[146] Vgl. Oestereich 2001, S. 191ff.

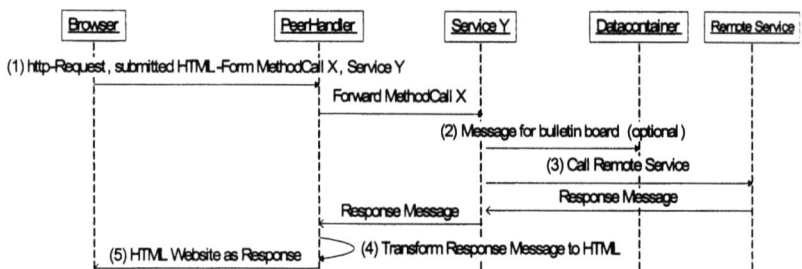

Abbildung 23: Prozess des Aufrufens einer Methode eines (Peer)Services

Zunächst spricht der Nutzer mit dem Browser als Oberfläche beim PeerHandler eine bestimmte Methode an. Dies geschieht durch das versenden eines normalen HTML-Formulares (1). Der PeerHandler stellt fest, an welche Methode welches Services er die Nachrichten weiterleiten muss (die Handler haben somit eine Weichenfunktion). Die angesprochene Methode kann – wenn nötig - eine Position in den Datencontainer eintragen, wenn ein anderer lokaler Service involviert werden soll (2). Danach wird ein entfernter Methodenaufruf gestartet (3) (z.B. Anforderung einer Kataloginformation). Die Antwort wird zum PeerHandler durchgereicht und dort in eine HTML-Seite transformiert, so dass sie beim Benutzer angezeigt werden kann.

3.7 Zusammenfassung der Besonderheiten von Peer-to-Peer Applikationen

Das vorliegende Kapitel hat ein Konzept eines Frameworks vorgestellt, um kommerzielle P2P Applikationen zu entwickeln. Das Framework leistet dabei zweierlei: erstens das Definieren und die Bereitstellung von Standardservices, die von allen P2P Anwendungen verwendet werden können. Zweitens bietet das Framework eine Sammlung von Klassen, um P2P Services möglichst schnell implementieren zu können. Als nächster Forschungsbedarf kann die Weiterentwicklung eines Prototyps des Frameworks identifiziert werden bzw. die Entwicklung von P2P Anwendungen auf Basis des Frameworks. Weiterhin sollten Konzepte erforscht werden, inwiefern das Framework robuster gegen Ausfälle einzelner Dienste im Framework gestaltet werden könnte. Bezüglich der Basisdienste müssten dezentrale Konzepte entwickelt werden, die ähnliches leisten wie die Basisservices jedoch weitaus weniger auf einer Zentral-

3 Entwicklung von kommerziellen Peer-to-Peer Applikationen

instanz beruhen. Denkbar wäre z.b., dass die Basisdienste ihre Datensätze in das gesamte P2P Netzwerk „hineinreplizieren". Dies bedeutet, dass die Datensätze auf vielen tausenden Peers abgelegt werden. Um Fälschungssicherheit zu erlangen, könnten die Datensätze vom Basisdienst digital signiert werden. Gefälschte Informationen würden somit sofort auffallen. Das hineinreplizieren von Datensätzen ist jedoch nur bei Stammdaten sinnvoll, die über eine längere Zeit stabil bleiben, da ansonsten die Synchronisierung und Aktualisierung der verteilten Daten zu einem Problem werden könnte. Algorithmen, die die Datensätze intelligent streuen und nach Anfrage wieder auffinden, gehören hier gleichfalls in den Bereich der anzustrebenden Forschungsbemühungen.

4 Peer-to-Peer basierte Märkte und Geschäftsmodelle für digitale Güter

4.1 Problemstellung

Der Erfolg des inzwischen vergangenen Napster-Systems und der vielen folgenden Filesharing-Systeme zeigt ein besonderes ökonomisches Phänomen: Konsumenten haben sich unter Ausschaltung eines Vergütungsprozesses und unter Umgehung der legalen Wertschöpfungskette selbst organisiert und sind der Entwicklung von Geschäftsmodellen zuvorgekommen. Dies ist nur möglich, da die Produktion bzw. Vervielfältigung der distribuierten digitalen Güter zu einem Grenzkostensatz von oder nahe Null möglich ist[147], und insofern kein kommerzieller Hersteller zum Bezug dieser Güter technisch notwendig ist.

Ein wirklich funktionierendes Geschäftsmodell für die Distribution digitaler Güter im Internet kann bisher kaum festgestellt werden. Zwar sind inzwischen viele neue Downloadplattformen z.B. für digitale Musik entstanden, es ist jedoch fraglich, ob sich diese kostenpflichtigen Angebote gegen die kostenlosen Filesharing-Systeme durchsetzen können, da wenig Anreize für den Konsumenten bestehen für etwas zu bezahlen, was auch kostenfrei erhältlich ist. Die Musikindustrie als bisher am heftigsten betroffene Branche kannte deshalb bisher lediglich die Anwendung juristischen Drucks. Die Versuche, die Schließung von P2P Filesharing-Systemen juristisch zu erzwingen waren jedoch nicht immer erfolgreich[148], so dass dieser Weg nicht als Lösung des „Filesharing-Problems" gelten kann. Aber selbst bei juristischen Erfolgen wäre ein Abschalten der Filesharing-Systeme aufgrund der hochgradig dezentralen Architektur kaum möglich. Deshalb versucht die Medienindustrie ihre Inhalte technisch zu schützen. Mit technischen Schutzmechanismen beschäftigt sich das weite Feld der Digital Rights Management Systeme (DRM).[149] Es ist jedoch fraglich, inwiefern Konsumenten digitale Güter akzeptieren, die durch DRM geschützt sind, da DRM-Mechanismen die Nutzbarkeit stark einschränken können.

Aufgrund dieser Tatsachen ist es Ziel dieses Kapitels, ein Geschäftsmodell zu entwickeln, welches weder juristische Maßnahmen, noch DRM-Systeme be-

---

[147] Vgl. Schumann/Hess 2002, S. 66ff.
[148] Vgl. Heise 2003.
[149] Vgl. Rosenblatt/Trippe/Mooney 2002, S. 57ff.

nötigt und trotzdem das „Filesharingproblem" adressiert. Die Problemstellung kann somit wie folgt formuliert werden:

Wie ist es möglich, ein funktionierendes Geschäftsmodell für digitale Güter im Nachhinein zu konstruieren und zu etablieren?

Das vorgestellte Geschäftsmodell setzt dabei auf ökonomische (und soziale) Anreize, um digitale Inhalte in einem kostenpflichtigen P2P Netzwerk nachzufragen und anzubieten.

4.2 Gang der Untersuchung

Dieses Kapitel beschreibt die Entwicklung eines P2P basierten Geschäftsmodells für digitale Güter zunächst insbesondere für digitale Musik. Um eine systematische Herleitung des Geschäftsmodells durchzuführen, wird phasenweise vorgegangen, wie es z.B. auch bei der Softwareentwicklung in der Wirtschaftsinformatik üblich ist.[150]

Für eine wissenschaftliche Analyse ist es zunächst notwendig, eine Bestandsaufnahme bezüglich des **Ist-Zustandes** durchzuführen. Dieser Ist-Zustand kann in die Teile begriffliche Grundlagen, empirische bzw. theoretische Analyse des Raubkopierproblems und die Beschreibung existierender Geschäftsmodelle für Online-Musik zerlegt werden. Die begrifflichen Grundlagen beinhalten einerseits den Begriff des Filesharings und dessen unterschiedlichen Ausprägungen. Andererseits ist hier auch der Begriff des Digital Rights Management (DRM) näher zu bringen, da das DRM als eine technologische Reaktion bzw. Adaption an die durch das illegale Filesharing verursachen Folgen angesehen werden kann. Nach diesen begrifflichen Grundlagen soll das Raubkopierproblem als Folge von Filesharing-Systemen analysiert werden. Hier werden einerseits einige empirische Quellen analysiert, die die Raubkopieraktivität im Internet bzw. im Speziellen innerhalb von P2P Filesharing-Systemen belegen. Andererseits wird auch ein theoretischer Zugang zum Raubkopierproblem gesucht, indem ein mikroökonomisches Modell entworfen wird, welches einen Markt modelliert, auf dem Konsumenten sich gegenseitig mit raubkopierten (digitalen) Gütern versorgen können. Die Analyse des Ist-Zustandes endet mit der Darstellung und Beurteilung von kommerziellen Musikdiensten.

---

[150] Vgl. Biethahn/Muksch/Ruf 1996, S. 199ff.

Nachdem der Ist-Zustand untersucht wurde, werden im nächsten Schritt fachliche und technische **Anforderungen** an kommerzielle (P2P basierte) Online-Musik Geschäftsmodelle formuliert.

Auf diesen Anforderungen aufbauend wird das **Konzept** eines P2P Geschäftsmodells für Online-Musik konstruiert. Zunächst findet die Konzeption auf fachlicher Ebene statt. Nach der Betrachtung dieser fachlichen Ebene werden technische Aspekte beleuchtet, die im Zusammenhang mit dem Geschäftsmodell nicht mit technischen Standardmöglichkeiten implementiert werden können und insofern einer tieferen technischen Konzeption bedürfen. Dies betrifft hauptsächlich die kommerzielle und dezentrale Abwicklung von Content-Transaktionen in einer P2P Umgebung.

Nachdem das Geschäftsmodell fachlich und technisch dargestellt wurde, wirden einige ökonomische Betrachtungen angestellt. Im Vordergrund steht dabei die Analyse des Anreizmechanismusses des Geschäftsmodells, welches die Teilnehmer am P2P Netzwerk dazu bewegen soll, Musikfiles bereitzustellen und kostenpflichtig zu erwerben. Nach der ökonomischen Betrachtung erfolgt die Darstellung einer empirischen Umfrage zum Thema „Peer-to-Peer Filesharing-Systeme und Konsum von Online-Musik". Die Ergebnisse dieser statistisch ausgewerteten Umfrage geben wichtige Hinweise zur „ökonomischen und fachlichen Justierung" des Geschäftsmodells (z.B. Aussagen über Preise für Online-Musik).

Im letzten Teil der Untersuchung wird eine mögliche **Erweiterung des P2P Geschäftsmodells** aufgezeigt. Diese Erweiterung des kommerziellen P2P Geschäftsmodells ermöglicht das verteilte P2P basierte Streaming von Multimediaströmen, sodass mit dem erweiterten P2P Netzwerk eine umfassende kommerzielle Distribution von Multimediainhalten – sei es als File oder als Stream – ermöglicht wird. Dabei steht stets im Vordergrund, aufgrund des P2P Ansatzes möglichst keine zentrale, umfangreiche Infrastruktur aufbauen zu müssen, um Daten zu speichern und über das Netz zu distribuieren. Abbildung 24 zeigt die in diesem Kapitel abgehandelten Aspekte, um die beschriebene Problemstellung zu bearbeiten.

4 Peer-to-Peer basierte Märkte und Geschäftsmodelle für digitale Güter

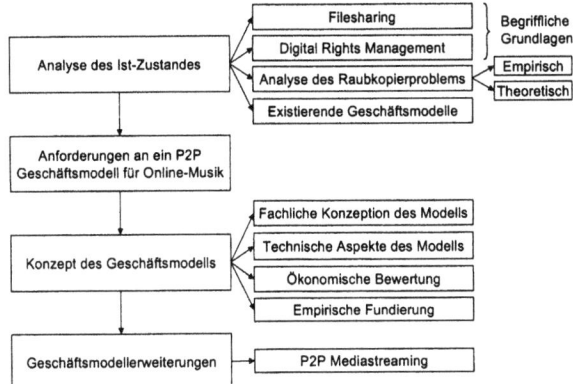

Abbildung 24: Vorgehen für die Entwicklung des P2P Geschäftsmodells

4.3 Grundbegriffe

Im Folgenden werden die Grundbegriffe „Filesharing" und „Digital Rights Management" dargestellt, da diese im Zusammenhang mit Geschäftsmodellen für Online-Musik von Bedeutung sind.

4.3.1 Filesharing

Der Begriff des Filesharing selbst wurde bereits im Grundlagenkapitel erläutert. Aufgrund des Geschäftsmodellsbezugs in diesem Kapitel soll der Begriff des Filesharings deshalb in Bezug auf die ökonomischen Implikationen erläutert werden.

Das erste populäre Filesharing-System, welches sich mit enormer Geschwindigkeit verbreitet hat, war Napster[151]. Napster war grundsätzlich eine sehr einfache Anwendung und wurde im Mai 1999 von Shawn Fanning geschrieben.[152] Napster zog innerhalb weniger Monate große Zahlen an Nutzern an, die sich gegenseitig kostenlos Musikfiles zum Download anboten. Der enorme Anstieg der Nutzerzahlen ist dabei auf positive Netzwerkeffekte zurückzuführen (Metcalf's Law). Während Napster im Januar 2001 40 Millionen Nutzer verzeichnete, waren es Mitte Februar bereits 57 Millionen. Tabelle 11 zeigt die Entwicklung der Zugriffe auf den zentralen Napster-Server, von dem die Napster Software bezogen werden konnte, für Deutschland.

---

[151] Vgl. Napster 2003.
[152] Vgl. Spiegel 2002.

Monat	Einzelbesucher	Wachstumsrate
Dez 00	1.068.540	27,4%
Nov 00	838.880	20,7%
Okt 00	695.120	1,5%
Sep 00	684.720	8,1%
Aug 00	633.690	30,5%
Jul 00	485.610	71,4%
Jun 00	283.320	38,4%
Mai 00	204.650	7,6%
Apr 00	190.260	172,5%
Mrz 00	69.810	149,1%
Feb 00	28.030	102,7%
Jan 00	13.830	-

Tabelle 11: Entwicklung der Zugriffe auf www.napster.com in Deutschland[153]

Der enorme Anstieg der Nutzer und die damit erhöhte Raupkopieraktivität wurde und wird von der Musikindustrie, insbesondere von der RIAA (Recording Industry Association of America), als Problem angesehen. Napster wurde im Februar 2001 auferlegt, alle copyright geschützten Musiksongs aus dem Netzwerk zu entfernen.[154] Der Versuch von Napster, eine außergerichtliche Einigung mit der Musikindustrie (Napster bot der Musikindustrie 1 Milliarde Dollar als Pauschale für 5 Jahre an) zu erzielen, scheiterte. Auch die anschließenden Bemühungen von Bertelsmann, Napster in ein funktionierendes Geschäftsmodell zu wandeln, fruchteten nicht. Somit existieren inzwischen keine nennenswerten Bestrebungen, kommerzielle Online-Musik-Geschäftsmodelle auf P2P Basis aufzubauen. Aufgrund der brokered P2P Architektur von Napster (es gab bei Napster stets einen zentralen Lookup- und Discoveryserver) wäre aus technischer Sicht eine kommerzielle Nutzung möglich gewesen, da der zentrale Server für Transaktions- und Bezahlvorgänge sowie zur Stammdatenverwaltung benutzt werden kann. Der Grund des Scheiterns des Napster-Geschäftsmodells ist deshalb wohl eher im Widerstand der Musikindustrie zu sehen, die P2P Systeme tendenziell eher als unseriöse Distributionskanäle auffassen.

Nach Napsters Schließung wurden weitere Filesharing-Systeme entwickelt, deren Architektur keinen zentralen Koordinationsserver mehr benötigt. Entsprechend schwierig ist es für die Musikindustrie, diese Art von P2P Netzen

---

[153] Vgl. NetValue 2001.
[154] Vgl. ZDNET 2002.

überhaupt zu fassen. Ein technisches Abschalten solcher Systeme kann von einer zentralen Stelle nur schwierig erfolgen. Das Unternehmen KaZaa z.B. betreibt sein Filesharing-System ohne zentralen Koordinationsserver. Obwohl dieses Filesharing-System von einem Unternehmen als juristische Person betrieben wird, ist eine Anklage dennoch schwierig. Da KaZaa offiziell auf dem Inselstaat Vanuatu registriert ist[155], ist allein die Anwendbarkeit von Rechtsvorschriften eine komplexe Frage. Die Musikindustrie befindet sich insofern in einem doppeltem Dilemma: Einerseits muss zunächst überhaupt der Betreiber eines Filesharing-Systems angeklagt werden können und darüber hinaus muss ein etwaiges negatives Urteil für den Filesharing-Systembetreiber auch umgesetzt werden, was unter gewissen technischen Umständen schwer möglich ist. Die gesamte Kette des „Rechthabens", „Rechtbekommens" und „Rechtumsetzens" gestaltet sich somit als große Herausforderung.

4.3.2 Digital Rights Management

Digital Rights Management (DRM) kann übersetzt werden als das „digitale Management von Rechten", nicht jedoch als das „Management von digitalen Rechten"[156] und ist insofern als Versuch zu werten, Urheberrechte in Bezug auf digitalen Content (z.B. Bilder, Musik, Videos, Bücher, Software) durch Technologien zu schützen. Der Technologietreiber ist hierbei die einfache Möglichkeit und zugleich gängige Praxis, digitale Medienprodukte zu kopieren und ohne Vergütung des Rechteinhabers weiterzugeben (Raubkopieren). Das illegale Distribuieren von Medienprodukten wurde durch P2P Filesharing-Systeme erheblich vereinfacht, so dass DRM – zumindest im B2C Bereich digitale Musik und Videos - als Technologieadaption auf Filesharing-Systeme verstanden werden kann.

Die Funktionen eines DRM-Systems können anhand der Verwertungskette von digitalen Produkten bzw. allgemeiner von geistigem Eigentum abgeleitet werden:

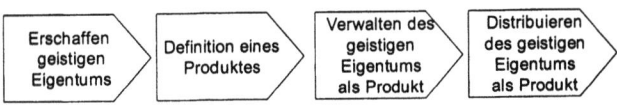

Abbildung 25: **Verwertungsphasen des geistigen Eigentums**

---

[155] Vgl. Heise 2002.
[156] Vgl. Ianella 2001.

Abbildung 25 zeigt mögliche Verwertungsphasen von geistigem Eigentum. DRM-Systeme können die erste Phase nicht unterstützen, da sie dem Menschen als schöpferischer Akt vorbehalten ist. Bei allen weiteren Phasen ist eine Unterstützung möglich. Funktionen eines DRM-Systems, die auch der Endkonsument wahrnimmt, betreffen lediglich die Phase 4, da in diese Phase auch die Implementierung der Einschränkung der Nutzung des digitalen Produktes gemäß Recht des Urhebers stattfindet. Obwohl für Konsumenten DRM-Systeme nur aus Funktionen der Phase 4 (im wesentlichen technische Nutzungseinschränkungen) zu bestehen scheinen, umfassen DRM-Systeme weitere „Backend"-Funktionen zur Definition von Rechtsstrukturen, die dann digitalen Produkten zugewiesen werden können. Insofern umfasst ein DRM auch eine Rechteverwaltungskomponente. Aber auch das Verwalten der digitalen Produkte fällt in den Bereich des DRM, mithin somit Möglichkeiten der Zuweisung von Metadaten, Multimediadatenbanken oder auch die Abwicklung von Bezahlvorgängen. Iannella identifiziert auf dieser Grundlage drei verschiedene funktionale Bereiche (Abbildung 26):[157]

- **Intellectual Property (IP) Asset Creation and Capture:** Dieser Bereich unterstützt das erschaffen eines Produktes, welches aus einer Idee oder geistigem Eigentum hervorgeht. Insbesondere die Definition von Rechten, also welcher Beteiligte was mit dem Produkt anfangen darf, ist hier vom DRM-System zu unterstützen.
- **Intellectual Property Asset Management:** Nachdem ein Produkt definiert wurde, muss es gespeichert und mit Metadaten versehen werden. Auch das Hinterlegen ökonomischer Parameter wie z.B. Preise und das Verwalten von Lizenzen fällt in diesen Bereich.
- **Intellectual Property Asset Usage:** Ist das Produkt im Umlauf und wird von Käufern konsumiert, so muss dieser Bereich des DRM-Systems dafür sorge tragen, dass die Nutzung des Produktes im Rahmen der definierten Rechte des entsprechenden Nutzers verbleibt. Das unkontrollierte Verbreiten eines Produktes durch Raubkopieren soll hierbei eingeschränkt werden.

---

[157] Vgl. Iannella 2001.

4 Peer-to-Peer basierte Märkte und Geschäftsmodelle für digitale Güter

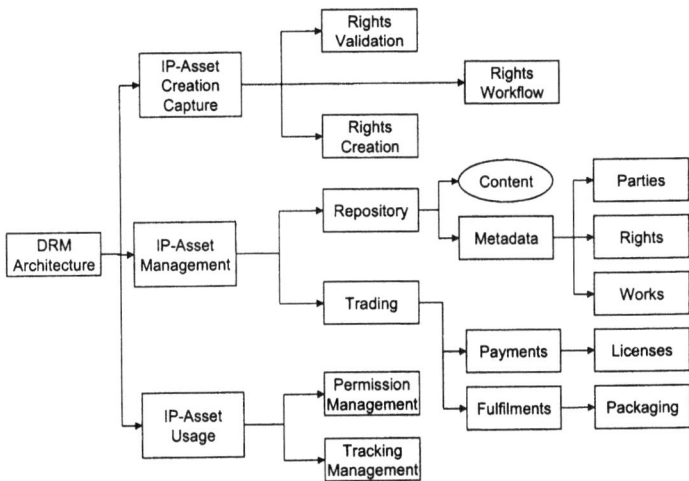

Abbildung 26: Funktionale Bereiche eines DRM-Systems[158]

DRM-Systeme können kategorisiert werden bezüglich ihrer Wirkungsweise, wie sie digitalen Content schützen. Buhse unterscheidet grundsätzlich vier verschiedene Kategorien von DRM-Systemen[159], wobei ein DRM-Systen natürlich auch in mehrere Kategorien fallen kann, wenn der Leistungsumfang entsprechend groß ist:

- **Access Control:** In einer einfachen Ausprägung sorgt ein DRM-System dafür, dass Content nur nach vorherigen Authentifikation konsumiert werden kann. Hier können Passworte und Verschlüsselungsalgorithmen zum Einsatz kommen.

- **Usage Control:** Der Urheber eines digitalen Produktes kann Nutzungsregeln für ein digitales Produkt festlegen, die ein DRM-System überwachen muss. Beispielsweise könnte definiert sein, dass ein Musikfile nur 3-mal abspielbar ist, weil es sich um ein „Probehereinhören" handelt. In diesem Zusammenhang wären auch Regeln denkbar, die das Kopieren oder Brennen eines Videos untersagen. Das DRM-System müsste insofern technischer „Wächter" dieser Regeln sein.

---

[158] Vgl. Ianella 2001.
[159] Vgl. Buhse 2001a.

- **Content Tracking:** Um z.B. das Ausmaß von Raubkopien abschätzen zu können, ist es notwendig, die Verbreitung von Raubkopien nachvollziehen zu können. So wäre es für einen Urheber sicher interessant zu wissen, welcher Konsument eine Raubkopie in den Umlauf gebracht hat, um den entsprechenden Nutzer verantwortlich zu machen. Für solche Zwecke können digitale Wasserzeichen[160] zum Einsatz kommen, die – für einen Nutzer unsichtbar – bestimmte Informationen individuell in eine Kopie eines digitalen Produktes einbringen. Auf diesem Wege könnten über das Internet kundespezifisch gekennzeichnete Dateien distribuiert werden, deren (Raub)kopien dann einem Konsumenten zugeordnet werden können.
- **Payment Management:** Auch Bezahlfunktionen gehören in den Bereich des DRM. DRM-Systeme sollten eine Content-Transaktion abwickeln können und gemäß eines für den entsprechenden Content definierten Preismodells die Bezahlung organisieren.

Die gerade genannten Möglichkeiten von DRM-Systemen versprechen dem Urheber und Produzenten von digitalen Produkten Schutz vor Urheberrechtsverletzungen. Aus Sicht des Konsumenten muss jedoch Erwähnung finden, dass DRM-Systeme die Nutzung von digitalem Content einschränken. Es ist deshalb zu befürchten, dass die Nutzerakzeptanz für DRM-geschützte Inhalte nur ein geringes Niveau erreicht;[161] dies zumindest solange im Internet umfangreiche und kostenlose, wenn auch illegale, Angebote von digitalen Produkten erhältlich sind (wie z.B. innerhalb der zahlreichen P2P Tauschbörsen).

Produkte von DRM-Lösungen werden von verschiedenen Anbietern angeboten (z.B. Macrovison, Digital World Services, Intertrust, Microsoft und IBM). Wirklich wirksame DRM-Systeme, die den stärksten Schutz von Urheberrechten bieten könnten, können jedoch nur auf Basis einer integrierten Hardware- und Softwarelösung funktionieren. Dies bedeutet, dass auch die Hardware DRM-Konform konstruiert werden muss und somit die notwendigen kryptographischen Methoden auf unterster Ebene beherrscht werden müssen. Diese DRM-Hardwareintegration ist Ziel der Trusted Computing Platform Alliance (TCPA)[162], ein Zusammenschluss zahlreicher Unternehmen aus der

---

[160] Vgl. Dittmann 2000, S. 19.
[161] Vgl. Lemon 2002.
[162] Vgl. TCPA 2003.

Hard- und Softwarebranche, darunter auch Intel und Microsoft.[163] In diesem Zusammenhang werden Mechanismen angestrebt, bei denen Dateien grundsätzlich auf Datenträgern individuell verschlüsselt sind und erst für die Verarbeitung in der CPU hardwaremäßig entschlüsselt werden. Ein einfaches Kopieren der Daten auf andere Systeme ist somit nicht mehr möglich, da der Entschlüsselungsprozess von (mehreren) kryptographischen Schlüsseln abhängig sein kann, die auf einem anderen System nicht vorhanden sind (Vorstellbar wären Betriebssystemschlüssel, Hardwareschlüssel, individueller Nutzerschlüssel, Anwendungsschlüssel usw. oder aber auch Kombinationen aus diesen Schlüsseln).

4.4 Analyse des Raubkopierproblems

Im Folgenden wird das Problem des Raubkopierens analysiert. Hierzu werden zunächst einige empirische Befunde dargestellt, die die Relevanz dieses Themenkomplexes belegen. Anschließend wird ein theoretischer Zugang vorgestellt, bei dem ein mikroökonomisches Marktmodell entwickelt wird, welches Raubkopieren auf einem Informationsgütermarkt berücksichtigt.

4.4.1 Empirische Befunde

Das Raubkopieren von digitalen Produkten kann in zwei Themenkomplexe unterteilt werden, wie auch das existierende empirische Material zeigt. Insofern ist die Softwarepiraterie von der Piraterie bezüglich Entertainmentprodukten (Musik, Filme, ...) zu unterscheiden. Obwohl im Rahmen der vorliegenden Arbeit vor allem das Raubkopieren von digitalen Entertainmentprodukten von Bedeutung ist, sollen an dieser Stelle empirische Befunde von beiden Piraterierarten dargelegt werden.

Das Raubkopieren von Software ist ein weit verbreitetes Problem. Besonders in wirtschaftlich unterentwickelteren oder politisch instabileren Regionen sind hohe Anteile raubkopierter Software festzustellen. Abbildung 27 zeigt durchschnittliche Raubkopierraten in verschiedenen Regionen der Welt.

---

[163] Bezüglich der Musikindustrie wurde 1999 die Secure Digital Music Initiative (SDMI) gegründet, die auch Endgeräte mit DRM-Funktionen ausgestattet hat. Die SDMI hat im Jahre 2000 zu einem Wettbewerb aufgerufen, um ihre bisherigen DRM-Verfahren zu testen. Da die meisten Verfahren überlistet werden konnten (vgl. Craver et al. 2001), hat die SDMI stark an Aufmerksamkeit verloren.

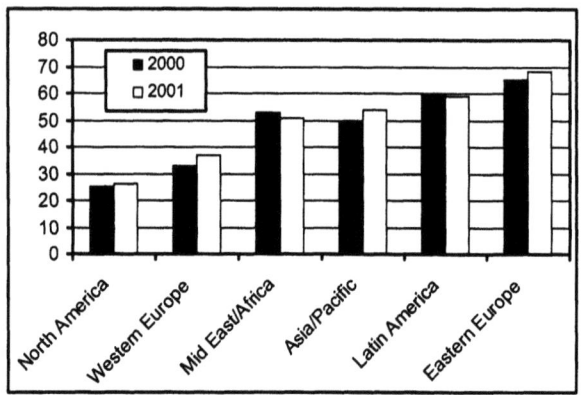

Abbildung 27: Raubkopierraten verschiedener Regionen der Welt[164]

Der Anteil raubkopierter Software ist in einigen Ländern extrem hoch. Im Jahre 2001 führt Vietnam mit einem Prozentsatz von 94% raubkopierter Software. Ein etwas geringerer, jedoch immer noch beachtlicher Anteil raubkopierter Software ist in China mit 92% vorzufinden. Angesichts dieses sehr großen Marktes entspricht dies einer enormen Anzahl von absoluten Raubkopien.

Stellt man dem pro Kopf Einkommen den Raubkopienanteil von Software gegenüber, so lässt sich recht deutlich ein Zusammenhang erkennen (Abbildung 28).

---

[164] Vgl. BSA 2002.

4 Peer-to-Peer basierte Märkte und Geschäftsmodelle für digitale Güter 93

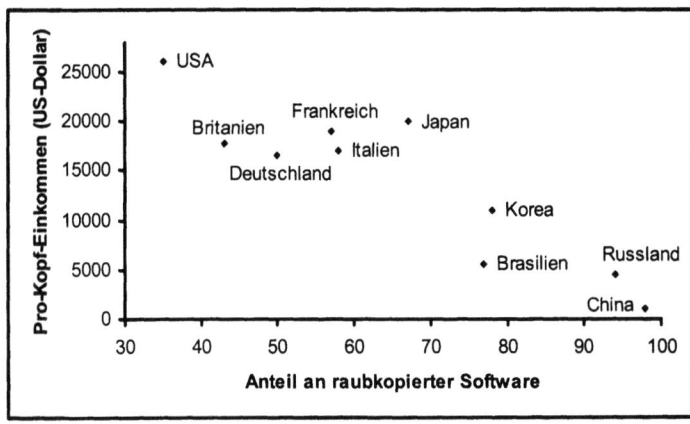

Abbildung 28: Raubkopierte Software in Beziehung zum Pro-Kopf-Einkommen[165]

Die Abbildung zeigt eine negative Korrelation zwischen dem Raubkopienanteil und dem Pro-Kopf-Einkommen. Scheinbar wird das Urheberrecht in wirtschaftlich schlechter entwickelten Ländern in wesentlich größerem Umfang verletzt als in wirtschaftlich fortgeschritteneren Nationen. Dies ist möglicherweise auch ein Indiz dafür, dass die Rechtssysteme wirtschaftlich weniger entwickelter Länder bezüglich Urheberrechtsverletzungen nur unzureichend effektiv arbeiten. Dieser Umstand ist entweder durch den Mangel hinreichender Gesetzgebung oder durch mangelnde Rechtsverfolgung, da die Justiz möglicherweise mit anderen Problemen beschäftigt ist, zu begründen. Der Raubkopieranteil liegt bei allen betrachteten Ländern mindestens bei ca. 35% (USA), oft jedoch bei mehr als 50%.

Eine andere Studie beschäftigt sich damit, in welchem Ausmaß die IT-Branche verschiedener Länder wachsen würde, wenn man das Raubkopieren um einige Prozentpunkte reduzieren könnte. Hierbei sind erhebliche Wachstumspotenziale zu erkennen.[166]

Das Raubkopieren von Entertainmentprodukten wie digitaler Musik und Videos ist im Zusammenhang mit P2P Filesharing-Systemen von größerer Relevanz, da diese einen wesentlich größeren Zielmarkt haben als eine spezielle Software (außer natürlich Betriebssysteme) und darüber hinaus sehr einfach und

---

[165] Vgl. Varian 1998, S. 11.
[166] Vgl. BSA 2003.

ständig konsumiert werden. In diesem Zusammenhang ist die deutsche „Brenner-Studie" von der Gesellschaft für Konsumforschung aus dem Jahr 2002 (Februar) interessant.[167] Die Studie belegt, dass ca. 4,8 Mio. Menschen in Deutschland in den letzten 12 Monaten Musikdownloads aus dem Internet bezogen haben. Im Durchschnitt wurden 107 Downloads pro Person durchgeführt. Nur 6% der Personen gaben an, auch von kostenpflichtigen Downloads Gebrauch gemacht zu haben. Interessant hierbei ist, woher die Downloads bezogen wurden. Abbildung 29 zeigt, welche Angebote zum Herunterladen von Musik benutzt wurden.

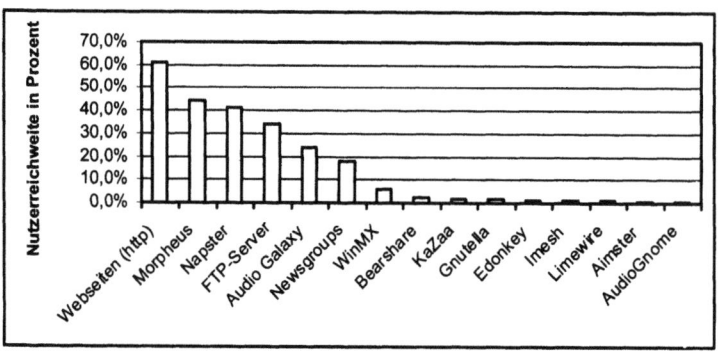

Abbildung 29: Genutzte Angebote zum Download von Musik[168]

Die Abbildung zeigt, dass P2P Filesharing-Systeme – neben anderen Bezugsmöglichkeiten - in umfangreichem Maße benutzt wurden, um (illegale) Musikdownloads zu bewerkstelligen.

Für die Musikindustrie interessant sind jedoch die aus dem illegalen Downloaden von digitaler Musik resultierenden ökonomischen Implikationen. Insofern ist die Frage interessant, ob durch Downloaden bzw. Brennen die Bereitschaft, Musik zu kaufen, abnimmt. Abbildung 30 zeigt, inwiefern Konsumenten sich mehr bzw. weniger Musik gekauft haben.

---

[167] Vgl. GFK 2003.
[168] Vgl. GFK 2003.

4 Peer-to-Peer basierte Märkte und Geschäftsmodelle für digitale Güter

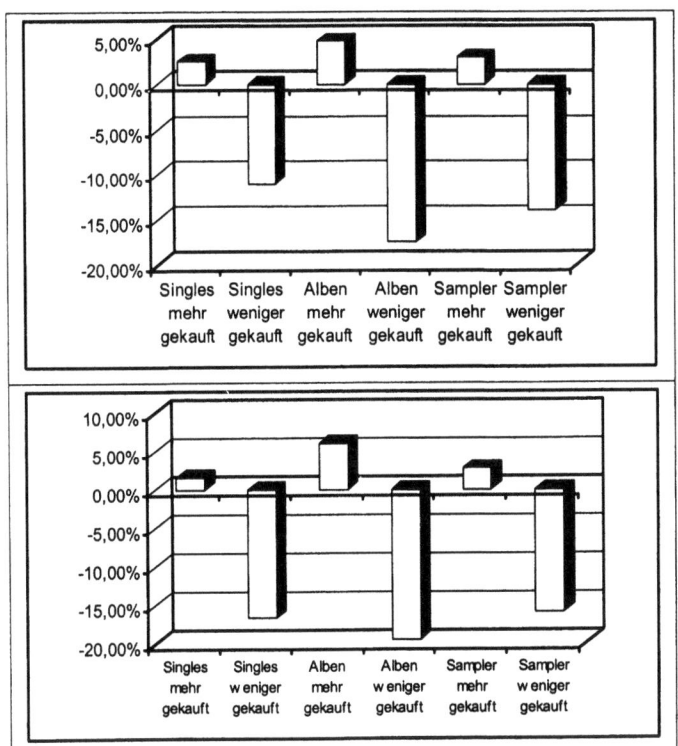

Abbildung 30: Mehr- bzw. Wenigerkäufe von Musik aufgrund von Brennen (oben) und Downloaden (unten) in Prozent der Personen

Die Befragung zeigt, dass durch Brennen und insbesondere durch Downloads überwiegend weniger Musik käuflich erworben wird. Dies kann als empirischer Beleg dafür gewertet werden, dass insbesondere durch P2P Filesharing Systeme Verluste bei der Musikindustrie verursacht werden. So schätzt beispielsweise auch die phonographische Wirtschaft den Umsatzverlust durch Internetpiraterie im Jahr 2001 auf 300 Mio. DM.[169]

4.4.2 Theoretischer Modellrahmen

4.4.2.1 Ziele des theoretischen Modells

Das vorliegende Modell beschäftigt sich mit der Fragestellung, welchen Einfluss die Möglichkeit des Raubkopierens auf den Absatz von Informations-

---

[169] Vgl. IFPI 2002, Phonographische Wirtschaft 2001, S. 20.

gütern hat und entwickelt einen mikroökonomischen Modellrahmen.[170] In den traditionellen mikroökonomischen Marktmodellen treten lediglich Unternehmen als Produzenten und Anbieter auf. Auf einem Markt für ein Informationsgut jedoch können auch die Konsumenten selbst die Rolle eines (illegalen) Anbieters einnehmen. Diese Konsumenten haben insofern Produzentencharakter und können auch als Prosumenten bezeichnet werden.[171] Das dargestellte Modell beruht auf der Vorstellung, dass ein Informationsgut auf zweierlei alternativen Wegen von den Konsumenten bezogen werden kann. Einerseits kann das Informationsgut im Rahmen einer traditionellen ökonomischen Transaktion erworben werden. In diesem Fall handelt es sich um eine Verbreitung des Informationsgutes durch konsumentenseitigen Kauf. Andererseits besteht die Möglichkeit, dass ein Konsument das Informationsgut von einem anderen Konsumenten als Raubkopie bezieht. Hierbei ist es unerheblich, ob der Konsument für die Raubkopie den anderen Konsumenten bezahlt, da der Urheber in keinem Fall entlohnt wird. In diesem Fall soll nachfolgend von der Verbreitung durch konsumentenseitige Duplikation oder von Schattenproduktion gesprochen werden.

Das dargestellte Modell beantwortet folgende Leitfragen:

- Wie verbreitet sich ein Informationsgut in der Konsumentenpopulation im Zeitablauf in Abhängigkeit des Preises?
- Welcher Anteil der Konsumentenpopulation ist „rechtschaffener Käufer" und welcher Anteil kopiert sich das Gut, ohne dem Anbieter etwas zu bezahlen (siehe hierzu auch Givon[172])?
- Wie sollte ein Anbieter den Preis setzen, damit er möglichst viel Umsatz generiert? Diese Fragestellung basiert auf Folgerungen der ersten beiden Fragen.

4.4.2.2 Mikroökonomische Analyse

4.4.2.2.1 Marktmodelle für Informationsgüter

Das vorgestellte Modell hat das Ziel, ein Marktmodell für Informationsgüter abzubilden. Vorgelagert ist jedoch die Frage nach der Notwendigkeit eines neuen Marktmodells, denn die neoklassische Mikroökonomie hält bereits

---

[170] Vgl. auch Gehrke/Burghardt/Schumann 2002a.
[171] Vgl. Toffler 1990, S. 239.
[172] Vgl. Givon/Mahajan/Muller 1995, S. 29ff.

4 Peer-to-Peer basierte Märkte und Geschäftsmodelle für digitale Güter

Marktmodelle für verschiedene Marktformen vor. Ein neues Marktmodell, speziell für Informationsgüter, kann somit nur gerechtfertigt werden, wenn die neoklassischen Marktmodelle bezüglich der Beschreibung von Märkten für Informationsgüter versagen.

Für eine Modellierung eines Informationsgütermarktes ist es zunächst notwendig, die zugrunde liegende Marktform festzulegen. Im Folgenden wird angenommen, dass Informationsgüter urheberrechtlich geschützt sind, sodass lediglich ein als Unternehmen organisierter Anbieter existent ist. Als Marktform wird also ein Anbietermonopol unterstellt. Ein verbreitetes Modell in der neoklassischen Mikroökonomie, welches einen Markt mit einem Anbieter als Monopolisten beschreibt, ist das Cournot-Modell[173]. Damit ein Informationsgüter-Modell gerechtfertigt ist, muss also argumentiert werden, dass das Cournot-Modell für Informationsgüter ungeeignet ist. Hierfür ist es sinnvoll, zunächst die Entscheidungskalküle der Marktteilnehmer zu betrachten.

- In der neoklassischen mikroökonomischen Theorie bestimmt ein Individuum seine Nachfrage nach einem Gut mit der Regel „Grenznutzen proportional zu Preis".[174] Bei Informationsgütern besteht jedoch das Problem, dass der Grenznutzen stets null ist. Es macht keinen Sinn, mehr als ein Exemplar des Informationsgutes nachzufragen, da das Nutzungsrecht an dem Informationsgut beliebig oft ausgeübt werden kann und sich dieses Recht auch nicht abnutzt.[175] Informationsgüter haben auf Nachfrageseite also die Eigenschaft der „**Grenznutzenlosigkeit**".

- Der Anbieter als Monopolist verfolgt im Cournot-Modell das Ziel der Gewinnmaximierung.[176] Dieses Ziel wird erreicht, indem er den Preis bezüglich dieser Zielsetzung optimal wählt. Der Preis wird dabei solange erhöht, bis der Grenzerlös den Grenzkosten entspricht.[177] Für (digitale) Informationsgüter kann jedoch angenommen werden, dass sie bei der Produktion keine variablen Kosten verursachen und die Grenzkosten somit null sind.[178] Analog zur Nachfrageseite haben Informationsgüter also die Eigenschaft der „**Grenzkostenlosigkeit**".

---

[173] Vgl. Schumann/Meyer/Ströbele 1999, S. 267ff.
[174] Vgl. Schumann/Meyer/Ströbele 1999, S. 55.
[175] Vgl. Brandtweiner 2000, S. 34.
[176] Vgl. Varian 1999, S. 393.
[177] Vgl. Varian 1999, S. 394.
[178] Vgl. Shapiro/Varian 1999, S. 3.

Die neoklassische Mikroökonomie baut maßgeblich auf Grenzgrößen wie dem Grenznutzen und den Grenzkosten auf und kann deshalb auch als „Marginalismus" bezeichnet werden.[179] Da bei Informationsgütern jedoch weder auf Anbieter- noch auf Nachfrageseite Marginalismen vorherrschen, müssen für die Entscheidungskalküle der Marktteilnehmer andere Mechanismen unterstellt werden.

Doch nicht nur die fehlenden Marginalismen unterscheidet einen Informationsgütermarkt von einem neoklassischen Markt, sondern auch die Tatsache, dass die Marktform auf einem Informationsgütermarkt trotz des Urheberschutzes streng genommen kein Monopolmarkt ist. Zwar gibt es kein anderes Unternehmen, das das Informationsgut anbietet, jedoch ist es möglich, das Informationsgut von einem anderen Marktteilnehmer zu kopieren. Der offizielle Anbieter des Informationsgutes muss also mit vielen kleinen „Mikroanbietern" konkurrieren. Ein Marktmodell für Informationsgüter sollte auch diesem Umstand Rechnung tragen. Abbildung 31 stellt die Marktsituation auf einem neoklassischen Markt der Situation auf einem Informationsgütermarkt gegenüber.

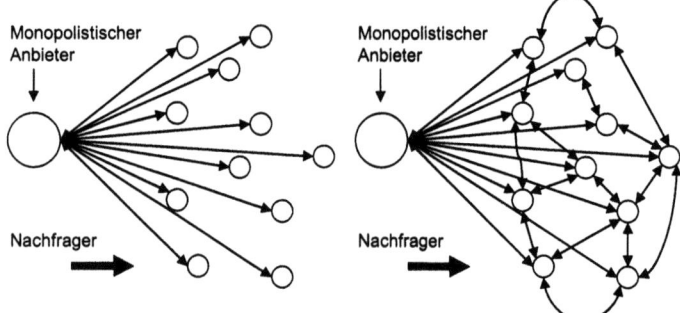

Abbildung 31: Austauschbeziehungen, im neoklassischer Markt (links) und im Informationsgütermarkt (rechts)

Auf einem neoklassischen Markt herrschen jeweils bilaterale Beziehungen zwischen Anbieter und Nachfrager vor. Auf einem Informationsgütermarkt können multilaterale Austauschbeziehungen vorkommen. Die Marktteilnehmer können somit auch untereinander das Informationsgut weitergeben und so auf den monopolistischen Anbieter verzichten.

---

[179] Vgl. Söllner 2001, S. 50.

4.4.2.2.2 Modellierung eines Informationsgütermarktes

Das traditionelle Cournot-Modell ist für Märkte für Informationsgüter nur begrenzt geeignet, denn in diesem Modell werden nur Unternehmungen als Produzenten und Anbieter betrachtet, nicht jedoch, dass auch Konsumenten die Rolle des Anbieters übernehmen können. Im Weiteren hat das Cournot-Modell eine statische Betrachtungsweise, da der Zeitverlauf keine Rolle spielt. Das vorgestellte Modell versucht diese wichtigen Aspekte mit zu berücksichtigen. Aufgrund des Einbeziehens der Zeit hat es grundsätzlich intertemporären Charakter.

Wie bereits erläutert, werden in dem dargestellten Modell zwei unterschiedliche Distributionsmechanismen beschrieben. Hierbei sind bei der Verbreitung des Informationsgutes einerseits die konsumentenseitige Duplikation (Raubkopieren) und andererseits der konsumentenseitige Kauf anzuführen. Betrachtet man einen bestimmten Zeitpunkt t, so setzt sich die Verbreitung in diesem Zeitpunkt einerseits aus dem konsumentenseitigen Kauf und andererseits durch das Raubkopieren zusammen. Die Gesamtverbreitung im Zeitpunkt t ergibt sich somit durch die Summe der beiden Distributionsmechanismen.

Um die Darstellung des Modells zu vereinfachen, werden zunächst die beiden Distributionsmechanismen getrennt betrachtet. Die isolierte Darstellung der beiden Distributionsmechanismen erfolgt jedoch nur aus dem Grund der dadurch einfacheren Erklärbarkeit. Eine Interpretation des einen Distributionsmechanismus bei Abwesendheit des jeweils anderen Mechanismus ist teilweise nicht sinnvoll und dadurch nicht möglich.

Anschließend werden die beiden Mechanismen zum Gesamtmodell zusammengeführt. Das Gesamtmodell erlaubt in einem weiteren Analyseschritt eine Aussage über den optimalen Preis des Informationsguts. Hierbei wird unterstellt, dass ein Anbieter die Preissetzungskontrolle hat. Das Modell basiert also auf der Vorstellung eines Anbietermonopols. Diese Prämisse kann damit begründet werden, dass der Urheber bzw. Anbieter geistiger Eigentümer des Informationsgutes ist. Durch das Urheberrecht ist der Urheber der einzig legale Anbieter, der den offiziellen Preis des Informationsgutes beliebig festsetzen kann.

4.4.2.2.3 Verbreitung des Informationsgutes durch Raubkopieren

An dieser Stelle wird die Duplikation des Informationsgutes durch die Nachfrager isoliert betrachtet. Dieser Prozess kann verglichen werden mit der

Situation, dass das Informationsgut frei erhältlich ist und nicht von einem Anbieter verkauft oder abgegeben wird. Zur Vereinfachung der Analyse wird die Größe des Zielmarktes des Informationsgutes auf 1 normiert. Im Folgenden werden also lediglich Marktanteile, nicht jedoch der absolute Markt betrachtet. Des Weiteren wird davon ausgegangen, dass sich Individuen, die bereits das Informationsgut besitzen (im Folgenden User genannt) und Individuen, die das Gut noch nicht besitzen (im Folgenden Nichtuser genannt) zufällig treffen. Die Nichtuser nehmen proportional zur Wahrscheinlichkeit des Aufeinandertreffens von User und Nichtuser ab. Zur Verdeutlichung dieser Prämisse sei auf folgendes Beispiel verwiesen:

In einer Urne seien P% schwarze („Nichtuser") und (1-P)% weiße Kugeln („User"). Es werden gleichzeitig zwei Kugeln gezogen. Tabelle 12 zeigt die vier möglichen Ereignisse.

Wahrscheinlichkeiten	P	(1-P)
P	1) Beide Kugeln schwarz	2) Eine Kugel schwarz, eine weiß
(1-P)	3) Eine Kugel weiß, eine schwarz	4) Beide Kugeln weiß

Tabelle 12: **Mögliche Ereignisse beim Ziehen von zwei Kugeln aus einer Urne**

Ein Tauschprozess findet nur statt, wenn sich ein Nichtuser mit einem User trifft, d.h. nur die Ereignisse 2 und 3 sind von Relevanz. Diese beiden Ereignisse haben jeweils die Wahrscheinlichkeit P(1-P). Die Modellierung des Verbreitungsprozess des Informationsgutes kann somit durch folgende Differentialgleichung ausgedrückt werden.[180]

(1) $$\frac{dF}{dt} = \dot{F}(t) = -c \cdot F(t) \cdot (1 - F(t))$$

Dabei ist $F(t)$ der Anteil der Nichtuser zum Zeitpunkt t, $\dot{F}(t)$ die Veränderung der Nichtuser im Zeitpunkt t und c eine Proportionalitätskonstante. Im Gegensatz zum obigen Beispiel ist die Wahrscheinlichkeit, einen Nichtuser bzw. User „zu ziehen" jedoch nicht konstant. Dies trägt dem Ziel Rechnung, dass die Modelldynamik die Ausbreitung des Informationsgutes beschreiben soll.

---

[180] Vgl. Schlittgen 1996, S. 102f.

4 Peer-to-Peer basierte Märkte und Geschäftsmodelle für digitale Güter

Der Parameter c kann dabei als Diffusionsparameter[181] interpretiert werden, der die Geschwindigkeit der Verbreitung des Gutes bestimmt. c wird durch technologische Möglichkeiten determiniert. Hilfsmittel wie z.B. CD-Brenner oder Napster erhöhen die Kopiergeschwindigkeit und somit die Geschwindigkeit des Verbreitens von digitalen Informationsgütern. Die Verbreitung findet hier durch einen „Ansteckungsprozess" statt. Transaktionskosten werden nicht berücksichtigt. Dies stellt eine Idealisierung der Realität dar. Es kann jedoch angenommen werden, dass hohe Transaktionskosten die Verbreitung hemmen und somit die Konstante c verringern.

Um den Verlauf des Anteils der Nichtuser in Abhängigkeit der Zeit zu erhalten, muss obige Differentialgleichung gelöst werden. Es ergibt sich

(2) $\qquad F(t) = \dfrac{1}{1 + Ke^{ct}}$, mit K als Integrationskonstante

Im Zeitpunkt t=0 besteht nahezu die ganze Nachfragepopulation aus Nichtusern. Bestände die gesamte Nachfragepopulation aus Nichtusern, so könnte sich das Informationsgut nicht verbreiten, da niemand eine Kopie anfertigen könnte. Im Anfangszeitpunkt (t=0) muss also ein geringer Anteil im Besitz des Informationsgutes sein, damit der Kopiermechanismus beginnen kann.[182] Sei also F_0 der Anteil der Nichtuser im Zeitpunkt t=0, so ergibt sich die Anfangsbedingung durch

(3) $\qquad F_0 = \dfrac{1}{1+K} \Leftrightarrow K = \dfrac{1 - F_0}{F_0} = \dfrac{User}{Nichtuser}$

Der Anteil der Nichtuser in Abhängigkeit der Zeit t kann also wie folgt ausgedrückt werden:

(4) $\qquad F(t) = \dfrac{1}{1 + (\dfrac{1 - F_0}{F_0})e^{ct}}$

---

[181] Vgl. Gerpott 1999, S. 50f, Brockhoff 1999, S. 121ff.
[182] Somit muss die Anfangsbedingung lauten: F(t=0)<1. Der Anteil der Nichtuser muss im Anfangszeitpunkt streng kleiner eins sein.

F(t) kann als Verteilungsfunktion interpretiert werden, die in der Literatur als logistische Verteilung bezeichnet wird.[183]
Die Dichtefunktion erhält man durch Differenzieren der Verteilungsfunktion. Es ergibt sich:

(5) $\dot{F}(t) = f(t) = -\dfrac{K_0 c e^{ct}}{(1+K_0 e^{ct})^2}$, mit $K_0 = \dfrac{1-F_0}{F_0}$

Der Wert der Dichtefunktion kann als die Geschwindigkeit des Duplikationsprozesses im Zeitpunkt t interpretiert werden. Abbildung 32 visualisiert die formalen Zusammenhänge exemplarisch.

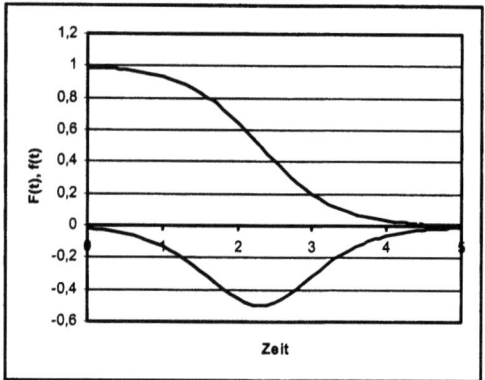

Abbildung 32: Verbreitung (oben) und Verbreitungsgeschwindigkeit (unten) des Informationsgutes[184]

Das Verbreiten des Informationsgutes vollzieht sich schneller, je größer die Kopierkonstante c ist. Die Verbreitung verläuft zunächst langsam, da noch wenige Konsumenten User sind, und somit für die Nichtuser anfangs wenig Chancen bestehen, eine Kopie des Informationsgutes zu erhalten. Je mehr User existieren, desto schneller verbreitet sich zunächst das Informationsgut. Die höchste Kopier- bzw. Verbreitungsgeschwindigkeit wird erreicht, wenn genau die Hälfte des Marktes User sind. Dies lässt sich durch folgende Über-

---

[183] Vgl. Schlittgen 1996, S. 102.
[184] Im Anfangszeitpunkt sind 99% Nichtuser; c=2.

legung verifizieren. Es ist gemäß Gleichung 1 die Verbreitungsgeschwindigkeit gegeben durch:

(1) $\dot{F}(t) = -cF(t)(1-F(t))$

Die Verbreitungsgeschwindigkeit nimmt also einen Extremwert an, wenn:

(6) $\ddot{F}(t) = 0 \Leftrightarrow -c + 2cF(t) = 0 \Leftrightarrow F(t) = 0{,}5$

Besteht der überwiegende Teil aus Usern, so lässt die Verbreitungsgeschwindigkeit nach, da aufgrund des hohen Anteils an Usern zunehmend weniger Kopierbedarf besteht. Der Markt wird immer weiter gesättigt, und die Kopiergeschwindigkeit strebt mit wachsender Zeit asymptotisch gegen Null.

4.4.2.2.4 Verbreitung des Informationsgutes durch Kauf

Im letzten Abschnitt wurde die Verbreitung durch konsumentenseitige Duplikation (Raubkopieren) erklärt. An dieser Stelle wird der zweite Distributionsmechanismus, der Erwerb des Informationsgutes vom Anbieter gegen Entgelt, dargestellt. Das Modell berücksichtigt dabei folgende Umstände. Die Nachfrage des Marktes, also die Verbreitungsgeschwindigkeit durch Kauf, in einem Zeitpunkt t ist geringer,

- je höher der Preis des Informationsgutes und
- je verbreiteter das Informationsgut bereits ist.

Der erste Umstand bedarf keiner weiteren Erklärung. Der zweite Punkt beruht im Wesentlichen darauf, dass die Suchkosten bei steigender Verbreitung fallen. Bei großer Verbreitung des Informationsgutes ist ein Kopieren des Informationsgutes von einem User mit geringen Suchkosten verbunden und verführt daher zum Kopieren statt zum Kaufen. Ein Individuum wägt in einem Zeitpunkt t also stets ab, ob es sich lohnt, mit einem Kauf zu zögern, um das Informationsgut nach kurzer Zeit durch Kopieren zu beziehen oder ob der Kauf gleich getätigt werden soll, da die Möglichkeit des Kopierens als zu unwahrscheinlich angesehen wird. Unterstellt man, dass die Suchkosten proportional zur Verbreitung des Informationsgutes 1-F fallen, so ist die „offizielle" Nachfrage im Zeitpunkt t, also die Verbreitungsgeschwindigkeit durch Kauf, proportional zum Anteil der Nichtuser F. Ist das Informationsgut überhaupt nicht verbreitet (F=1), so ist die Verbreitungsgeschwindigkeit durch Kauf maximal, da es keine Individuen gibt, die das Informationsgut kopieren und weitergeben können.

Die Verbreitungsgeschwindigkeit durch Kauf wird jedoch nicht allein durch die Suchkosten bzw. durch die Verbreitung F determiniert, sondern auch der Preis p entscheidet über diese Verbreitungsgeschwindigkeit, die bei Erhöhung des Preises fällt.

Die Modellierung des Verkaufs des Informationsgutes kann daher wie folgt geschehen:

(7) $\quad \dot{F}(t) = -(D - \alpha p)F(t)$

Hierbei ist F(t) analog zum vorigen Abschnitt der Anteil der Nichtuser zum Zeitpunkt t, $|\dot{F}(t)|$ kann als die Nachfrage im Zeitpunkt t bzw. als die Verbreitungsgeschwindigkeit durch Kauf interpretiert werden, D kann als ein grundsätzlicher Zahlungsbereitschaftsparameter des Marktes gelten, α>0 ist ein Preissanktionierungsparameter, p ist der konstante Preis des Informationsgutes und F(t=0)=1 ist die Anfangsbedingung.

Der Faktor $-(D - \alpha p)$ ist eine Konstante, die festlegt, wie schnell das Informationsgut verkauft wird. Je größer dieser Faktor, desto schneller wird das Informationsgut von den Marktteilnehmern im Zeitverlauf käuflich erstanden. Teilt man Gleichung 7 durch die Verbreitung F(t), so ergibt sich:

(8) $\quad \dfrac{\dot{F}(t)}{F(t)} = -(D - \alpha p)$

Die linke Seite von Gleichung 8 drückt die Abnahmerate der Nichtuser im Zeitpunkt t aus. Die Abnahmerate ist mit $-(D - \alpha p)$ eine Konstante, d.h. in der isolierten Betrachtung des konsumentenseitigen Kaufs nehmen die Nichtuser mit konstanter Abnahmerate ab. Der Parameter D drückt die maximale Abnahmerate der Nichtuser aus, wenn der Preis p null ist. α steuert, inwiefern die Abnahmerate verringert wird, wenn ein bestimmter positiver Preis p für das Informationsgut verlangt wird, denn bei steigendem Preis zögern die Nichtuser

länger mit dem Kauf, da der Kauf in Relation zur Kopiermöglichkeit unattraktiver wird.
Der Verlauf der Nichtuser (Verteilungsfunktion) ergibt sich durch Lösen der Differentialgleichung (Gleichung 7):

(9) $F(t) = e^{-t(D-\alpha p)}$, unter der Anfangsbedingung F(t=0)=1.

Diese Art von Verteilungsfunktion entspricht einer Exponentialverteilung.[185] Sie wird an dieser Stelle bezüglich Verlauf und Eigenschaften jedoch nicht ausführlich diskutiert. Die Verbreitungsgeschwindigkeit durch Kauf im Zeitpunkt t ergibt sich durch differenzieren von Gleichung 9:

(10) $f(t) = -(D-\alpha p)e^{-t(D-\alpha p)}$

4.4.2.2.5 Gesamtmodell als Synthese

Nachdem die beiden Distributionsmechanismen im einzelnen dargestellt wurden, sollen diese nachfolgend zum Gesamtmodell zusammengefügt werden. Es ergibt sich, wie bereits erwähnt, durch additive Verknüpfung die folgende Differentialgleichung als Modellansatz:

(11) $\underbrace{\dot{F}(t)}_{Gesamtverbreitungsgeschwindigkeit} = \underbrace{-cF(t)(1-F(t))}_{Raubkopiergeschwindigkeit} \underbrace{-(D-\alpha p)F(t)}_{Kaufgeschwindigkeit}$

Der linke Summand entspricht dem Kopiermechanismus. Er wird als exogener Umstand interpretiert, der sich der Kontrolle des Anbieters entzieht. Der rechte Summand stellt den Kaufmechanismus dar. Vom Anbieter kann lediglich der Preis verändert werden. Alle anderen Parameter werden als exogene Größen angesehen. Da der Anbieter Preissetzungskontrolle hat, entspricht diese Modellierung einem Monopolmodell.
Den Verlauf der Nichtuser erhält man durch Lösen der Differentialgleichung (Gleichung 11). Es ergibt sich:

---

[185] Vgl. Bamberg/Baur 1996, S. 107f.

(12) $$F(t) = \frac{1}{\frac{c}{c+(D-\alpha p)} + Ke^{(c+(D-\alpha p))t}}, \text{ dabei ist } K = \frac{(D-\alpha p)}{c+(D-\alpha p)}$$

Hierbei ist die Integrationskonstante K so gewählt, dass sie die Anfangsbedingung F(t=0)=1 erfüllt.
Die Dichtefunktion bzw. die Gesamtverbreitungsgeschwindigkeit im Zeitpunkt t gewinnt man durch Differenzieren der Verteilungsfunktion. Diese ergibt sich somit durch den Ausdruck:

(13) $$f(t) = -\frac{(D-\alpha p)e^{(c+(D-\alpha p))t}}{\left(\frac{c}{c+(D-\alpha p)} + \frac{(D-\alpha p)}{c+(D-\alpha p)}e^{(c+(D-\alpha p))t}\right)^2}$$

Abbildung 33 verdeutlicht den Verlauf der Gesamtverbreitung und der Gesamtverbreitungsgeschwindigkeit.

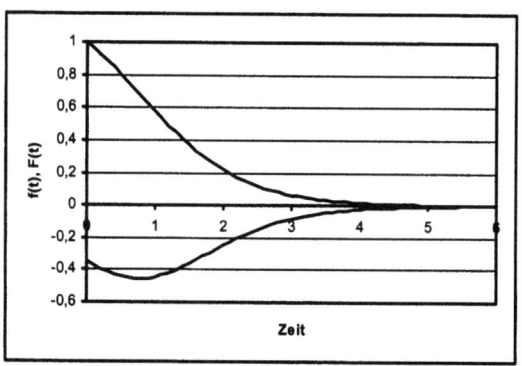

Abbildung 33: Verlauf der Gesamtverbreitung F(t) (oben) und der Gesamtverbreitungsgeschwindigkeit f(t)[186] (unten)

Im Gesamtmodell entspricht die Dichtefunktion der Verbreitungsgeschwindigkeit aufgrund beider Distributionsmechanismen (d.h. Schattenproduktion und Kauf). Im Anfangszeitpunkt besteht der gesamte Markt aus Nichtusern. Der Kopiermechanismus greift nicht, da niemand das Informationsgut besitzt.

---

[186] Es ist c=1, D=2, a=1,5, p=1,1.

4 Peer-to-Peer basierte Märkte und Geschäftsmodelle für digitale Güter

Die ersten Konsumenten sind also immer legale Käufer des Informationsgutes. Sobald ein kleiner Teil des Marktes durch Kauf zu Usern wird, setzt auch der Kopiermechanismus ein. Die Verbreitungsgeschwindigkeit durch legale Nachfrage (Kauf) nimmt stetig ab, da durch die wachsende Verbreitung des Informationsgutes die Chance, eine Raubkopie zu erhalten, steigt. Man kann in diesem Zusammenhang von einer Alterung des Informationsgutes sprechen. Die steigende Verbreitung schafft den Raubkopierern Raum für die konsumentenseitige Schattenproduktion.

Die Verbreitungsgeschwindigkeit ($\dot{F}$) ist bezüglich der Verbreitung (F) maximal, wenn die Bedingung

$$(14) \qquad \ddot{F}(t) = \frac{\partial(-cF(t)(1-F(t))-(D-\alpha p)F(t))}{\partial F} \overset{!}{=} 0$$

erfüllt ist. Es ergibt sich für die maximale Ausbreitungsgeschwindigkeit

$$(15) \qquad F = 0{,}5 + \frac{(D-\alpha p)}{2c}$$

Die maximale Verbreitungsgeschwindigkeit setzt also immer in einem früheren Marktstadium ein als im isolierten Fall der Schattenproduktion (dort war F=0,5). Dabei bedenke man, dass F der Anteil der Nichtuser ist. Je größer die Präferenz für den Kauf und je kleiner die Möglichkeit des Raubkopierens, desto früher wird die maximale Verbreitungsgeschwindigkeit erreicht.

4.4.2.3 Modellschlussfolgerungen

4.4.2.3.1 Preis-Absatz Funktion in einem Informationsmarkt

Nachdem die Grundzusammenhänge des Modells dargestellt wurden, sollen nachfolgend einige Schlussfolgerungen gezogen werden. Die erste am Anfang aufgeworfene Frage war, wie sich das Informationsgut im Zeitablauf verbreitet. Diese wurde bereits beantwortet, in dem die Verbreitung und die Verbreitungsgeschwindigkeit im Zeitablauf hergeleitet wurden. Abbildung 33 hat die Verbreitung exemplarisch dargestellt. Auf diesen Erkenntnissen aufbauend soll nachfolgend die Frage beantwortet werden, inwiefern die beiden Distributionsmechanismen zur Gesamtverbreitung beitragen bzw. welcher Anteil des Marktes letztendlich durch Schattenproduktion und welcher Anteil durch konsumentenseitigen Kauf versorgt wird. Um diese Fragestellung zu beantworten, sei noch einmal auf die anfängliche Modellgleichung (Gleichung 11) verwiesen:

(11) $$\underbrace{\dot{F}(t)}_{Gesamtverbreitungsgeschwindigkeit} = \underbrace{-cF(t)(1-F(t))}_{Raubkopiergeschwindigkeit} \underbrace{-(D-\alpha p)F(t)}_{Kaufgeschwindigkeit}$$

$\dot{F}(t)$ entspricht einer Dichtefunktion. Da die Größe des Marktes auf 1 normiert wurde, entspricht der Betrag der Fläche unter $\dot{F}(t)$ auch 1, d.h. nach unendlicher Zeit besitzt der ganze Markt das Informationsgut. Die Gesamtfläche ergibt sich wie folgt:

(16) $$\int_0^\infty \dot{F}(t)dt = \int_0^\infty \underbrace{-cF(t)(1-F(t))}_{Raubkopieranteil} \underbrace{-(D-\alpha p)F(t)}_{Käuferanteil=F_k} dt = -c\int_0^\infty F(t)(1-F(t))dt - (D-\alpha p)\int_0^\infty F(t)dt = -1$$

Der Anteil der Konsumenten, die das Informationsgut kaufen, wird durch den zweiten Summanden F_k ausgedrückt. Der Betrag von F_k entspricht der Zunahme der User durch Kauf des Informationsgutes. Der Anteil der Käufer F_k in Abhängigkeit des Preises p ergibt sich somit durch folgenden Ausdruck:

(17) $$|F_k(p)| = (D-\alpha p)\int_0^\infty F(t)dt$$

Das Integral von F(t) ergibt (vgl. Gleichung 12)

(18) $$\int_0^\infty F(t)dt = \int_0^\infty \frac{1}{g+Ke^{bt}}dt = \left[\frac{\ln\left(\frac{e^{bt}}{g+Ke^{bt}}\right)}{c}\right]_0^\infty,$$

$$\text{mit } g = \frac{c}{c+(D-\alpha p)}, \quad K = \frac{D-\alpha p}{c+(D-\alpha p)}, \quad b = c+(D-\alpha p)$$

4 Peer-to-Peer basierte Märkte und Geschäftsmodelle für digitale Güter

Setzt man die Integralgrenzen in Gleichung 18 ein, so ergibt sich für den Marktanteil, der durch Kauf des Informationsgutes versorgt wird, folgendes:

$$(19) \quad |F_k(p)| = \frac{(D - \alpha p)}{c} \ln\left(1 + \frac{c}{(D - \alpha p)}\right)$$

An dieser Gleichung kann man erkennen, dass lediglich das Verhältnis von c und (D-αp) den Anteil der Käufer bestimmt. Der Quotient

$$(20) \quad \frac{c}{D - \alpha p} = p_{rel}$$

kann somit als **relativer Preis des Informationsgutes** aufgefasst werden. Wird die Kopierkonstante c erhöht, so erhöht sich ceteris paribus auch der relative Preis, da das Raubkopieren gegenüber dem Kauf attraktiver wird. Gleichung 19 stellt streng genommen eine Preis-Absatz-Funktion[187] dar, da sie den durch Kauf bzw. „legale" Nachfrage versorgten Anteil des Marktes darstellt. Abbildung 34 zeigt exemplarisch eine Preis-Absatz-Funktion.

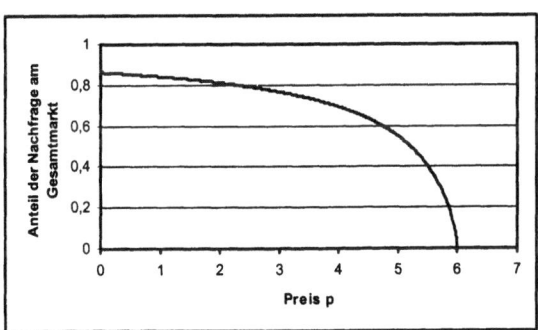

Abbildung 34: **Preis-Absatz-Funktion auf einem Markt für ein Informationsgut**[188]

Der Anteil der durch Kauf versorgten Marktteilnehmer konvergiert mit steigendem Preis p gegen Null. Beträgt der Preis Null, wird jedoch nicht der ganze Markt das Informationsgut vom Anbieter beziehen, wie man auch in Abbildung

---

[187] Vgl. Wied-Nebbeling 1997, S. 15.
[188] Es ist c=1, D=3, a=0,5.

34 sehen kann. Auch in diesem Falle wird sich ein Teil des Marktes trotzdem durch den Kopiermechanismus versorgen. Als passendes Beispiel kann hier Shareware angeführt werden. Der maximale Marktanteil, der bei einem Preis von Null durch Bezug des Informationsgutes vom Anbieter versorgt wird, beträgt:

(21) $\quad |F_k(p=0)| = \dfrac{D}{c} \ln\left(1 + \dfrac{c}{D}\right)$

4.4.2.3.2 Produktphasen

Gleichung (19) stellte dar, inwiefern sich der Markt letztendlich in Raubkopierer und Käufer aufteilt, da ein unendlicher Zeitraum betrachtet wird. Es wurde also das sich asymptotisch einstellende Gleichgewicht der Anteile betrachtet, nicht jedoch die Entwicklung im Zeitablauf zu diesem Gleichgewicht. Die Modelldynamik des Käuferanteils bis zu diesem Gleichgewicht kann berechnet werden, indem in Gleichung 18 die obere Integralgrenze durch einen endlichen Zeitpunkt T ersetzt wird. Abbildung 35 zeigt exemplarisch, wie sich die Anteile der Käufer und Raubkopierer im Zeitablauf entwickeln.

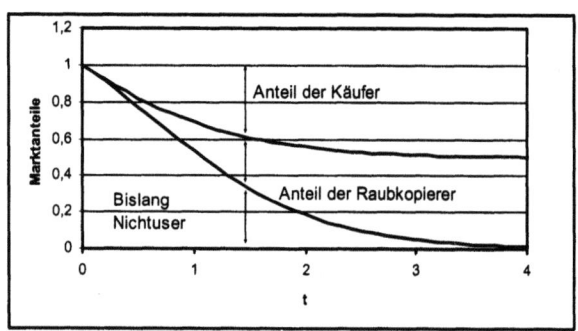

Abbildung 35: Entwicklung der Anteile der Raubkopierer und der Käufer im Zeitablauf[189]

In Analogie zu den in der Betriebswirtschaft üblichen Produktlebenszyklen[190] kann mit dem vorgestellten Modell versucht werden, bestimmte Produktphasen für Informationsgüter im Zeitablauf zu identifizieren. Hierfür kann die

---

[189] Es ist c=1, D=3, a=0,5 und p=5,2.
[190] Vgl. Jung 1994, S. 596.

4 Peer-to-Peer basierte Märkte und Geschäftsmodelle für digitale Güter

Verbreitungsgeschwindigkeit der einzelnen Distributionsmechanismen herangezogen werden. Die Gesamtverbreitungsgeschwindigkeit war durch Gleichung 11 gegeben:

$$\underbrace{\dot{F}(t)}_{Gesamtverbreitungsgeschwindigkeit} = \underbrace{-cF(t)(1-F(t))}_{Raubkopiergeschwindigkeit} \underbrace{-(D-\alpha p)F(t)}_{Kaufgeschwindigkeit}$$

Aus dieser Gleichung können die Verbreitungsgeschwindigkeiten der einzelnen Distributionswege abgeleitet werden. Abbildung 36 zeigt exemplarisch, wie die beiden Distributionsmechanismen Raubkopieren und Kauf zusammen die Gesamtverbreitungsgeschwindigkeit des Informationsgutes ergeben.

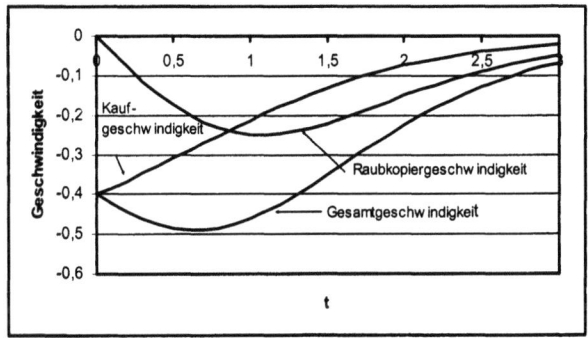

Abbildung 36: Verbreitungsgeschwindigkeiten der Distributionsmechanismen[191]

Charakteristisch für die Verbreitungsgeschwindigkeit durch Kauf ist immer, dass diese Verbreitungsgeschwindigkeit am Anfang maximal ist. Da die User stetig zunehmen, steigt die Chance für die Nichtuser, das Informationsgut durch einen User beziehen zu können. Die Geschwindigkeit des Kaufprozesses lässt deshalb also stetig nach.

Die Raubkopiergeschwindigkeit ist anfangs immer Null, da es zunächst niemanden gibt, von dem man das Informationsgut kopieren könnte. Die Raubkopiergeschwindigkeit kann dann jedoch zunehmen, da die ersten Käufer den Raubkopiermechanismus ermöglichen und somit „ins Rollen bringen". Besteht die Hälfte des Marktes aus Usern, so ist die Raubkopiergeschwindigkeit

---

[191] Es ist c=1, D=3, a=0,5 und p=5,2.

maximal. Anschließend verringert sich die Raubkopiergeschwindigkeit wieder, da die steigende Marktsättigung zu weniger Austauschprozessen pro Zeiteinheit führt. Um eine Phaseneinteilung eines Lebenszyklus eines Informationsgutes zu identifizieren, ist es sinnvoll, die Raubkopiergeschwindigkeit von der Kaufgeschwindigkeit zu subtrahieren. Es kann so aufgezeigt werden, welcher Distributionsmechanismus in einem bestimmten Zeitpunkt dominiert. Abbildung 37 zeigt drei typische Phasen eines Informationsgutes.

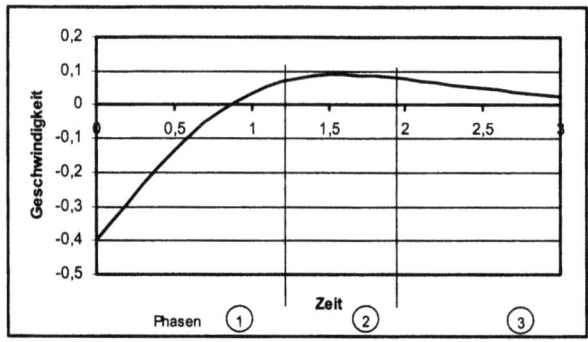

Abbildung 37: Typische Phasen im Lebenszyklus eines Informationsgutes[192]

In der **Initialphase (1)** dominiert der Kaufmechanismus. Durch die ersten Käufer wird das Raubkopieren initiiert und die Raubkopiergeschwindigkeit nimmt zu bis sie mit der Kaufgeschwindigkeit übereinstimmt. Die ersten Käufer wirken als *Katalysator* auf den Raubkopiermechanismus. In der zweiten **Phase der Raubkopierkonjunktur (2)** dominiert der Raubkopiermechanismus zunehmend bis in der **Phase der zunehmenden Marktsättigung (3)** die Geschwindigkeiten sich wieder angleichen und asymptotisch gegen Null streben.

Der beschriebene Verlauf kann als typisch gelten. In bestimmten Parameterkonstellationen kann es jedoch dazu kommen, dass lediglich die erste Phase existiert. Dies ist insbesondere dann der Fall, wenn der Preis sehr gering ist und das Raubkopieren gegenüber dem günstigen Kauf wenig Anreize bietet.

---

[192] Es ist c=1, D=3, a=0,5 und p=5,2.

Entlang des Lebenszyklusses dominiert der Kaufmechanismus den Raubkopiermechanismus in diesem Fall zu jedem Zeitpunkt.

4.4.2.3.3 Der optimale Preis eines Informationsgutes

In Analogie zum Cournot-Preis[193] kann auch in dem vorgestellten Modell ein für den Anbieter als Monopolisten optimaler Preis angegeben werden. Mit Gleichung 19 wurde die Preis-Absatz-Funktion eines Informationsgutes hergeleitet. Der Gewinn ergibt sich aus dem Umsatz abzüglich der Kosten. Da bei Reproduktion von Informationsgütern nur fixe Kosten anfallen, ergibt sich der Gewinn wie folgt:

$$(22) \quad G(p) = p \cdot N(p) - K_{fix} = \underbrace{p}_{\text{Preis}} \underbrace{\frac{(D-\alpha p)}{c} \ln\left(1 + \frac{c}{(D-\alpha p)}\right)}_{\text{Menge / Anteil}} - \underbrace{K_{fix}}_{\text{Kosten}}$$

N(p) stellt die Nachfrage dar, also den kaufwilligen Anteil der Nachfrager. K_{fix} sind die Fixkosten.

Der Anbieter sollte seinen Preis p nun so wählen, dass sein Gewinn maximiert wird. Aufgrund der lediglich fixen Kosten, stellt die Gewinnmaximierung dasselbe Problem wie die Umsatzmaximierung dar. Die notwendige Bedingung hier lautet also

$$(23) \quad \frac{\partial G(p)}{\partial p} = N(p) + p \frac{\partial N(p)}{\partial p} \stackrel{!}{=} 0$$

Der Preis p sollte also so gewählt werden, dass

$$(24) \quad \frac{\partial N(p)}{\partial p} \cdot \frac{p}{N(p)} = -1$$

Gleichung 24 drückt eine Elastizität aus.[194] Der optimale Preis ist erreicht, wenn eine 1% Erhöhung des Preises ebenfalls genau eine 1% Verminderung der Nachfrage bedeutet, die Elastizität also weder elastisch noch unelastisch

---

[193] Vgl. Wied-Nebbeling 1997, S. 20.
[194] Vgl. Varian 1999, S. 259.

ist.[195] Die Verminderung der Nachfrage ist im Rahmen des Modells als Substitution von potenziellen Käufern durch Raubkopierer zu verstehen.

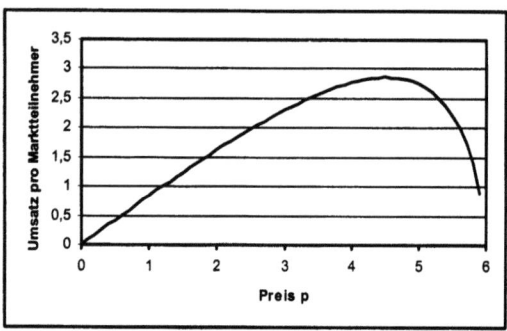

Abbildung 38: Umsatz pro Marktteilnehmer in Abhängigkeit des Preises[196]

Der optimale Preis kann aufgrund der funktionalen Form nur numerisch und nicht analytisch bestimmt werden. Abbildung 38 zeigt den Verlauf des Umsatzes in Abhängigkeit des Preises exemplarisch.

In Abbildung 38 kann der optimale Preis abgelesen werden. Da die Marktgröße auf eins normiert wurde und nicht alle Marktteilnehmer das Gut käuflich erwerben, liegt der Umsatz pro Marktteilnehmer stets unter dem geforderten Preis.

4.4.2.3.4 Gegenüberstellung

Anfangs wurde das Cournot-Modell als Vergleichsbasis aufgegriffen, um die Spezifika eines Informationsgütermarktes abzugrenzen. An dieser Stelle soll das vorgestellte Modell abschließend dem Cournot-Modell bezüglich der Nachfrage- und Angebotsseite und bezüglich der Marktergebnisse gegenübergestellt werden.

---

[195] Vgl. Varian 1999, S. 261.
[196] Es ist c=1, D=3, a=0,05.

4 Peer-to-Peer basierte Märkte und Geschäftsmodelle für digitale Güter 115

Vergleichskriterium	Cournot-Modell	Vorgestelltes Modell
Entscheidungskalkül der Nachfrager	Preis und Grenznutzen werden gegenübergestellt.	Kopiermöglichkeit wird gegen Kauf abgewogen.
Entscheidungskalkül des Anbieters	Grenzerlös und Grenzkosten werden gegenübergestellt.	Der Betrag der Elastizität ist eins.
Marktergebnis	Marktteilnehmer werden ausgeschlossen, wenn sie nicht den Marktpreis zahlen.	Kein Marktteilnehmer wird ausgeschlossen, da neben dem Kauf die Raubkopiermöglichkeit besteht.

Tabelle 13: Gegenüberstellung des Cournot-Modells mit dem vorgestellten Modell

Bisher wurde das vorgestellte Modell auf das Cournot-Modell bezogen, welches eine monopolistische Marktform beinhaltet. Übertragungen auf oligopolistische Marktstrukturen sind nicht ohne weiteres möglich. In der Regel jedoch ist der Urheber eines Informationsgutes rechtlich geschützt und er hat insofern einen monopolistischen Spielraum, sodass oligopolistische Marktstrukturen eine geringere Relevanz besitzen.

4.4.2.4   Modellkritik

Das vorgestellte Modell zeigt, wie ein Markt für Informationsgüter beschreibbar ist, wenn es die Möglichkeit des Raubkopierens gibt. Insbesondere wurde mit diesem Analyserahmen eine Vorstellung entwickelt, die Aussagen darüber machen kann, wie groß der Anteil der Raubkopierer in der Nachfragepopulation ist. Das Modell beschreibt also zunächst, welchen Einfluss Raubkopieren auf die Verbreitung des Informationsgutes auf dem Markt hat und ist bis zu dieser Stelle deskriptiver Natur. Anschließend wird eine normative Aussage über die optimale Preisgestaltung gemacht. Im Gegensatz zu den traditionellen mikroökonomischen Modellen berücksichtigt das vorgestellte Modell den Einflussfaktor der Zeit und die damit verbundene Verbreitung des Informationsgutes.

Dieser Analyserahmen ist jedoch nicht unproblematisch. Soll das Modell Anwendung für eine Preisfindung in der Realität finden, so treten einige Probleme auf. Im Modell wurde der Gesamtmarkt auf 1 normiert. In der Realität ist es aber dennoch wichtig, die Größe des Marktes, also die Anzahl der potenziellen Konsumenten, als absolute Größe zu wissen. Im Weiteren müssen die Parameter c, D und a empirisch geschätzt werden. Hier besteht u.a. das

Problem, dass nur der Anteil der Informationsgüter beobachtbar ist, den der Anbieter absetzt, denn der „Raubkopier-Markt" ist für einen Beobachter intransparent. Die Schätzung von Parametern ist jedoch kein spezielles Problem dieses Modells, sondern tritt in vielen mikroökonomischen Modellen auf.

Wieterer Forschungsbedarf kann darin gesehen werden, den Preis nicht konstant beizubehalten, sondern in der Zeit zu variieren. Durch eine solche Windowing-Strategie[197] kann eine weitere Erhöhung des Umsatzes erwartet werden.

Das vorgestellte Modell gibt eine Empfehlung für einen optimalen Preis. Neben der Preispolitik sind weitere, nicht direkt ökonomische Politikempfehlungen möglich. So ist es z.B. denkbar, dass das Einführen von Digital Rights Management Systemen[198] den Verbreitungsprozess durch Raubkopieren verlangsamen könnte (die Konstante c würde dann verringert). Der Erfolg von Digital Rights Management Systemen muss aber aus heutiger Sicht bezweifelt werden, da bisher noch keine zuverlässigen Systeme existieren. Eine zweite Möglichkeit besteht in der rechtlichen Handhabe gegen illegalen Tausch von geschützten Informationsgütern. Insbesondere das juristische Vorgehen gegen P2P Filesharing-Systeme ist hier zu nennen. Es ist jedoch zu erwarten, dass P2P Systeme niemals ganz durch rechtliche Verfügungen verschwinden werden, da gerade dezentrale Architekturen kaum durch Autoritäten greifbar sind. Das Problem des Raubkopierens wird sich in Zukunft daher vermutlich weiter verstärken. Eine eindeutige Handlungsempfehlung kann also kaum gegeben werden. Vielmehr wird es auch in Zukunft bei einem Mix aus technischen (Digital Rights Management), juristischen (z.B. Schließen von Musiktauschbörsen) und ökonomischen Maßnahmen (z.B. starke Preisnachlässe im Online-Bereich) bleiben.

4.5 Kommerzielle Peer-to-Peer Distribution digitaler Güter

Im Abschnitt zuvor wurde die Raubkopierproblematik aus empirischer und theoretischer Sicht untersucht. Folgend geht es um Geschäftsmodelle für digitale Musik, mithin also den Vertrieb von Musik, oder auch allgemeiner digitalen Produkten, über das Internet. Diese Geschäftsmodelle müssen insbesondere die Raubkopierproblematik aus ökonomischen und rechtlichen Gründen berücksichtigen. Insofern können diese Geschäftsmodelle als betriebswirt-

---

[197] Vgl. Zerdick 2001, S. 187.
[198] Vgl. Buhse 2001b, S. 386.

schaftliche Adaption bezüglich der Vertriebsmöglichkeit „Internet" und der Raubkopierproblematik gesehen werden.

4.5.1 Existierende Geschäftsmodelle für digitale Musik

Im Folgenden werden verschiedene Geschäftsmodellarten für digitale Musik beschrieben.[199] Dafür wird zunächst der Begriff des Geschäftsmodells definiert, um anschließend die drei Geschäftsmodelle „Music Service Provider", „Peer-to-Peer basiert", und „Superdistribution" darzustellen.

4.5.1.1 Begriffsdefinition

Für den Begriff des Geschäftsmodells gibt es in der Literatur keine eindeutige Definition. So definiert WIRTZ ein Geschäftsmodell wie folgt:

„Durch ein Geschäftsmodell wird in stark aggregierter Form abgebildet, welche Ressourcen in die Unternehmung fließen und wie diese durch den innerbetrieblichen Leistungsprozess in vermarktungsfähige Produkte und/oder Dienstleistungen transformiert werden."[200]

Das Geschäftsmodell kann dabei in Partialmodelle wie z. B. das Distributionsmodell, das Leistungserstellungsmodell oder das Erlösmodell untergliedert werden.

Ähnlich definiert auch BAILER ein Geschäftsmodell als „...Erfassung und Abstraktion des relevanten Wissens über die Funktionsweise des Unternehmens, deren Strukturen, Informations- und Materialflüsse, sowie Produkte und Außenbeziehungen"[201].

Geschäftsmodelle beschreiben somit einerseits die Strategien[202] eines Unternehmens auf den vor- und nachgelagerten Märkten. Andererseits umfassen Geschäftsmodelle auch interne Prozesse und Organisationsfragen. Insofern stellen Geschäftsmodelle Wege zur Umsetzung einer Wettbewerbs- oder auch Unternehmensstrategie dar.[203]

Wenn nachfolgend von Geschäftsmodellen für Online-Musikanbieter die Rede ist, so wird sich die Beschreibung des Geschäftsmodells auf die Absatzstrategie (*Distributionsmodell* und *Erlösmodell*) fokussieren. Dies ist einerseits darin begründet, dass gerade die Distribution von Musik stärker als deren Pro-

---

[199] Vgl. auch Rupp/Estier 2003.
[200] Vgl. Wirtz 2001, S. 50.
[201] Vgl. Bailer 1997, S. 24.
[202] Zur Strategiefindung in der Multimediabranche vgl. Keuper 2002, S. 651 ff, Keuper 2003.
[203] Vgl. Keuper/Hans 2003, S. 123ff.

duktion durch Internet und P2P Netzwerke verändert wird, und andererseits darin, dass die Generierung von Erlösen für Online-Musik durch den „Kostenlos-Charakter" des Internets sehr erschwert wird. Darüber hinaus kann als Teilmodell für Online-Musikanbieter noch das *Anreizmodell* eingeführt werden. Das Anreizmodell untersucht explizit das Problem der kostenlosen Konkurrenz und sollte Anreize implementieren, die die Nutzer zur Teilnahme an kommerziellen Musikdiensten bewegen. Das Anreizmodell ist ein Spezifikum aufgrund des vorliegenden „Marktversagens" bei Geschäftsmodellen für digitale Informationsgüter. Die folgende Unterscheidung verschiedener Geschäftsmodellausprägungen erfolgt aufgrund unterschiedlicher Distributionsmodelle.

4.5.1.2 Music Service Provider

Bei dem Geschäftsmodell des Music Service Providers handelt es sich in Kern um eine herkömmliche, Client/Server basierte Downloadplattform mit entsprechenden Digital Rights Management Funktionalitäten. Bezüglich des Erlösmodells sind in der Praxis einerseits Abonnementenmodelle und andererseits auch pay-per-Download Modelle vorhanden.

Pressplay und Musicnet

Im Folgenden wird der aktuelle Entwicklungsstand kommerzieller Online-Angebote für Musik näher untersucht. Im Gegensatz zu den im illegalen Bereich verbreiteten P2P Netzen setzen kommerzielle Anbieter derzeit überwiegend auf das Modell des Music Service Providers (MSP). Das Geschäftsmodell des MSP basiert auf der traditionellen Client/Server-Architektur. Ein Austausch von Dateien zwischen den Nutzern, wie es bei Filesharing-Systemen der Fall ist, ist nicht vorgesehen. Als typischer Vertreter dieses Geschäftsmodells gilt Pressplay (www. pressplay.com). Pressplay ist seit Dezember 2001 online und bietet zum Einstieg eine kostenlose Probemitgliedschaft für 14 Tage an. Pressplay vertreibt die Musiktitel selbst über verschiedene Partner, bei denen sich die Interessenten registrieren lassen können. Als Partner dienen Portale wie Yahoo (www.yahoo.com) oder MSN (www.msn.com), die ein hohes Nutzerverkehrsaufkommen aufweisen. Aber auch spezialisierte Portale wie z.B. mp3.com dienen als Vertriebspartner und Kontakt zum Kunden.

4 Peer-to-Peer basierte Märkte und Geschäftsmodelle für digitale Güter

Abbildung 39: Affiliates von www.pressplay.com zur kommerziellen Distribution von Online-Musik

Auch Musicnet (www.musicnet.com) verfolgt das Geschäftsmodell des MSP, hat jedoch an-dere Künstler unter Vertrag und vertreibt über andere Partner. Bei beiden Plattformen zahlen die Mitglieder eine monatliche Gebühr, die sie zum Konsum von Musik in verschiedenen Formen berechtigt. Die Online-Musik bei Pressplay wird als Stream, Download oder als Burn angeboten. Das Preismodell von Pressplay sieht verschiedene Stufen der Mitgliedschaft auf Grundlage einer monatlichen Pauschale vor. Alle Musiktitel, die als Download bezogen werden, sind durch ein DRM geschützt und können nicht beliebig von den Nutzern verwendet werden, wie es bei MP3-Files der Fall ist. Ein besonderes Problem dieser Music Service Provider ist, dass die bezogenen Musiktitel nur angehört werden können, solange eine Mitgliedschaft beim Dienst besteht. Insofern erwerben die Konsumenten ihre Musiktitel „zur Miete". Dieses für den Kunden ungewöhnliche Eigentumsverhältnis zu einem erworbenen Musiktitel kann jedoch als erhebliche Akzeptanzhürde angesehen werden, sodass einem solchen Modell ein wesentlicher Erfolgsfaktor fehlt.

"Containerbasiertes" Distributionsmodell

Aufgrund der in der Praxis verbreiteten Music Service Provider Geschäftsmodelle soll an dieser Stelle das Distributionsmodell etwas genauer betrachtet werden. Hierbei soll insbesondere deutlich werden, wie Digital Rights Management Systeme in Zusammenhang mit Downloads bei einem Music Service Provider zusammenspielen. Das hier beschriebene generische Konzept beschreibt konzeptionell die Funktionsweise von Music Service Providern wie popfile[204] oder das apple iTunes System[205]. Abbildung 40 visualisiert den Vorgang des Downloadens eines Musiksongs.

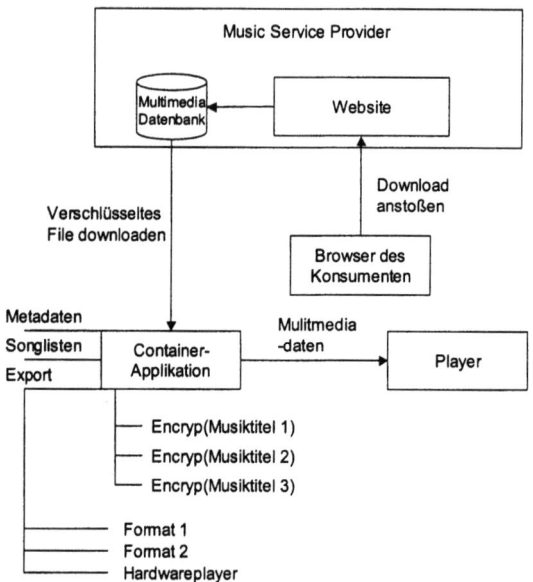

Abbildung 40: Kommerzieller Download bei einem Music Service Provider

Zunächst fordert der User – wie im Internet üblich – mit Hilfe seines Browsers einen Download an. Der Download wird jedoch nicht über das HTTP-Protokoll abgewickelt, sondern über eine spezielle Software (hier: die Container-Applikation). Der Download erfolgt verschlüsselt und wird auch verschlüsselt durch die Container-Applikation auf dem System des Users abgelegt. Die geschützte Multimediadatei kann nur mit Hilfe der Container-Applikation abgespielt werden. Die Container-Applikation hat entweder eine integrierte Abspielsoftware – etwa als Plugin – oder bedient sich externer Abspielsoftware, indem die Container-Applikation z.B. als Streaming Host dient. Die Container-Applikation kann weitere Funktionalitäten wie z.B. Metadatenverwaltung oder Songlistengeneratoren beinhalten. Damit der Konsum nicht auf den Rechner beschränkt ist, auf dem die verschlüsselte Datei liegt, kann auch der Export in

---

[204] Vgl. Popfile 2003.
[205] Vgl. Apple 2003b.

4 Peer-to-Peer basierte Märkte und Geschäftsmodelle für digitale Güter

andere Formate als Funktionalität hinzukommen. Neben verschiedenen Dateiformaten ist auch ein Export auf spezielle (mobile) Abspielhardware – wie z.B. auf den Apple iPod[206] - denkbar, damit der Konsum des digitalen Produktes flexibel möglich ist.

4.5.1.3 Peer-to-Peer basierte Geschäftsmodelle

Bezüglich P2P basierter Geschäftsmodelle lassen sich zwei Arten unterscheiden. Einerseits ist das gescheiterte Geschäftsmodell von Napster zu nennen, das als das einzige P2P Geschäftsmodell angesehen werden kann, welches auf Einnahmen aus dem Verkauf von digitaler Musik abzielte.[207] Andererseits können viele weitere P2P Filesharing-Systeme in der Praxis beobachtet werden, die zwar von Firmen betrieben werden, jedoch Downloads kostenlos anbieten. Hier kann das Filesharing-System als ein Modell angesehen werden, welches indirekte Einnahmen zu erwirtschaften versucht.

Napster

Das ehemalige Geschäftsmodell von Napster kann als ein Versuch interpretiert werden, die vor dem Gerichtsurteil sehr schnell gewachsene „Kostenlos-Community" zu kommerzialisieren. Napster sah vor, dass die Nutzer von- und füreinander Musiktitel down- bzw. uploaden können, und basierte insofern auf dem P2P Konzept. Der Unterschied zum vormals „freien" Napster-System war, dass die Teilnahme an Napster eine monatliche Gebühr (Abonnementsystem) kosten sollte, um eine gewisse Zahl an Musiktiteln von anderen Nutzern downloaden zu können. Die Musiktitel im Napster-Netzwerk sollten dabei in einem eigenen DRM-Format (NAP-Format) verbreitet werden. Durch das NAP-Format sind die Musiktitel nicht uneingeschränkt nutzbar. Abbildung 41 visualisiert das ehemalige Geschäftsmodell von Napster.

---

[206] Vgl. Apple 2003a.
[207] Für eine konzeptionelle Arbeit zwecks Vertrieb von digitaler Musik im deutschsprachigen Raum vgl. Grimm/Nützel 2002a und Grimm/Nützel 2002b.

122   4 Peer-to-Peer basierte Märkte und Geschäftsmodelle für digitale Güter

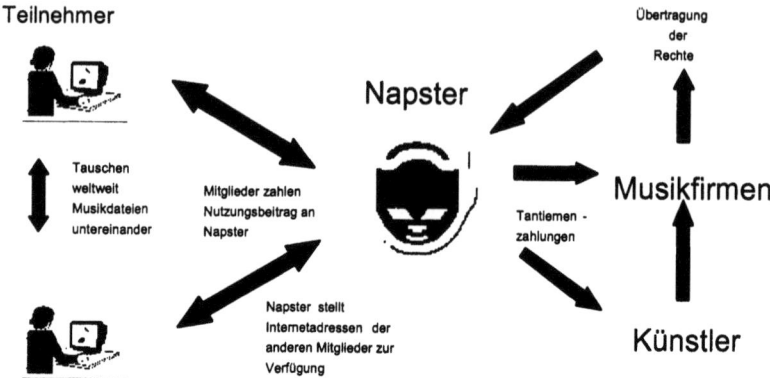

Abbildung 41:   Das gescheiterte P2P Geschäftsmodell von Napster

Da Napster als kommerzielles Geschäftsmodell auf einem P2P Ansatz beruhen sollte, sollten die Inhalte dezentral gehalten werden und nicht, wie z. B. bei Pressplay, auf einem zentralen Server. Der Napster-Index-Server sollte dafür sorgen, dass die Anzahl der getauschten Songs erhoben und die Tantiemenzahlungen an die Urheber, die ihre Rechte an Napster übertragen haben, geleistet werden können.

Dadurch, dass bei Napster auf eine contentliefernde Zentraleinheit verzichtet wurde, kommt der Netzwerkbetreiber – im Gegensatz zum MSP – mit einer schwächeren Infrastruktur aus, da die Netzwerklast größtenteils auf die Teilnehmer im P2P Netzwerk übertragen wird.

Das Problem dieses Geschäftsmodells wird jedoch erst aus Sicht der Nutzer deutlich. Der Nutzer erhält bei beiden dargestellten Geschäftsmodellen – ob also beim MSP oder beim P2P Ansatz – einen durch ein DRM-System geschützten Musiktitel. Grundsätzlich wird es ihm egal oder gar nicht bewusst sein, dass sich das Distributionsmodell der beiden Geschäftsmodelle stark unterscheidet. Keines der beiden Geschäftsmodelle löst insofern das Problem, Anreize für die Teilnahme am kommerziellen Dienst selbst zu schaffen.

Werbe- und technologiebasierte Peer-to-Peer Modelle
Neben P2P Geschäftsmodellen, die direkte Erlöse aus dem Verkauf von Musik erwirtschaften wollen, gibt es P2P Systeme, die Downloads kostenfrei ermöglichen. Hier steht die Erwirtschaftung von Werbeeinnahmen im Vordergrund, da solche Filesharing-Systeme oftmals sehr viele Benutzer aufweisen.

Andererseits können von Unternehmen betriebene Filesharing-Systeme aber auch dafür benutzt werden, die darunter liegende (P2P) Technologie bekannt zu machen und anschließend als Technologielieferant Einnahmen zu generieren. Beide Aspekte – werbe- bzw. technologieorientiert – haben nicht unmittelbar mit P2P Geschäftsmodellen zu tun, da sie ein P2P Netzwerk lediglich als Katalysator benutzen, um anderweitig (indirekte) Erlöse zu erwirtschaften. Diese Art von Geschäftsmodellen operieren in gesetzlichen Graubereichen, sodass sie letztendlich nicht als Option zur Verfügung stehen.

4.5.1.4 Superdistribution

Superdistribution stellt einen innovativen Ansatz für eine Architektur für die Verwaltung von Lizenzen für Softwareprodukte dar.[208] Dabei ist es denkbar, diesen Ansatz auch auf digitale Musik oder Videos anzuwenden. Kerngedanke hierbei ist, nicht das Kopieren von digitalen Produkten unterbinden zu wollen, sondern lediglich die Autorisierung zur Nutzung des digitalen Produktes zu kontrollieren. So kann ein digitales Produkt beliebig oft weitergegeben werden, zur Nutzung jedoch sind z.B. (individuelle) Schlüssel notwendig, die dann gemäß dem Lizenzmodell des Anbieters käuflich erworben werden müssen.

4.5.2 Konzeptionelle Entwicklung eines Geschäftsmodells

4.5.2.1 Anforderungen

Anforderungen an Geschäftsmodelle für P2P Dienste können auf Basis des Transaktionsprozesses hergeleitet werden.[209] Dieser besteht aus verschiedenen Transaktionsphasen, welche i.d.R. zu der in Abbildung 42 dargestellten Struktur zusammengefasst sind.[210]

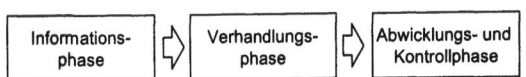

Abbildung 42: Phasen eines Transaktionsprozesses

Der hier beschriebenen (Vertriebs-)Transaktion vorgelagert ist die Produktion von Musikinhalten, welche aufgrund ökonomischer Rückwirkungen durch die Vertriebstransaktion als zusätzliche Phase problematisiert werden muss. Die

---

[208] Vgl. Cox 1996 und Mori 1990.
[209] Vgl. Gehrke/Anding/Schumann 2002.
[210] Vgl. Schmid 2000, S.184 ff.

zu vertreibenden Produkte werden in der *Produktionsphase* hergestellt. Die dabei entstehenden Kosten sind durch den nachfolgenden Vertrieb zu decken, um die Produktion ökonomisch zu rechtfertigen.

In der *Informationsphase* sammelt ein Nachfrager Informationen über potenzielle Anbieter. Diese Informationen sind z.B. Produktinformationen, Preise und Qualitäten.

In der *Verhandlungsphase* handeln die Transaktionsteilnehmer die Bedingungen der Transaktion aus. Es wird der Kaufvertrag beschlossen, mit dem sich die Teilnehmer einverstanden erklären.

In der *Abwicklungs- und Kontrollphase* wird der Austausch des Gutes vollzogen und die beteiligen Teilnehmer kontrollieren, ob sie mit der empfangenen Gegenleistung zufrieden sind.

Jede dieser Phasen soll im Folgenden auf Anforderungen der beteiligten Akteure untersucht werden.

An einer Transaktion, bei der digitale Musik ausgetauscht wird, sind in der Regel drei Akteure beteiligt: der Urheber (bzw. Rechteinhaber), der Anbieter und der Nachfrager.

Die *Produktionsphase* ist im Wesentlichen von den Anforderungen der späteren Nutzer (Nachfrager) des Gutes gekennzeichnet, welche sich primär auf die *Qualität des Transaktionsgutes* beziehen. Wird davon ausgegangen, dass die Produktion auch die Konvertierung in ein gängiges Austauschformat (MP3) sowie die Definition von Metadaten umfasst, sind die mit dem Kompressionsformat verbundene Wiedergabequalität sowie die Korrektheit der definierten Metadaten[211] als Qualitätsanforderung festzuschreiben.

Eine weitere Anforderung an ein P2P Geschäftsmodell kann aus der *Informationsphase* abgeleitet werden. Hier sammelt der Nachfrager Informationen für eine etwaige bevorstehende Transaktion und hat somit gewisse Anforderungen an die *Qualität der Transaktion*. Diese Qualitätsanforderung kann in Bezug auf die Transaktionsumgebung, also den P2P Dienst bzw. die Infrastruktur, gesehen werden. Im Speziellen sollte der P2P Dienst z.B. die Anforderungen des unterbrechungsfreien Downloads und die eines performanten Recherchemechanismus garantieren. Auch die Breite des Angebots an Musiktiteln kann als Anforderung an einen P2P Dienst gelten.

---

[211] Die Metainformationen der Musiktitel wie Name des Songs, Interpret und die Samplerate sollten mit dem tatsächlichen Dateiinhalt übereinstimmen.

4 Peer-to-Peer basierte Märkte und Geschäftsmodelle für digitale Güter

Die Phasen der *Vereinbarung* und *Abwicklung* sind einerseits maßgeblich durch die Notwendigkeit des Produzenten charakterisiert, die entstehenden Produktionskosten durch verhandelte Verkaufserlöse decken zu können. Andererseits ergeben sich Anforderungen der Nachfrager an die Qualität des Dienstes im Hinblick auf den Download von Musiktiteln. Ein Spezifikum bei P2P Tauschbörsen ist, dass die Transaktion für Anbieter und Nachfrager auch dann für beide Seiten zufrieden stellend zustande kommen kann, wenn der Urheber nicht berücksichtigt wird. Da Urheber und Anbieter i.d.R. nicht identisch sind, kann die Vergütungsanforderung des Produzenten schwer durchgesetzt werden. Das Problem verschärft sich, wenn der Anbieter bereit ist, den Musiktitel ohne Gegenleistung preiszugeben und dadurch einen „Free-Lunch-Market" ermöglicht. Somit ergibt sich, wenn die Vergütung des Produzenten nachhaltig ausbleibt, für diesen kein Anreiz für die zukünftige Produktion von Musikinhalten, mithin besteht die Gefahr des Marktversagens[212]. Aus diesem Umstand kann die Anforderung der *Vergütung des Urhebers* abgeleitet werden.

Zur Durchsetzung der Urhebervergütung und der Wahrung der Urheberrechte kommen grundsätzlich drei Möglichkeiten in Betracht: technische Restriktionen, juristische Sanktionen sowie ökonomische Anreize.

Technische Restriktionen (auf Basis von DRM-Systemen) verhindern hierbei auf technischer Basis ex ante die urheberrechtswidrige Nutzung von Musikinhalten.

Durch *juristische Sanktionen* wird ex post die urheberrechtswidrige Nutzung von Musikinhalten bestraft. Juristische Sanktionen sind insbesondere im Bezug auf einzelne Nutzer und bei serverlosen P2P Systemen schwer durchzusetzen. Sie wirken durch die Androhung hoher Strafen i.d.R. stärker als ex ante Abschreckung.

Das Implementieren einer *ökonomischen Anreizstruktur* von Seiten des Anbieters ist die vielversprechendste Möglichkeit, Nutzer ex ante zur urheberrechtskonformen Nutzung von Musikinhalten zu bewegen, da dies durch die Nutzer aus ökonomischen Gründen favorisiert wird, mithin kein Anreiz zur rechtswidrigen Nutzung besteht. Aufgrund der Schwierigkeit, ökonomische Anreize zu setzen, die gerade die kostenlosen Tauschbörsen aus Nutzersicht übertreffen können, konnte bislang kein derartiges System entworfen werden.

---

[212] Vgl. Kiefer 2001, S. 80ff.

Bisherige Geschäftsmodelle für Online-Musik bauen damit ausschließlich auf den ersten beiden Möglichkeiten auf. So setzen z.b. alle kommerziellen Musikangebote auf DRM-Systeme zum Schutz des Urheberrechts. Die vehementen juristischen Auseinandersetzungen zwischen Napster und der Musikindustrie untermauern die Strategie der Musikindustrie, die Urheberrechte mit juristischen Mitteln durchzusetzen. Das P2P Geschäftsmodell, das in dieser Arbeit vorgestellt wird, soll dagegen im Wesentlichen ökonomische Anreize nutzen, wie später bei der Vorstellung des Konzeptes deutlich wird.

Um das Funktionieren des Dienstes zu gewährleisten, muss als weitere Anforderung an den P2P Dienst die Existenz von *Teilnahmeanreizen* formuliert werden. Bei kostenlosen Filesharing-Systemen ist in der Regel das Phänomen zu erkennen, dass das Verhältnis von anbietenden zu nachfragenden Nutzern sehr unausgewogen ist, da das Anbieten von Musiktiteln dem Anbietenden selbst keinen direkten Nutzen erbringt. Ein P2P Geschäftsmodell sollte jedoch darauf achten, dass das Angebot bzw. die Verfügbarkeit von Musiktiteln immer gewährleistet ist.

Die genannten Anforderungen an einen P2P Dienst können abschließend wie in Tabelle 14 zusammenfasst werden:

Schutz des Urheberrechts
Sicherung der Qualität
• des Dienstes (Performante Recherche, verlässlicher Download, etc...)
• des Produktes (korrekte Metadaten, zugesicherte Eigenschaften)
Teilnahmeanreize zur Erhaltung des Gesamtsystems

Tabelle 14: **Spezifische Anforderungen an ein P2P Geschäftsmodell für Online-Musik**

4.5.2.2 *Ausgestaltung eines Peer-to-Peer basierten Geschäftsmodells*

Von den im letzten Abschnitt dargestellten Anforderungen erweisen sich die Wahrung von Urheberrechten und Vergütung von Rechteinhabern sowie die Sicherstellung von Teilnahmeanreizen für Konsumenten als am schwierigsten zu implementieren, da sie sich gegenläufig verhalten. Das Problem der Urheberrechtsverletzungen wird von den existierenden kommerziellen

Anbietern durch *technische* Beschränkungen zu mildern versucht, was zwangsläufig die Teilnahmeanreize der Konsumenten mindert. Darüber hinaus sind *juristische* Sanktionen denkbar und – wie das Napster-Beispiel verdeutlicht – z.T. auch erfolgreich. Keine Beachtung wurde bisher *ökonomischen* Anreizen zur Urheberrechtswahrung geschenkt, die in der Lage sind, beide Anforderungen simultan zu erfüllen und welche konstitutiv für das im Folgenden vorzustellende Modell sind.

4.5.2.2.1 Konzeptionelle Beschreibung des Geschäftsmodells

Bei der Definition des Geschäftsmodells wurden insbesondere das Distributionsmodell, das Erlösmodell und das Anreizmodell für Geschäftsmodelle für Online Musik hervorgehoben. Das Distributionsmodell beruht, wie bereits angedeutet, auf dem P2P Gedanken, bei dem Nutzer gegenseitig Dateien bereitstellen. Offen bleiben das Erlösmodell und das Anreizmodell, welche im Folgenden dargestellt werden.

Ausgangspunkt des Modells bilden Nutzerkonten, auf denen von den Nutzern einzuzahlende Beträge verbucht und Gebühren für einzelne Downloads abgebucht werden (pay-per-download). Die entrichteten Gebühren werden neben dem Rechteinhaber und dem Betreiber des zentralen Servers auch an denjenigen Nutzer gezahlt, der die heruntergeladene Musikdatei zur Verfügung gestellt hat. Abbildung 43 stellt diesen Downloadvorgang exemplarisch dar, wobei insbesondere die Abbildung der Nutzerkonten hier aus logischer Sicht erfolgt. Die tatsächliche technische Verwaltung und Speicherung der Nutzerkonten sollte bei der Zentralinstanz erfolgen, sodass die Transaktionsdurchführung nicht durch die Teilnehmer manipuliert werden kann.

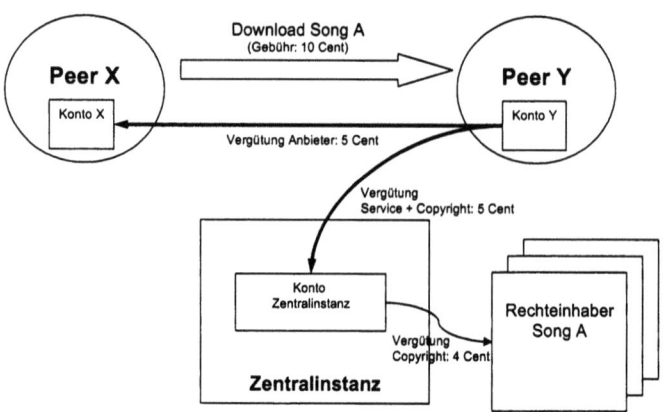

Abbildung 43: Distributions- und Erlösmodell[213]

Der Ablauf einer konkreten Transaktion kann wie folgt exemplarisch beschrieben werden. Peer Y kopiert eine Musikdatei mit dem Song A vom Rechner des Peer X (der zuvor durch eine Suche auf dem Indexserver der Zentralinstanz als Anbieter ermittelt wurde). Vom zuvor mit einem Guthaben aufgeladenen Konto Y werden Peer Y dafür z.B. 10 Cent abgebucht, die anteilig auf das Konto von Peer X (5 Cent), sowie an die Zentralinstanz (5 Cent) übertragen werden. Die Zentralinstanz ermittelt anhand z.B. der Metadaten der Musikdatei den Rechteinhaber des Song A und leitet an diesen einen Teil der erhaltenen Gebühren weiter. Die an Peer X transferierten Gebühren werden auf dessen Konto gutgeschrieben und können von diesem für eigene Downloads oder andere noch zu spezifizierende (externe) Dienste verwendet werden.

4.5.2.2.2 Ausgestaltung des Geschäftsmodells

Das dargestellte Geschäftsmodell kann vor dem Hintergrund der definierten Anforderungen ausgestaltet werden, wobei sich die folgende Beschreibung mit den Spezifika dieses P2P Modells sowie den allgemeinen Anforderungen auseinandersetzt. Im Rahmen der definierten Anforderungen nehmen die Teilnahmeanreize für Nutzer eine Sonderstellung ein, da sie von den bisher existierenden kommerziellen Angeboten vernachlässigt wurden und einen wichtigen Erfolgsfaktor des hier entworfenen Modells darstellen. Aus diesem

---

[213] Vgl. Gehrke/Anding/Schumann 2002.

Grunde werden die ökonomischen Teilnahmeanreize in einem gesonderten Kapitel zusammen mit der ökonomischen Analyse des Geschäftsmodells diskutiert und sollen hier zunächst ausgeklammert werden.

4.5.2.2.2.1 Urheberrechte und Vergütung von Rechteinhabern

Digital Rights Management

Bisherige Geschäftsmodelle für Online-Musik sind unter anderem dadurch charakterisiert, dass sie den Musiktitel in einem Format bereitstellen, welches durch DRM-Systeme zum Schutz des Urheberrechts für Beschränkungen (z.B. Restriktion der Abspieldauer oder Anzahl der Abspielvorgänge) beim Konsum der Musik sorgt. Das vorgestellte Geschäftsmodell kommt ohne ein DRM-System aus. Musiktitel werden in gängigen Formaten wie z.B. dem MP3-Format ausgeliefert. Das Ausliefern der Musiktitel in einem unbeschränkten Format kann dabei durch zwei Argumente gestützt werden. Erstens kann davon ausgegangen werden, dass die Teilnehmer geschützte Abspielformate nur schwer akzeptieren. Dies kann letztendlich dazu führen, dass das gesamte System keine Akzeptanz findet und sich die Teilnehmer andere Quellen suchen, die Musiktitel in unbeschränkten Formaten bieten. Zweitens wird durch das vorgestellte Anreizsystem die Brisanz unbeschränkter Distribution reduziert. Da der einstige Raubkopierer durch die Provision zum Zwischenhändler und somit zum Teil der Wertschöpfungskette wird, werden die Teilnehmer bemüht sein, ihre Musiktitel in dem P2P Netzwerk weiter zu verkaufen, anstatt sie – wie bisher – umsonst weiterzugeben. Durch den Handel im P2P Netzwerk partizipiert jedoch bei jeder Transaktion immer auch der geistige Urheber am Verkauf. Durch diese Interessenkongruenz stellt sich das Problem der unbeschränkten Musikformate in einem anderen Licht dar, sodass die Notwendigkeit von konsumrestriktiven DRM-Formaten zum Schutz des Urheberrechtes an Bedeutung verliert.

Um zu verhindern, dass ein Teilnehmer einen Musiktitel aus dem P2P Netzwerk bezieht und anschließend auf anderen Wegen illegal weiterverbreitet, könnte in Erwägung gezogen werden, den Musiktitel während des Transfervorganges im P2P Netzwerk mit Hilfe von Wasserzeichentechnologien[214] zu signieren, sodass die Identität des downloadenden Peers in der Datei

---

[214] Vgl. Dittmann 2000, S. 19ff.

versteckt wird. Eine solche Signierung hätte keine Einschränkungen im Konsum zur Folge, könnte aber etwaige illegale Verbreitungen nachvollziehen helfen. Die Datei würde dann jedoch bei jedem Transfer zwischen Peers aufgrund der Einbringung des Wasserzeichens leicht verändert, was wiederum Probleme bei der Identifizierung durch einen digitalen Fingerabdruck nach sich zieht. Hier müsste ein spezielles Verfahren entwickelt werden, welches Einbetten von Wasserzeichen und die eindeutige Identifizierung erlaubt. Für diesen Zweck können Technologien wie das Perceptual Hashing von Nutzen sein, die eine Identifizierung einer Datei trotz (leichter) Veränderung zum Ziel hat.[215]

Erlösmodellvarianten

Neben der Sicherstellung der Urheberrechte kann die Vergütung von Rechteinhabern durch die Definition des Erlösmodells gestaltet werden. Hierfür bieten sich verschiedene Varianten an, welche den Anteil der Rechteinhaber an den Vertriebserlösen im Vergleich zu bereitstellenden Nutzern unterschiedlich bestimmen. Grundsätzlich wird zunächst danach unterschieden, ob ein Rechteinhaber lediglich als dritte Partei auftritt, welcher Umsatzanteile zufließen, oder Rechteinhaber als anbietende Peers mit in das Netz eingebunden werden. Im ersten Fall kann der Erlös lediglich über den auszuzahlenden Umsatzanteil gesteuert werden. Im weitergehenden zweiten Fall kann der Rechteinhaber in Form eines Peers als Erstanbieter eines neuen Musikstückes auftreten und demzufolge gegenüber tauschenden Nutzern einen Absatzvorsprung realisieren. Alle interessierten Nutzer könnten zunächst von diesem (monopolistischen) Erstanbieter downloaden und erst im Nachgang eigene Umsätze realisieren. Dieser Vorteil kann zusätzlich verstärkt werden, indem das monopolistische Angebot (mit entsprechender Unterstützung der einzusetzenden Software) auf einen bestimmten Zeitraum ausgedehnt wird, in welchem ein Download technisch nur vom Rechteinhaber ermöglicht wird, dieser somit sämtliche Distributionsvergütungen abschöpfen kann und de facto temporär als Music Service Provider agiert. Aus Anreizgründen sollte diese Form der monopolistischen Erlösgenerierung jedoch nicht zu oft Anwendung finden.

---

[215] Vgl. Mihcak/Venkatesan 2001.

4.5.2.2.2.2 Produkt- und Servicequalität

Da im vorgestellten P2P Geschäftsmodell für jeden Download bezahlt wird (pay-per-download), muss bei jeder Transaktion der übertragene Musiktitel identifiziert werden, damit der *richtige Betrag abgerechnet werden kann*. Darüber hinaus ist ebenfalls ein *Auffinden der Musikdateien* durch die Teilnehmer zu ermöglichen. Hierfür müssen die Metadaten für die jeweilige Musikdatei korrekt gepflegt sein.

Bezüglich der Identifikation für die Verrechnung kommen zwei Möglichkeiten in Betracht:

1. Der Musiktitel wird aufgrund seiner Dateistruktur identifiziert. Hierfür kommen Methoden in Betracht, die digitale Fingerabdrücke mit Hilfe von Hashing-Algorithmen erzeugen können (MD5, SHA1 oder das bereits genannte Perceptual Hashing).[216]
2. Der Musiktitel wird aufgrund seiner Metadaten (Musiktitel, Interpret, Album,...) identifiziert. Die an einer Musikdatei anhängenden Metadaten werden identifiziert und der Musiktitel entsprechend abgerechnet.

Beide Vorgehensweisen haben Vor- und Nachteile. Im ersten Fall kann eine Abrechnung unabhängig von evtl. falsch gepflegten Metadaten passieren. Allerdings können von Teilnehmern auch nur leicht veränderte Musiktitel nicht mehr identifiziert werden, da dies einen veränderten digitalen Fingerabdruck zur Folge hätte und somit eine Identifikation mit herkömmlichen Hashing Algorithmen nicht mehr stattfinden kann. Im P2P Netzwerk könnte insofern nur eine beschränkte Menge von Musikdateien gehandelt werden. Musiktitel, die von einem Teilnehmer neu in das Netz eingebracht werden, würden regelmäßig als unbekannt identifiziert und müssen zunächst beim Indexserver registriert werden. Es sollte den Teilnehmern möglich sein, Musiktitel „von außen" in das P2P Netzwerk einzubringen. Sie müssen die zu handelnden Titel also nicht zwangsweise aus dem Netzwerk beziehen. Eine Identifikation des Titels muss dann – unterstützt durch die Software – von dem Teilnehmer selbst geschehen, damit der Titel beim Indexserver korrekt indiziert ist. Sollte der Titel eine minderwertige Qualität haben oder gar böswillig unbrauchbare

---

[216] Vgl. Merz 1999, S. 129.

Daten eingespeist werden, so muss das System Sanktionsmechanismen vorsehen (siehe unten).

Im zweiten Fall verzichtet man auf die Identifikation der Datei selbst und vertraut auf die Richtigkeit der anhängenden Metadaten. Die Metadaten müssen einer bestimmten vom Infrastrukturbetreiber vorgegebenen Struktur entsprechen. Dies kann bei neu (z.B. von CD) eingebrachten und bereits bekannten Titeln durch Nutzung einer zentralen Datenbank (CDDB[217]) und Verwendung der dort hinterlegten Metadaten geschehen. Bei von Teilnehmern selbst erstellten und damit gänzlich unbekannten Titeln darf die P2P Software nur „gültige" Metadaten akzeptieren. Diese werden im Falle selbst erstellter Titel von Teilnehmern aus Eigeninteresse korrekt eingepflegt sein.

Qualitätssicherung

Qualitätseinbußen können z.B. in Form von schlechter Klangqualität oder geringen Sampleraten auftreten. Um derartige Qualitätseinbußen zu vermeiden, müssen Anreizsysteme geschaffen werden, die die Teilnehmer zu ordnungsgemäßem Verhalten führen. Im Rahmen der Qualitätssicherung sind im Wesentlichen zwei Fragen zu beantworten:

1. Wie kann ein Anreizsystem aussehen, welches die Teilnehmer veranlasst, die Qualität ihrer Musiktitel selbst zu überprüfen bzw. welche Mechanismen können implementiert werden, um die Verbreitung minderwertiger Musiktitel zu unterbinden?
2. Wenn die Verbreitung eines minderwertigen Musiktitels bereits stattgefunden hat, wie kann der Urheber bzw. „Täter" ermittelt werden, um die Quelle der Störung zu sanktionieren?

Zur Lösung der ersten Frage können Bewertungsmechanismen implementiert werden, die es dem beziehenden Teilnehmer erlauben, die Transaktion zu bewerten. Nach Bezug der Musikdatei kann der beziehende Teilnehmer den bereitstellenden Teilnehmer und die Datei als Produkt bewerten. Die Bewertung wird gespeichert und anderen Teilnehmern angezeigt, wenn sie den Download der Datei erwägen. Somit kann erwartet werden, dass eine „positive Selektion"

---

[217] Vgl. Gracenote 2003.

4 Peer-to-Peer basierte Märkte und Geschäftsmodelle für digitale Güter

eintritt und die minderwertigen Dateien bzw. Teilnehmer, die minderwertige Dateien anbieten, gemieden werden.

Eine derartige Bewertung von Teilnehmern hat jedoch den Nachteil, dass auch anbietende Teilnehmer bewertet werden, die nicht ursprüngliche Quelle der Datei sind und diese nur von einem anderen Teilnehmer heruntergeladen haben. Insofern muss eine Bewertung zu jenem Teilnehmer „durchgereicht" werden, der für die Qualität einer Datei verantwortlich ist. Für diesen Zweck wird eine Art „Qualitäts-Tracing" benötigt. Die Zurückverfolgung einer Datei zur Quelle kann leicht bewerkstelligt werden. Da bereits für Abrechnungszwecke jede Transaktion vom Indexserver aufgezeichnet wird, kann die Verbreitung einer Datei über das Netzwerk zurückverfolgt werden.

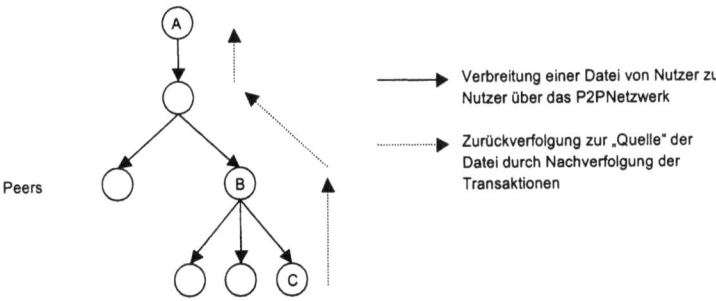

Abbildung 44: Qualitäts-Tracing

Abbildung 44 zeigt die Zurückverfolgung einer Datei zum verantwortlichen Peer. Peer A bringt bspw. eine minderwertige Datei in das P2P Netzwerk ein, welche unter gutem Glauben durch nachfolgende Peers erworben wird. Peer C bemerkt die Minderwertigkeit der Datei und vergibt für B eine schlechte Bewertung, da C die Datei von B bekommen hat. B ist jedoch nicht Quelle der minderwertigen Datei, da er die Datei auch nur von jemand anderem bezogen hat. Die schlechte Bewertung muss letztendlich auf das Konto von A verbucht werden. Eine Zurückverfolgung ist leicht möglich, da der Indexserver jede Transaktion protokolliert. Wird der digitale Fingerabdruck jeder gehandelten Datei aufgezeichnet, so ist der Weg der Datei im P2P Netzwerk eindeutig identifizierbar. Der Pfad muss lediglich bis zu dem Peer zurückverfolgt werden, welches die minderwertige Datei nicht von einem anderen Peer bezogen hat und somit im Umkehrschluss als Verursacher gilt. Die von C abgegebene negative Bewertung kann insofern gleich auf das Bewertungskonto von A wietergeleitet werden. Dieser Bewertungsmechanismus kann als wirkungsvolles Anreizschema gesehen werden, da eine umfangreiche Verbreitung einer minderwertigen Datei auch eine entsprechend umfangreiche negative Bewertung des „Schuldigen" nach sich zieht.

4.5.2.2.2.3 Mehrwertfunktionen

Neben den bisher beschriebenen und auf die dargestellten Anforderungen bezogenen Ausgestaltungsmerkmalen sind zusätzliche (Mehrwert-)Funktionen denkbar, mit deren Hilfe eine Detailabstimmung des Angebotes stattfinden kann und Teilnahmeanreize weiter erhöht werden können. Eine Auswahl möglicher Mehrwertfunktionen wird dazu zunächst anhand der Distributionstransaktion systematisiert und im Folgenden knapp dargestellt.

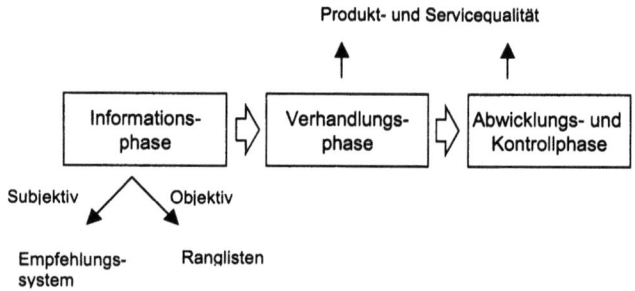

Abbildung 45: Einordnung denkbarer Mehrwertfunktionen im Transaktionsprozess

Ranglisten

Entsprechend der Distributionsaktivität einzelner Teilnehmer ist eine Bildung von Ranglisten möglich. Als Kriterien kommen bspw. die generierten Erlöse oder die Anzahl der zur Verfügung gestellten Musikdateien in Frage. Es kann vermutet werden, das solche Informationen den Ehrgeiz einiger Teilnehmer fördert, nachhaltig an dem P2P System zu partizipieren („Spielernaturen").
Neben der aggregierten Sicht auf die Ergebnisse einzelner Teilnehmer, können auch aggregierte Informationen über die Musiktitel von Nutzen sein. So ist es bspw. leicht möglich, die beliebtesten Musiktitel anhand der beim

Indexserver protokollierten Verbreitung zu ermitteln. Somit könnten zu jedem Zeitpunkt Hitlisten erstellt werden, die Teilnehmer bei ihrer Kaufentscheidung unterstützen.

Empfehlungssystem

Das Darbieten von Ranglisten ist eine einfache Aggregation der zur Verfügung stehenden Transaktionsdaten. Die resultierenden Ranglisten repräsentieren das Verhalten der Teilnehmer und stellen damit objektive Informationen dar. Mit Hilfe von Empfehlungs- oder Recommender-Systemen[218] hingegen ist es möglich, individuelle und auf einen bestimmten Teilnehmer personalisierte Informationen zu generieren. Ähnlich wie bei amazon.de[219] kann so anhand des Kaufverhaltens anderer Nutzer auf Musikvorlieben eines bestimmten Nutzers geschlossen werden (Collaborative Filtering[220]). Somit können individuelle Vorschläge bezüglich weiterer Musiktitel oder Interpreten generiert werden, um zusätzliche Kaufanreize zu initiieren. Für ein solches Empfehlungssystem müssen die beim Indexserver gespeicherten Transaktionen in geeigneter Weise ausgewertet werden.

Produkt- und Servicequalität

Damit qualitativ hochwertige Musiktitel ohne technische Probleme transferiert werden können, ist es notwendig, die Qualität von anbietenden Peers bzw. von Dateien der Öffentlichkeit zu signalisieren. Es wurde bereits erwähnt, dass zu diesem Zweck die Bewertung des anbietenden Peers bzw. der gehandelten Datei einen sinnvollen Mechanismus darstellen kann. Die Qualität eines Peers hat dabei zwei Dimensionen:

1. Die **Produktqualität** drückt aus, inwiefern das Peer in der Vergangenheit valide und qualitativ hochwertige Dateien ausgeliefert hat. Diese Information wird aus den Bewertungen der Teilnehmer ermittelt, die den Musiktitel jeweils bezogen haben.

---

[218] Vgl. Mertens 1997.
[219] Vgl. Cayzer/Aickelin 2002, S. 2.
[220] Vgl. Herlocker et al. 2000.

2. Die **Servicequalität** eines Peers adressiert die Fähigkeit des Peers, einen Musiktitel ohne technische Probleme, also unterbrechungsfrei und möglichst schnell zu liefern. Diese Art von Qualität wird nicht durch die Bewertung anderer ermittelt, sondern durch das P2P System gemessen. Indikatoren für die Servicequalität eines Peers können sein: Verfügbare Netzwerkbandbreite, Anzahl anbieterseitig unterbrochener Downloads und Verfügbarkeit.

Informationen über beide Arten von Qualitäten eines Peers sollten nachfragenden Teilnehmern zur Kaufentscheidung angezeigt werden. Mit Hilfe dieser Informationen kann vermutet werden, dass eine „positive Selektion" eintritt, sodass qualitativ minderwertige Peers vom Handel faktisch ausgeschlossen werden.

Distribution privat erstellter Inhalte

Bisher wurde lediglich der Vertrieb professioneller Musiktitel beschrieben, die traditionell durch die großen Label vertrieben werden. Das vorgestellte Geschäftsmodell könnte noch um die Distribution privat produzierter Inhalte erweitert werden. Unbekanntere Künstler hätten so die Möglichkeit, direkt potenzielle Hörer zu erreichen und somit das P2P Netzwerk als kostengünstiges Distributionsmedium zu nutzen. Die Kontrolle über den Privatcontent sollte den jeweiligen Urhebern überlassen werden, die für ihre Werke in eigener Verantwortung den Preis, die Höhe der Provision oder gar die Verfügbarkeit steuern können sollten. Spezielle Bewertungsmechanismen für privaten Content sollten in der Lage sein, die Beliebtheit der Werke so darzustellen, dass durch positive Rückkopplung[221] zunächst unbekannte, aber dennoch viel versprechende Werke und Interpreten öffentlich schnell bekannt werden.

4.5.3 Technische Aspekte des Geschäftsmodells

Im Folgenden werden wichtige technische Aspekte des vorgestellten Geschäftsmodells dargestellt. Dabei wird nur auf die technischen Gesichtspunkte eingegangen, die Spezifika des P2P Netzes betreffen, nicht jedoch auf

---

[221] Vgl. Zerdick 2000, S. 156.

Mechanismen, die bereits bei existierenden (illegalen) Filesharing-Systemen anzutreffen sind. So wird bspw. nicht das Indizieren und Auffinden von Files beschrieben, da dies Grundfunktionalitäten eines P2P Netzes sind, deren technische Lösbarkeit durch die existierenden Systeme hinreichend belegt ist. Da das vorliegende Geschäftsmodell kommerzielle Transaktionen („Content gegen Geld") durchführen muss, sind einfache Downloadmechanismen, wie sie in bisherigen P2P Systemen funktionieren, nicht mehr anwendbar. Aus diesem Grunde wird zunächst beschrieben, wie eine ökonomische Content-Transaktion in einer dezentralen P2P Umgebung geschehen kann, ohne das einer der an der Transaktion teilnehmenden Peers betrogen werden wird. Im Anschluss an die technische Beschreibung einer Transaktion wird diskutiert, inwiefern in den technischen Ablauf des P2P Systems Mechanismen des Digital Rights Management integriert werden können, wenn dies für nötig erachtet wird.

4.5.3.1 Abwicklung einer Transaktion

Es wurden bereits einige Anforderungen definiert, die ein Erfolg versprechendes Geschäftsmodell für die Online-Musikdistribution erfüllen muss. Im Folgenden wird ein entsprechender Transaktionsablauf dargestellt, der sicherstellt, dass

- keine Urheberrechtsverletzungen begangen werden können,
- eine Abrechnung zwischen Anbieter und Nachfrager von Content stattfindet und
- weder Content-Anbieter noch Nachfrager den jeweils anderen hintergehen kann.

Die Transaktion zwischen Anbieter und Nachfrager findet hierbei verschlüsselt statt, zudem wird beiden Akteuren im Konfliktfall die Möglichkeit der Inspektion des getauschten Inhalts gegeben. Der Transaktionsprozess ist hierbei nicht spezifisch für Musik gestaltet, sondern kann für den Austausch jeglicher Medieninhalte genutzt werden.

Die Transaktion umfasst eine ex post Inspektionsmöglichkeit, welche greift, sobald ein Teilnehmer durch einen Transaktionspartner hintergangen wurde. Zur Beschränkung dieser opportunistischen Spielräume kommen generell verschiedene Strategien in Frage, die z.T. auch ex ante Inspektionen jeglicher zu tauschender Inhalte umfassen.[222] Aufgrund der damit verbundenen Netzlast, der notwendigen redundanten Datenhaltung und der resultierenden Nutzeneinschränkung bei ehrlichen Teilnehmern wird eine ex ante Inspektion allerdings hier verworfen.

Zunächst wird die Transaktion für einen Inhalteaustausch zwischen genau zwei Teilnehmern beschrieben. Ohne die beschriebenen Eigenschaften der Transaktion zu beeinträchtigen kann (und muss) dies später um eine Multi-Download-Funktionalität erweitert werden.

4.5.3.1.1 Akteure, Variablen und Funktionen

Als Akteure im folgenden Transaktionsprozess werden der *Anbieter A*, der *Nachfrager N* (als anbietendes bzw. nachfragendes Peer) und der zentrale *Index- und Abrechnungsserver S* genannt.[223]

Der zwischen A und N getauschte Medieninhalt wird mit C bezeichnet. Zudem wird vom Server S für jede Transaktion ein symmetrischer *Schlüssel K* emittiert.

Zur verschlüsselten Übertragung zwischen A und N sowie für verschiedene Funktionen des Servers S werden eine *Hashfunktion H(C)*, eine symmetrische *Verschlüsselungsfunktion $E_K(C)$* sowie eine *Entschlüsselungsfunktion $D_K(C)$* benötigt.[224] $E_K(C)$ und $D_K(C)$ brauchen hierbei den Schlüssel K. S speichert zudem verschiedene Zeitstempel T zur Transaktionsverfolgung (Tabelle 15).

A	Anbieter	K	Schlüssel	T	Zeitstempel
N	Nachfrager	H(C)	Hashfunktion		
S	Server	$E_K(C)$	Verschlüsselungsfunktion		
C	Content	$D_K(C)$	Entschlüsselungsfunktion		

Tabelle 15: **Benötigte Variablen während des Transaktionsprozesses**

Weiterhin wird von folgenden Prämissen ausgegangen:

- **Trusted Third Party:** Der Server S stellt eine Trusted Third Party dar, sodass alle Nutzer S vertrauen.

---

[222] Vgl. Horne/Pinkas/Sander 2001.
[223] Der Server übernimmt auch die Rolle des Inspektors bzw. des Supervisors (s.u.).
[224] Auf die Anwendung eines Public-Key Verfahrens wird verzichtet.

- **Keine Black Box:** Das verwendete Transaktionsprotokoll ist frei zugänglich und kann von Nutzern mit dem Ziel manipuliert werden, den Dienst zu kompromittieren.

Wird im Folgenden davon gesprochen, dass A, N oder S bestimmte Aktionen ausführen, so ist hiermit immer der entsprechende Software-Client (Peer-Software) bzw. eine vom Benutzer u.U. manipulierte Version („Hackerpeer") gemeint.

4.5.3.1.2 Transaktionsvorbereitung und Benutzeranmeldung

Ein neuer Benutzer (A bzw. N) des vorgestellten Systems installiert zunächst die frei erhältliche Clientsoftware (oder Peersoftware), meldet sich am System an und erhält eine eindeutige Zugangskennung. Ebenso richtet der Server S ein Benutzerkonto ein und verbucht (zu einem späteren Zeitpunkt) darauf Einzahlungen. Für alle beim neuen Benutzer vorhandenen (bzw. die von ihm zur Verfügung gestellten) Medieninhaltedateien C werden von der Clientsoftware Hashwerte $H(C)$ generiert und zu S gesandt. S überprüft die Hashwerte anhand einer Liste bekannter und zum Tausch von den entsprechenden Rechteinhabern freigegebener Inhaltedateien bzw. deren Hashwerte $H_{bekannt}(C)$. Damit wird sichergestellt, dass nur jene Inhalte getauscht bzw. in das Angebot aufgenommen werden können, für die eine Freigabe durch Rechteinhaber vorliegt und die mit ihren $H(C)$ bei S registriert sind. Eine zum Benutzer gesandte Information gibt diesem direkt Aufschluss über die zum Tausch freigegebenen Inhaltedateien. Diese Überprüfung kann alternativ bei jedem Anmeldevorgang erneut stattfinden, um Änderungen am Inhaltebestand des Benutzers zu erfassen.

Meldet sich ein Nutzer am System an, um Tauschvorgänge durchzuführen, so nimmt S die beim Nutzer vorhandenen Hashwerte (nach Prüfung der Tauschberechtigung) in das aktuelle Angebot auf und ermöglicht anderen Nutzern damit deren Auffinden.

4.5.3.1.3 Suchanfrage

Anhand vorgehaltener Metadaten sucht N bei S nach interessanten Inhalten C. S liefert als Suchergebnis eine Liste von Tupeln folgenden Inhalts:

{Metadaten zu C; $H(C)$; Name des Anbieters A; weitere Daten, bspw. Bandbreite A, ...}

Bis auf den zusätzlich gelieferten Hashwert H(C) gleicht dieses Ergebnis den in Filesharing-Systemen im Allgemeinen generierten Suchergebnissen. Trotz des N nun bekannten Nutzernamens A wird N ein Direktkontakt zu A mit dem Ziel der Umgehung des Dienstleisters nicht ermöglicht, da As IP-Adresse hier nicht bekannt gegeben wird.

4.5.3.1.4 Inhaltetransfer

N wählt aus dem Suchergebnis ein C und sendet dessen Hashwert H(C) zusammen mit dem Namen des gewünschten Anbieters A an S. S erstellt einen neuen Schlüssel K und sendet diesen mit der Adresse des Zielpeers N an A. Zudem wird von S ein neuer Transaktionsdatensatz mit zunächst folgenden Werten erstellt:

{TransaktionsID; H(C); N; A; K; $T_{Transaktionsbeginn}$}

A verschlüsselt den angeforderten Inhalt C und erzeugt $E_K(C)$ sowie einen Hashwert des verschlüsselten Inhalts $H_A(E_K(C))$. A liefert $E_K(C)$ an N und $H_A(E_K(C))$ an S. N erhält folglich $E_K(C)$ und erstellt daraus $H_N(E_K(C))$. Somit ist N zunächst im Besitz des verschlüsselten Inhalts und benötigt den entsprechenden Schlüssel von S. N liefert $H_N(E_K(C))$ an S und fordert damit K an. S vergleicht daraufhin $H_A(E_K(C))$ mit $H_N(E_K(C))$. An dieser Stelle findet zunächst eine erste Fallunterscheidung bei S statt.

Vorhandene Transaktionsdaten bei S:

{TransaktionsID; H(C); N; A; K; $T_{Transaktionsbeginn}$; $T_{Schlüsselanforderung}$; $H_A(E_K(C))$; $H_N(E_K(C))$}

Vorhandene Transaktionsdaten bei A:

{C; H(C); N; $E_K(C)$; $H_A(E_K(C))$}

Vorhandene Transaktionsdaten bei N:

{H(C); A; $E_K(C)$; $H_N(E_K(C))$}

4 Peer-to-Peer basierte Märkte und Geschäftsmodelle für digitale Güter

Fallunterscheidung bei S:

1. Fall: $H_A(E_K(C)) <> H_N(E_K(C))$
Zustand:
A hat hiermit entweder einen falschen Inhalt (d.h. nicht jenen, dessen $H_A(E_K(C))$ ursprünglich an S gesandt wurde) geliefert oder N gibt vor, einen falschen Inhalt empfangen zu haben und will nicht zahlen.

Aktion:
S zieht zunächst die fällige Gebühr von N ein, verbucht diese aber nicht auf As Konto. A oder N oder beide werden demnach eine Inspektion anstoßen, und zwar:

- A, weil der korrekte Inhalt geliefert wurde, aber keine Vergütung erfolgt.
- N, weil der Hashwert des empfangenen verschlüsselten Inhalts an S geliefert wurde, aber S keinen Schlüssel sendet und dennoch die Gebühr abbucht.

Der Ablauf der Inspektion wird an späterer Stelle geschildert. Ihr Ergebnis ist, dass entweder N überführt wird, die Gebühr zahlen muss und eine Sanktion erfährt (bspw. durch zeitbegrenzten Ausschluss vom System oder eine negative Bewertung) oder A überführt wird, keine Vergütung erhält und eine Sanktion erfährt.

2. Fall: $H_A(E_K(C)) = H_N(E_K(C))$
Zustand:
N hat den von A gesandten Inhalt korrekt bekommen und fordert für diesen den Schlüssel K an. Hierbei ist noch nicht sichergestellt, dass A auch tatsächlich den ursprünglich vereinbarten Inhalt verschlüsselt und verschickt hat – dies ist im nächsten Schritt zu prüfen.

Aktion:
S nimmt die notwendige Verbuchung vor und sendet K an N. N ermittelt den Originalinhalt $D_K(E_K(C))$ sowie dessen Hashwert $H(D_K(E_K(C)))$, den er mit dem noch vom Beginn der Transaktion bekannten Hashwert $H(C)$ vergleicht. Im Folgenden ist damit eine Fallunterscheidung bei N zu betrachten:

Fallunterscheidung bei N:

1. Fall: $H(D_K(E_K(C))) = H(C)$
Zustand:
Der empfangene Inhalt entspricht dem vereinbarten Inhalt.
Aktion:
Die Transaktion ist beendet. Die Verbuchung hat bereits stattgefunden.

2. Fall: $H(D_K(E_K(C))) <> H(C)$
Zustand:
Der von A an N gelieferte Content entspricht – laut Feststellung von N – nicht dem zuvor vereinbarten Content. Damit hat entweder A tatsächlich einen falschen Content geliefert oder N gibt dies vor.

Aktion:
N wird, falls A tatsächlich einen falschen Content geliefert hat, eine Inspektion anstoßen. Falls N lediglich vorgeben möchte, A hätte falsch geliefert, so würde eine Inspektion dies aufdecken und N wird demnach nichts unternehmen. Die Verbuchung bleibt damit bestehen. N stößt somit nur dann eine Inspektion an, wenn er tatsächlich von A hintergangen wurde. Der Inspektionsablauf wird im Folgenden dargestellt.

Ablauf der ex post Inspektion
Der Ablauf der Inspektion unterscheidet sich geringfügig in Abhängigkeit davon, ob sie von A oder N angestoßen wurde. Zunächst wird der Ablauf für zweiteren Fall dargestellt:

1. Fall: Inspektion von N angestoßen
N sendet den von A erhaltenen verschlüsselten Content $E_K(C)$ an S. Da dieser Schritt größte Netzlast bzw. größten Zeitaufwand sowohl bei S^{225} als auch – insbesondere – bei dem i.d.R. mit schmalbandigem Uploadkanal ausgestatteten N verursacht, wird N nur bei gutem Grunde eine Inspektion veranlassen.
N könnte an dieser Stelle versuchen, mit Hilfe des nun vorhandenen K einen anderen als den von A erhaltenen Content $E_K(C)$, bspw. $E_K(C')$, an S zu

---

[225] Kumuliert über alle Inspektionsgesuche.

4 Peer-to-Peer basierte Märkte und Geschäftsmodelle für digitale Güter

senden und damit ein Fehlverhalten von A zu behaupten. Dieses würde allerdings von S schnell aufzudecken sein, da S noch über den zuvor von N zugesandten Hashwert $H_N(E_K(C))$ verfügt und dieser mit $H_S(E_K(C'))$ nicht identisch ist.

S berechnet demnach anhand des von N gesandten C $H_S(E_K(C))$ und leitet eine Fallunterscheidung ein.

Fallunterscheidung bei S:

1. Fall $H_N(E_K(C)) <> H_S(E_K(C))$
Zustand:
N hat einen Content zur Inspektion gegeben, der nicht mit jenem identisch ist, für den zuvor der Schlüssel K angefordert wurde.
Aktion:
Die bereits vorgenommene Buchung bleibt bestehen. N wird durch S sanktioniert.

2. Fall $H_N(E_K(C)) = H_S(E_K(C))$
Zustand:
N hat jenen Content zur Inspektion gegeben, für den zuvor der Schlüssel K angefordert wurde.

Aktion:
S berechnet zunächst den Hashwert $H_S(D_K(E_K(C)))$ und vergleicht diesen mit $H_{bekannt}(C)$ vom Beginn der Transaktion. Es findet eine weitere Fallunterscheidung statt.

Fallunterscheidung bei S:

1. Fall: $H_S(D_K(E_K(C))) = H_{bekannt}(C)$
Zustand:
A hat den vereinbarten Inhalt an N geschickt, N will allerdings nicht zahlen und gibt diesen zur Inspektion. Die Verbuchung bleibt bestehen. N wird durch S sanktioniert.

2. Fall: $H_S(D_K(E_K(C))) <> H_{bekannt}(C)$

A hat nicht den vereinbarten Inhalt an N geschickt. A wird durch S sanktioniert. Die bereits vorgenommene Buchung kann revidiert werden oder bestehen bleiben. Bleibt sie bestehen, so kann im nächsten Schritt der korrekte Inhalt von S an N geliefert werden, wobei die entrichtete Gebühr komplett bei S verbleibt. Alternativ kann mit dem Transfer des Inhalts ein anderer Anbieter A beauftragt werden, ein Teil des Transaktionsprozesses wird damit – beginnend mit der Erstellung eines neuen Schlüssels durch S – erneut angestoßen. Die von N zuvor entrichtete Gebühr wird nach dessen erfolgreichem Abschluss schließlich dem neuen A gutgeschrieben.

Letztlich ist der Fall zu untersuchen, dass A die Inspektion des an N gesandten Inhalts anstößt. Dieser unterscheidet sich nur in Details von der durch N initiierten Inspektion, es wird nur auf diese Details ausführlicher eingegangen.

2. Fall: Inspektion von A angestoßen

A sendet den bei ihm noch vorhandenen Content $E_K(C)$ an S. Analog der durch N angestoßenen Inspektion könnte auch A nun betrügen und den zuvor vereinbarten Content mit K verschlüsselt an S senden. Allerdings kann dies auch hier S anhand des vom Transaktionsbeginn noch bekannten $H(E_K(C))$ überprüft werden.

S berechnet den Hashwert $H_S(E_K(C))$ und vergleicht diesen mit dem zu Transaktionsbeginn von A an S übersandten $H_A(E_K(C))$.

Fallunterscheidung bei S:

1. Fall: $H_S(E_K(C)) <> H_A(E_K(C))$

Zustand:
A hat nicht jenen Content zur Inspektion gesandt, den er zu Transaktionsbeginn vorgab an N zu senden.

4 Peer-to-Peer basierte Märkte und Geschäftsmodelle für digitale Güter 145

Aktion:
Die Verbuchung wird revidiert und A wird von S sanktioniert. Das weitere Vorgehen gestaltet sich analog des für die Sanktion von A beschriebenen Vorgehens bei der durch N angestoßenen Inspektion (s.o.).

2. Fall: $H_S(E_K(C)) = H_A(E_K(C))$

Zustand:
A hat den gleichen Content zur Inspektion geschickt, den er zu Transaktionsbeginn vorgab an N zu senden.

Aktion:
Es ist nun zu prüfen, ob das auch tatsächlich der zuvor vereinbarte Content C war. S berechnet $H_S(D_K(E_K(C)))$ und vergleicht dies mit $H_{bekannt}(C)$. Die folgende Fallunterscheidung gleicht der im Falle der durch N angestoßenen Inspektion – mit dem Unterschied, dass hier der von A gesandte Inhalt geprüft wird (s.o.). Im Ergebnis findet entweder eine Sanktion von A oder von N statt. Abbildung 46 visualisiert zusammenfassend den Ablauf einer Transaktion.

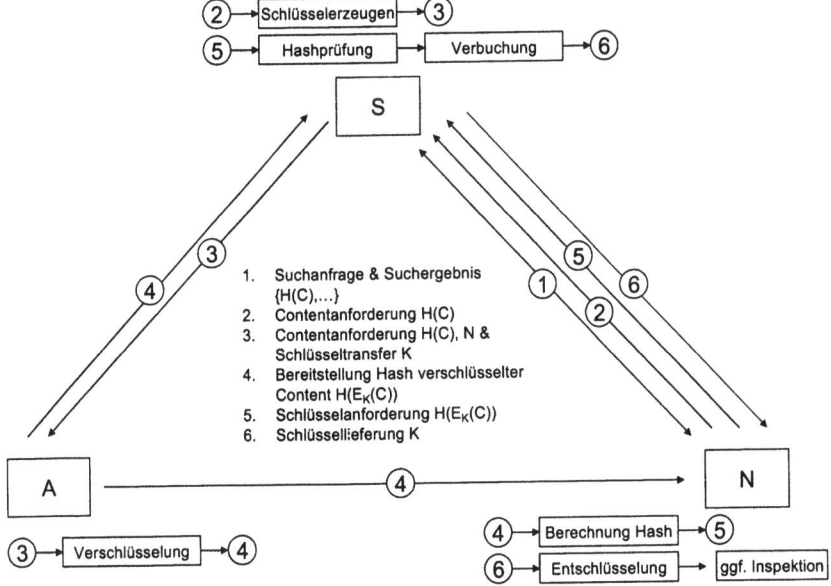

Abbildung 46: Ablauf einer sicheren kommerziellen Content-Transaktion

4.5.3.1.5 Missbrauch des Systems

4.5.3.1.5.1 Anriffsszenarien

Der beschriebene Transaktionsablauf ist derart aufgebaut, dass ein betrügender Nutzer gegenüber einem ehrlichen Nutzer stets aufgedeckt werden kann. Folgende Szenarien sollen dieses zusammenfassend darstellen:

Ehrlicher Nachfrager, betrügerischer Anbieter	Situation: A will N einen falschen Content liefern und dafür bezahlt werden: N lässt sich den Schlüssel von S geben und bezahlt. Nach dem Entschlüsseln stellt sich der Hashwert der entschlüsselten Datei als unterschiedlich zum Hashwert der angeforderten Datei heraus. N stößt eine Inspektion an, die A als Betrüger entlarvt.
Betrügerischer Nachfrager, ehrlicher Anbieter	Situation: N will den Content beziehen, ohne ihn bezahlen zu wollen. N holt den Schlüssel von S ab und gibt dann vor, einen falschen Content bekommen zu haben. A kann daraufhin die Inspektion anstoßen. Die Inspektion wird dann ergeben, dass N lügt.
Betrügerischer Nachfrager, betrügerischer Anbieter	Situation: A will N den Content kostenlos geben und übermittelt den Schlüssel K gleich mit oder schickt den Content gleich im Klartext (wie in illegalen Filesharing-Systemen) N liegt dann der Content im Klartext vor, ohne den Schlüssel K von S abholen zu müssen. Für den Server S bedeutet das Nichtabholen des Schlüssels entweder, dass beide Peers Betrüger sind oder mindestens eines der Peers „abgestürzt" ist und die Transaktion abgebrochen wurde. S muss solche Fälle notieren und anhand weiterer Transaktionen des Peers einschätzen, ob es sich um einen unvorhergesehenen Absturz handelt oder um ein „Betrugspärchen". Zufällige Abstürze lassen sich von Betrugsvorgängen statistisch unterscheiden.

Tabelle 16: **Angriffsszenarien einer Content-Transaktion**

4.5.3.1.5.2 Sanktionen

Im vorigen Abschnitt wurde als Ergebnis einer Inspektion des getauschten Inhalts eine Sanktion des jeweils betrügenden Teilnehmers initiiert, dort aber nicht weiter beschrieben. Die Möglichkeiten einer Sanktion sollen daher im Folgenden knapp diskutiert werden.

- **Ausschluss vom Netz.** Wenn aufgrund der Inspektion zu oft festgestellt wurde, dass ein bestimmter Teilnehmer Betrugsversuche unternommen hat, so wäre denkbar, einfach seine Nutzerregistierung zu annullieren. Persistente Betrugsversuche wären insofern erschwert.

- **Negative Bewertung.** Eine weitere Möglichkeit einer Bestrafung betrügerischer Benutzer wäre das „Markieren" des Nutzers mit einer negativen Bewertung. Dies wäre gegenüber dem Ausschluss eine „sanftere" Lösung, da ein Nutzer nicht „hinausgeworfen", sondern durch eine negative Bewertung lediglich von anderen Nutzern gemieden würde. Solcherlei Sanktionsmechanismen finden sich z.B. auch beim Online-Auktionshaus eBay.

- **Strafzahlung.** Bei Fehlverhalten wäre es auch denkbar, den betrügenden Nutzer monetär zu bestrafen, soweit sein Nutzerkonto noch Geldeinheiten aufweist.

4.5.3.2 Integration von Digital Rights Management

Bisher wurde die Content-Transaktion technisch beschrieben, ohne die Integration von Digital Rights Management zu diskutieren. Zwar wurde Eingangs erwähnt, dass das Verwenden von Digital Rights Management aufgrund der Anreize durch die Provision von untergeordneter Relevanz ist, jedoch soll an dieser Stelle trotzdem diskutiert werden, inwiefern Digital Rights Management zum Zuge kommen könnte. Grundsätzlich kann der technische Prozess der Transaktionsabwicklung selbst bereits als eine Art DRM System verstanden werden, da hier – zumindest während des Dateitransfers – auf kryptographische Methoden zurück gegriffen wurde. An dieser Stelle soll jedoch erst von DRM gesprochen werden, sobald der Konsument nach der Transaktion die Musiktitel in keinem freien Format vorliegen hat (z.B. MP3).

Sollen die Musiktitel nicht in freien Formaten auf dem Speichermedium des Nutzers abgelegt werden, so muss die Peersoftware auch die Rolle einer Container-Applikation (siehe oben) übernehmen, die die Musikfiles verschlüsselt ablegt. Da während der Transaktion für jeden Dateitransfer ohnehin ein Sitzungsschlüssel K generiert wurde, könnte die Datei nach der Transaktion verschlüsselt auf dem Rechner des Nutzers verbleiben. Insofern könnte eine *Trennung von verschlüsselter Datei und Schlüssel* einen ersten Schutz vor Missbrauch bieten. Allerdings bleibt die Frage offen, inwiefern die Schlüssel selbst vor unberechtigtem Zugriff geschützt werden können. Der

Schutz der Schlüssel könnte bspw. derart implementiert werden, so dass die Datei mit den Schlüsseln wiederum chiffriert wird mit einem weiteren Schlüssel, der in der Binärdarstellung der Container-Applikation – also im Quellcode – untergebracht ist. Damit nicht das ganze System kompromittiert werden kann, wenn der Schlüssel in der Container-Applikation durch Angreifer offen gelegt wird, sollte jede ausgelieferte Container-Applikation einen individuellen Schlüssel besitzen. Dies hätte allerdings zur Folge, dass der Quellcode bzw. Binärcode jeder Container-Applikation leicht unterschiedlich ist. Außerdem ließen sich aufgrund der Verschlüsselung der Musikdateien keine Hashwerte zur einfachen Identifikation zwecks Auffindens von Dateien im P2P Netzwerk anwenden. Dieses Problem könnte jedoch mit einigem Implementierungsaufwand gelöst werden. Letztendlich ließen sich verschiedenste Digital Rights Management Möglichkeiten in das P2P System integrieren.

4.5.4 Ökonomische Analyse des Geschäftsmodells

Die ökonomische Beurteilung des vorgestellten P2P Geschäftsmodells erfolgt unter Beachtung der Spezifika dieses Geschäftsmodells. Insbesondere können zwei relevante Spezifika als Ausgangspunkt für eine Bewertung herangezogen werden.

Bisherige Geschäftsmodelle wie die des Music Service Providers oder das Napster-Geschäftsmodell müssen sich gegen freie Filesharing-Systeme durchsetzen. Ein Grundproblem besteht also darin, Anreize für die Partizipation an einem kostenpflichtigen Dienst zu setzen. Um die Anreize des vorgestellten Geschäftsmodells zu untersuchen, bietet sich eine Bewertung aus Sichtweise der Principal-Agent-Theorie an.

P2P Systeme, ob kommerziell oder frei, beziehen in erster Linie ihren Wert aus der Anzahl der Teilnehmer, da mit der Anzahl der Teilnehmer die Angebotsbreite korreliert. Das Wachstum der Teilnehmerzahlen eines P2P Systems kann mit Hilfe von Netzwerkeffekten erklärt werden. Eine ökonomische Beurteilung muss insofern auch aus der Sicht dieses Phänomens erfolgen.

4.5.4.1 Analyse der Anreizstruktur

Wie bereits dargelegt, stellen die Teilnehmer am P2P Netzwerk immer auch eine Art Zwischenhändler dar. Es stellt sich somit die Frage, wie man die Gewinnaussichten eines Teilnehmers analysieren kann. So kann nicht jeder Teilnehmer einen Musiktitel so häufig weiterverteilen, dass er den Kaufpreis, den er selbst bezahlen musste, kompensieren kann. Teilnehmer, die den Titel vergleichsweise spät anbieten, treffen auf einen zunehmend gesättigten Markt. Im Folgenden wird die Principal-Agent-Theorie aufgegriffen, um das vorliegende Erlös- bzw. Anreizschema zu analysieren.

4.5.4.1.1 Analogien zur Principal-Agent-Theorie

Das Funktionieren des vorgestellten Geschäftsmodells basiert auf der Einführung eines ökonomischen Anreizsystems für die Teilnehmer. Dieses Anreizsystem kann mit Methoden, wie sie auch in der Principal-Agent Theorie[226] Verwendung finden, untersucht werden. Im vorliegenden Fall wird der Urheber als Principal aufgefasst und die am Geschäftsmodell Teilnehmenden stellen die Agents dar.

Die interessante Frage dabei ist, warum das vorgestellte Geschäftsmodell eine bessere Anreizstruktur aufweist als bisherige Geschäftsmodelle. Für den Vergleich von existierenden kommerziellen Geschäftsmodellen und kostenlosen Filesharing-Systemen kann hierbei zunächst festgestellt werden, dass kostenlose Systeme in jedem Falle einen höheren Nutzen für den Konsumenten aufweisen und dieser somit keine Anreize zur Teilnahme an bestehenden kommerziellen Angeboten hat.[227] Somit ist ein Vergleich der Anreizstrukturen bei kostenlosen Systemen mit denen im hier vorgeschlagenen Geschäftsmodell ausreichend. Der Teilnahmeanreiz eines kostenlosen Systems stellt sich durch den Nutzen der dort zu beziehenden Musik (im Folgenden repräsentiert durch u) dar. Der Nutzen u eines Musiktitels wird dabei in beiden Modellen als äquivalent angenommen und ist somit unabhängig von seiner Herkunft (ob aus dem kommerziellen System oder einer illegalen Filesharingbörse). Demgegenüber tritt neben dem Nutzen der Musik im hier vorgestellten Modell zusätzlich ein ökonomischer Nutzen in Erscheinung, der als Differenz möglicher Veräußerungserlöse und dem Kaufpreis p entsteht. Jene Veräußerungserlöse ergeben sich als Produkt von Veräußerungspreis p, der Anzahl Veräußerungen m und der Veräußerungsprovision α.

Somit ergibt sich als eine Art Partizipationsbedingung:[228]

(25) $\quad \alpha m p - p + u \geq u \Leftrightarrow \alpha m \geq 1$

---

[226] Vgl. Picot/Reichwald/Wigand 2001, S. 56ff.
[227] Vgl. Gehrke/Anding/Schumann 2002.
[228] Vgl. Gehrke/Anding/Schumann 2002.

Im Ergebnis muss das Produkt α*m mindestens gleich eins sein, damit Teilnehmer das vorgeschlagene Modell einem kostenlosen Filesharing-System vorziehen.

4.5.4.1.2 Modellrahmen

Im letzten Abschnitt wurde die Partizipationsbedingung in Analogie zur Principal-Agent-Theorie abgeleitet. An dieser Stelle muss betont werden, dass diese Partizipationsbedingung nur für eine Entscheidung zwischen kostenlosen Systemen und dem vorgeschlagenen Modell gilt. Würde nur das vorgeschlagene Modell zur Auswahl stehen und eine Entscheidung nur bzgl. Teilnahme oder Nichtteilnahme zu treffen sein, so wäre die Partizipationsbedingung wie folgt:

(26) $\quad \alpha m p - p + u \geq 0 \Leftrightarrow \alpha m p + u \geq p$

In der Ausgangssituation ist jedoch lediglich Gleichung (25) von Bedeutung, da real existierende kostenlose Systeme zunächst einbezogen werden müssen. Es muss demnach ein Wechsel der Teilnehmer von kostenlosen Systemen zum vorgeschlagenen Modell induziert werden. Empirische Erhebungen haben gezeigt, dass der Anteil von Anbietern und Nachfragern in Filesharing-Systemen asymmetrisch ausgeprägt ist. Die überwiegende Anzahl der Teilnehmer fragt lediglich Dateien nach, während die Zahl der Anbieter i.d.R. oftmals sehr gering (ca. 5%) ist.[229] Diesen geringen Anteil der Anbieter gilt es, zu einem Wechsel zum vorgeschlagenen Modell zu bewegen. Dies hat letztlich auch einen Wechsel sämtlicher Nachfrager zur Folge.

Eine wesentliche Rolle für einen ökonomisch orientierten Teilnehmer spielt somit die erwartete Anzahl an Uploads m. Unterstellt man einen risikoneutralen Teilnehmer, so wird dieser für m den Erwartungswert bilden müssen. Es stellt sich insofern die Frage, wie dieser Erwartungswert ermittelt werden kann. Hierfür wird im Folgenden ein Modellrahmen entwickelt, der diese Fragestellung beantworten kann.

Zu Beginn der Analyse muss eine Prämisse bezüglich der zeitlichen Verteilung eines Musiktitels gemacht werden. Die Funktion U(t) beschreibe deshalb die Anzahl der Peers, die zum Zeitpunkt t den Musiktitel besitzen und zum Download für andere anbieten. Hier muss erwähnt werden, dass U(t) streng ge-

---

[229] Vgl. Adar/Hubermann 2000.

4 Peer-to-Peer basierte Märkte und Geschäftsmodelle für digitale Güter

nommen weiterhin vom Preis des Musiktitels abhängt, sodass insofern U(t,p) notiert werden müsste. Dabei ist p als Parameter zu interpretieren. Für die Analyse des Anreizsystems jedoch ist der Preis irrelevant, weil die Analyse lediglich relative Aussagen macht, und somit der Preis herausgekürzt wird. Jedoch sollte beachtet werden, dass der Preis für den Umsatz eines Musiktitels wichtig ist. Aus statistischer Sicht entspricht U(t) einer Verteilungsfunktion. Die Verteilungsfunktion U(t) modelliert dabei die Verbreitung eines Musiktitels unter denjenigen Teilnehmern, die am Musiktitel interessiert sind. Sie bezieht sich also nicht auf alle registrierten Teilnehmer im P2P Netzwerk. Die Ableitung von U(t) entspricht einem infinitesimalen Zuwachs der Peers, die den Musiktitel besitzen. Dieser Zuwachs speist sich durch das Angebot bereits besitzender Peers. Unterstellt man, dass die zuwachsenden Peers keine Downloadpräferenzen für bestimmte Peers haben, so ist für jedes Peer, das den Musiktitel bereits besitzt, der Upload gleich wahrscheinlich. Jedes bereits besitzende Peer kann insofern im Zeitpunkt t

(27) $$m(t) = \frac{\dot{U}(t)}{U(t)}$$

Uploads erwarten. m(t) entspricht den Uploads im Zeitpunkt t.
Die zuwachsenden Peers $\dot{U}(t)$ teilen sich also gleichmäßig auf die bereits existierenden besitzenden Peers auf. Eine Zeitpunktbetrachtung greift jedoch zu kurz. Interessanter ist die Fragestellung, wie viele Uploads ein Peer erwarten kann, wenn es ab einem bestimmten Zeitpunkt t den Musiktitel zum Download anbietet. Somit sind alle Uploads eines Peers über die gesamte Zeit zu aggregieren:

(28) $$m = \int_{t_0}^{\infty} \frac{\dot{U}(t)}{U(t)} dt$$

m entspricht der Anzahl der zu erwartenden Uploads eines Peers, wenn es den Musiktitel ab dem Zeitpunkt t_0 zur Verfügung stellt.
Ein ökonomisch orientierter Teilnehmer generiert gemäß der Bedingung (25) einen positiven Gewinn, wenn gilt:

(29) $\quad \alpha m \geq 1 \Leftrightarrow \alpha \cdot \int_{t_0}^{\infty} \frac{\dot{U}(t)}{U(t)} dt \geq 1$

Da für den Teilnehmer bis auf den „Einstiegszeitpunkt" t_0 des Anbietens des Musiktitels alle anderen Parameter exogen sind, ist es für ihn von Interesse, den kritischen Zeitpunkt zu kennen, an dem $\alpha m = 1$ gilt. Diese Bedingung kennzeichnet insofern den kritischen Break-Even Zeitpunkt. Die Beteiligungsquote α wird aus Vereinfachungsgründen im Rahmen der weiteren Analyse konstant gehalten und hängt nicht von der Zeit ab.

Eine allgemeinere Gleichung als (29) erhält man, wenn nicht nur der kritische Zeitpunkt betrachtet wird, an welchem der Break-Even erreicht wird, sondern eine beliebige Verlust- bzw. Gewinnsituation. Gleichung (29) kann insofern wie folgt verallgemeinert werden:

(30) $\quad \alpha m \geq k \Leftrightarrow \alpha \cdot \int_{t_0}^{\infty} \frac{\dot{U}(t)}{U(t)} dt \geq k$

k entspricht dabei dem zu betrachtenden Gewinn bzw. Verlustniveau. Ein Wert von k=1 bedeutet, dass der Teilnehmer weder Gewinn noch Verlust macht (ökonomische Partizipationsgrenze). Ein Wert von k=2 hingegen bedeutet einen Gewinn von 100% (der Teilnehmer erhält doppelt soviel zurück als er für den Kaufpreis aufgewendet hat). An Gleichung (30) kann man die Irrelevanz des Preises sehen. Geht man davon aus, dass der Preis die obere Asymptote der Verteilungsfunktion verschiebt, so kürzt sich der Preis weg:

(30.5) $\quad \alpha m \geq k \Leftrightarrow \alpha \cdot \int_{t_0}^{\infty} \frac{p \cdot \dot{U}(t)}{p \cdot U(t)} dt \geq k$

4.5.4.1.3 Modellinferenz

Gleichung (30) bietet den allgemeinen Modellrahmen. Ausgehend von diesem Modellrahmen können folgende Fragestellungen bearbeitet werden:

1. Das Modell kann beantworten, wann ein Nutzer im Mittel mit der Bereitstellung eines Musiktitels spätestens beginnen muss, um mindestens ein bestimmtes Verlust- bzw. Gewinnniveau zu erreichen.

4 Peer-to-Peer basierte Märkte und Geschäftsmodelle für digitale Güter

2. Aufbauend auf Fragestellung (1) kann abgeleitet werden, welcher Anteil der betreffenden ersten Teilnehmer einen ökonomischen Gewinn erzielen bzw. ein vorgegebenes Verlust- bzw. Gewinnniveau erreichen. Hierbei spielt die Beteiligungsquote α eine wesentliche Rolle. Das Festlegen von α ist für den Infrastrukturbetreiber insofern wichtig, als dass die Höhe der Provision etwaige illegale Anbieter in bisherigen freien Filesharing Systemen dazu bewegt, ihr Angebot in das kommerzielle P2P Netzwerk „umzulenken". α muss nun so festgelegt werden, dass die „kritische Masse" an Anbietern am kommerziellen P2P Netzwerk partizipiert.

Aussagen über den kritischen Zeitpunkt bzw. über den Anteil der Teilnehmer, die einen positiven Gewinn erhalten, sind jedoch erst möglich, wenn für U(t) eine konkrete Funktion angenommen wird. Um die Analyse nicht auf eine bestimmte Verlaufsform von U(t) einzuschränken, werden folgend verschiedene Szenarien untersucht. Tabelle 17 stellt die Szenarien und die damit verbundenen Verlaufsformen von U(t) dar.

Szenariobezeichnung	Verlauf / Verteilung	Funktion
„schnelle Konvergenz"	Exponentialverteilung	$U(t) = 1 - e^{-\lambda t}$
„S-Shaped"	Logistische Verteilung	$U(t) = \dfrac{1}{1+e^{-\lambda t}}$
„konstanter Absatz"	Gleichverteilung	$U(t) = bt \ \forall t = 0 \ldots \dfrac{1}{b}$

Tabelle 17: **Szenarien der zeitlichen Verteilung eines Musiktitels im P2P Netz**

Mit dem Szenario der „schnellen Konvergenz" könnte man eine Situation identifizieren, in dem sich ein Musiktitel „ohne Ernüchterung" verbreitet (Exponentialverteilung[230]). Vorstellbar wäre, dass sich ein Hit in dieser Form verbreitet. Beim zweiten Szenario „S-Shaped" verläuft die Verbreitung zunächst schleppend, dann jedoch steigt die Verbreitungsgeschwindigkeit an (logistische Verteilung[231]). Dieser Fall könnte einen Musiktitel darstellen, der nicht einem Hit entspricht, da die anfängliche Verbreitung recht zurückhaltend verläuft. Im Szenario „konstanter Absatz" verändert sich die Verbreitungsge-

---

[230] Vgl. Bamberg/Baur 1996, S. 107.
[231] Vgl. Schlittgen 1996, S. 103.

schwindigkeit nicht, bis der gesamte Markt gesättigt ist (Gleichverteilung[232]). Das Szenario ist vermutlich wenig realitätsnah, soll jedoch aus Gründen der Vergleichbarkeit auch berücksichtigt werden.

Wenn der kritische Zeitpunkt bekannt ist, kann auf den Anteil der Teilnehmer geschlossen werden, die mindestens das betrachtete Gewinn- bzw. Verlustniveau erreichen werden. Diese Fragestellung soll für die unterschiedlichen Szenarien beantwortet werden. Die analytische Herleitung wird jedoch auf das Szenario „schnelle Konvergenz" beschränkt.

Es ist in diesem Fall gemäß Gleichung (30):

$$(30) \quad \alpha \cdot \int_{t_{krit}}^{\infty} \frac{\dot{U}(t)}{U(t)} dt = k \Leftrightarrow \alpha \cdot \int_{t_{krit}}^{\infty} \frac{\lambda e^{-\lambda t}}{1 - e^{-\lambda t}} dt = k$$

Löst man den Integralausdruck in (30) und setzt man die Grenzen ein, so ergibt sich:

$$(31) \quad -\alpha \cdot \ln\left(1 - e^{-\lambda t_{krit}}\right) = k$$

nach einigen Umformungen folgt für den kritischen Zeitpunkt:

$$(32) \quad t_{krit} = -\frac{\ln\left(1 - e^{-\frac{k}{\alpha}}\right)}{\lambda}$$

Alle Teilnehmer, die erst nach dem kritischen Zeitpunkt den Musiktitel zur Verfügung stellen, können im Mittel das durch k determinierte Gewinn- bzw. Verlustniveau nicht mehr erreichen.

Die eigentlich interessante Frage ist jedoch, wie groß der Anteil derer ist, die das durch k determinierte Gewinn- bzw. Verlustniveau mindestens erreichen. Setzt man den kritischen Zeitpunkt aus (32) in die Ausgangsverbreitungsfunktion $U(t) = 1 - e^{-\lambda t}$ ein, so ergibt sich folgender Anteil:

$$(33) \quad A = e^{-\frac{k}{\alpha}}$$

---

[232] Vgl. Bamberg/Baur 1996, S. 106.

4 Peer-to-Peer basierte Märkte und Geschäftsmodelle für digitale Güter 155

A entspricht dem Anteil der Teilnehmer, die das durch k vorgegebene Niveau mindestens erwirtschaften. Dieses Ergebnis ist insofern interessant, als dass es unabhängig von der Ausprägung der anfänglichen Exponentialverteilung ist (der Scharparameter λ hat keinen Einfluss auf den Anteil). Dies hat den Vorteil, dass eine empirische Erhebung über den tatsächlichen Verlauf der Exponentialverteilung nicht notwendig ist, solange eine Exponentialverteilung generell unterstellt werden kann. Setzt man k=1, so sagt (33) aus, wie groß der Anteil derer ist, die keinen Verlust machen und im Umkehrschluss Gewinner sind. Somit kann ausgesagt werden, wie groß der Anteil der Gewinner maximal sein kann. Dies ist der Fall, wenn die Provision 100% (α=1) beträgt und somit dem Infrastrukturbetreiber und Urheber kein Umsatz mehr übrig bleibt. In diesem Fall beträgt der Anteil der Gewinner (k>=1) 36,76%. Knapp über ein drittel der Teilnehmer kann insofern höchstens auf der Gewinnerseite stehen. Abbildung 47 zeigt den Anteil der Gewinner in Abhängigkeit der Beteiligungsquote α:

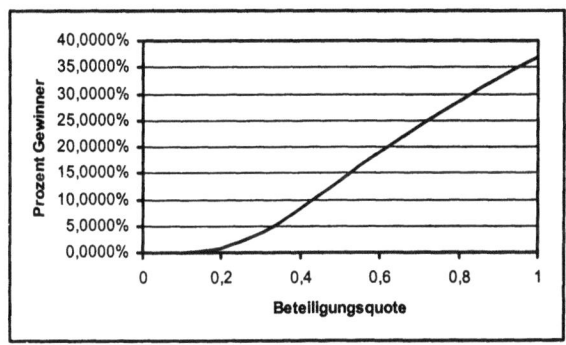

Abbildung 47: Anteil der Gewinner in Abhängigkeit der Beteiligungsquote (k=1)

Eine Darstellung der Verteilung von Gewinnen und Verlusten ist möglich, wenn die Beteiligungsquote α fixiert und das Gewinn- bzw. Verlustniveau als exogen betrachtet wird. Abbildung 48 zeigt, welcher Anteil der Teilnehmer mindestens ein bestimmtes Gewinn- bzw. Verlustniveau erreicht. Ein Wert von k=1 stellt die Situation dar, dass zumindest kein Verlust eintritt.

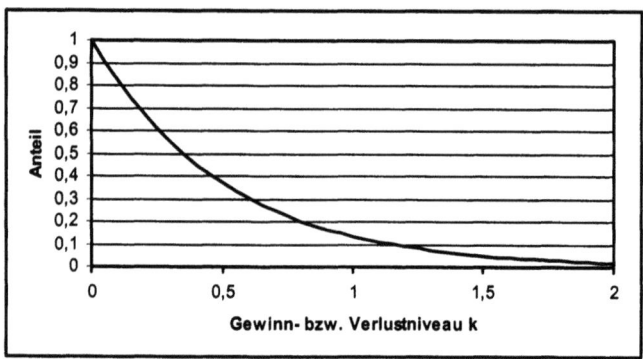

Abbildung 48: Anteil derer, die ein bestimmtes Mindestniveau an Gewinn bzw. Verlust bei einer Beteiligungsquote von 50% erreichen (α=0,5)

Obige Ergebnisse wurden für den Fall des Szenarios „schnelle Konvergenz" hergeleitet, bei dem eine Exponentialfunktion als Verbreitungsschema unterstellt wurde. Führt man dieselbe Analyse in den beiden anderen Szenarien mit den entsprechend anderen Verbreitungsfunktionen durch, so ergibt sich überraschenderweise dasselbe Ergebnis bezüglich des Anteils wie in Gleichung (33). Bei allen drei Szenarien ergibt sich stets als Anteil derer, die mindestens ein Gewinn- bzw. Verlustniveau k bei einer Beteiligungsquote von α erwirtschaften, der Zusammenhang (33):

(33) $$A = e^{-\frac{k}{\alpha}}$$

Dieses zentrale Ergebnis ist insofern robust gegenüber der Annahme der Verbreitungsfunktion. Ohne den mathematischen Beweis anzutreten, kann somit die Wahl einer beliebigen Verbreitungsfunktion unabhängig von dem Ergebnis (33) vermutet werden.

4.5.4.2 Wirkung auf illegale Peer-to-Peer Tauschbörsen

Die vorhergehende Analyse hat untersucht, welcher Anteil der Teilnehmer ein vorgegebenes Verlust- bzw. Gewinnniveau erreicht. Zentrale Frage muss an dieser Stelle sein, wie die Beteiligungsquote α vom Infrastrukturbetreiber bzw. vom Rechteinhaber festgelegt werden sollte. Die Anreizwirkung im vorgestellten P2P Geschäftsmodell zielt letztendlich darauf ab, dass die illegalen Anbieter von Musiktiteln in bisher freien Filesharing Tauschbörsen durch den

4 Peer-to-Peer basierte Märkte und Geschäftsmodelle für digitale Güter

ökonomischen Anreiz aufgrund des „Zwischenhändlerstatus" dazu bewegt werden, ihre Musiktitel im kommerziellen System anzubieten. Als Anhaltspunkt für die Bestimmung der Beteiligungsquote α kann der Anteil der Teilnehmer gesehen werden, die in bisher freien Filesharing Tauschbörsen Anbieter des betrachteten Musiktitels sind. Überzeugt man diesen Anteil der Teilnehmer, ihre Musiktitel im kommerziellen Modell anzubieten, so wird damit den freien Filesharing Tauschbörsen das Angebot entzogen. Die Frage, wie hoch die Beteiligungsquote α zu diesem Zweck sein sollte, ist insofern die Frage danach, wie hoch der Anteil der Anbietenden unter den Besitzenden in freien Filesharing Tauschbörsen ist[233]. Geht man davon aus, dass dieser Anteil der Anbieter in der kommerziellen Tauschbörse keinen Verlust in Kauf nehmen will, so gilt als Partizipationsbedingung für den Anteil der Anbieter des Musiktitels in den freien Filesharing Tauschbörsen:

(34) $$e^{-\frac{1}{\alpha}} = \beta$$

β entspricht dabei dem Anteil der Teilnehmer, die unter den Besitzenden den Musiktitel im freien Filesharing System anbieten. Damit Gleichung (34) erfüllt ist muss die Beteiligungsquote α also wie folgt festgelegt werden:

(35) $$\alpha = -\frac{1}{\ln(\beta)}$$

Gleichung (35) drückt insofern die Beteiligungsquote aus, um die notwendige „kritische Masse" an Anbietern zur Partizipation am kommerziellen P2P System zu überzeugen.

Nimmt man an, dass im Mittel über alle Inhalte 10% der Teilnehmer eines Filesharing-Systems tatsächlich auch Inhalte anbieten, der Rest jedoch nur downloaden will, so muss die Beteiligungsquote α gemäß dem beschriebenen Anreizkalkül ca. 43% betragen.

Bisher wurden lediglich Überlegungen über die Beteiligungsquote α angestellt, nicht jedoch, wie hoch der absolute Preis eines Musiktitels sein soll. Der vor-

---

[233] Man geht davon aus, dass nur ein Bruchteil der Nutzer eines Filesharing-Systems tatsächlich auch Inhalte anbieten.

158   4 Peer-to-Peer basierte Märkte und Geschäftsmodelle für digitale Güter

liegende Analyserahmen kann darüber keine Aussage machen. Es muss davon ausgegangen werden, dass diese Frage von keinem theoretischen Modell beantwortet werden kann. Vielmehr bedarf die Frage nach dem absoluten Preis eines Musiktitels in dem P2P Netzwerk einer empirischen Erhebung der Zahlungsbereitschaft. Eine solche empirische Erhebung folgt in einem nachfolgenden Abschnitt.

4.5.4.3   Netzeffekte und Diffusionsgeschwindigkeit von Musiktiteln

Im hier vorgestellten Geschäftsmodellansatz für ein P2P Netz findet eine Veränderung der ökonomischen Eigenschaften angebotener Musikstücke statt. Einerseits ist eine Verstärkung der in P2P Netzen generell auftretenden Netzeffekte (im Sinne einer Erhöhung des Netzwerkwertes) zu erwarten.[234] Zum anderen kann auch von einer veränderten Diffusionsgeschwindigkeit der Musikstücke ausgegangen werden.

Durch die monetäre Entlohnung der Teilnehmer eines P2P Netzes für die Bereitstellung von Musikdateien wird das Interesse an der bezogenen Musik als bisher einziger Teilnahmeanreiz um ein finanzielles Interesse ergänzt. Dies führt dazu, dass einzelne Teilnehmer einen Song nicht mehr nur aus Musikinteresse nachfragen, sondern ihn zudem nach seinem Potential bewerten, finanzielle Vergütungen zu generieren. Ein stark nachgefragtes Musikstück wird demnach von den Nutzern aufgrund seines hohen Erlöspotentials zusätzlich nachgefragt (bspw. auch von jenen, die kein Interesse an der Musik als solche haben), wodurch seine Verbreitung im hier vorgestellten P2P Netz im Vergleich zu herkömmlichen freien Musiktauschbörsen noch weit schneller vonstatten gehen dürfte. Wenig nachgefragte Musikstücke dagegen besitzen kaum Erlöspotential, ihr Download ist mit geringem monetären Nutzen, jedoch mit Downloadgebühren verbunden. Nutzer werden diese Musikstücke damit tendenziell weniger – bzw. nur aus Interesse an der Musik selbst – nachfragen. Somit treten verstärkt direkte Netzeffekte (im Bezug auf die Netzteilnehmer) bei einzelnen Musikstücken auf, es erfolgt eine beschleunigte Verbreitung beliebter und eine gedämpfte Verbreitung unbeliebter Musikstücke, mithin eine Polarisierung zwischen diesen.

De facto erhält damit ein im Netz vorhandenes Musikstück den Charakter eines Netzeffektgutes: der von ihm ausgehende Nutzen ist (1) sowohl von der Anzahl der sich ebenfalls bereits im Besitz des Stückes befindlichen Nutzer als

---

[234] Vgl. Köster 1998.

4 Peer-to-Peer basierte Märkte und Geschäftsmodelle für digitale Güter

auch (2) von der Gesamtzahl der Netzteilnehmer und damit der potentiellen Nutzer abhängig. Hierbei tritt die Besonderheit auf, dass dieser Netzeffekt im Bezug auf die Besitzer (1) negativ und bezogen auf die Grundgesamtheit der Nutzer (2) positiv ist. Der (ökonomische) Nutzen sinkt daher mit steigender Anzahl der Besitzer – analog zu einem Markt mit steigendem, letztlich polypolistischem Angebot – und steigt mit der Anzahl der gesamten Netzteilnehmer. Der Netzeffekt im Bezug auf das P2P Netz als solches wird aufgrund der Abhängigkeit des Nutzens von der Population der potentiell an einem Musikstück Interessierten insgesamt verstärkt. Ein zusätzlicher Teilnehmer erhöht damit nicht nur (wie bisher betrachtet) das Angebot an Musikstücken sondern auch das Erlöspotential der vorhandenen Musikstücke.

Unter Rückgriff auf die Diffusionstheorie können Aussagen zur Diffusionsgeschwindigkeit von Musikstücken mit unterschiedlichem ökonomischen Potential innerhalb der Gruppe der interessierten Netzteilnehmer gemacht werden. Im Gegensatz zum charakteristischen s-förmigen Verlauf einer Diffusion klassischer Netzeffektgüter[235] ist hier ein Verlauf mit konstant abnehmender Diffusionsgeschwindigkeit zu erwarten. Ein Musikstück verbreitet sich dann am schnellsten, wenn sehr wenige Teilnehmer in dessen Besitz sind und das Erlöspotential dementsprechend hoch ist. Mit zunehmender Diffusion nimmt die Geschwindigkeit demnach stetig ab. Abbildung 49 zeigt den veränderten Diffusionsprozess eines Musikstückes bei Einführung einer Erlöskomponente.

---

[235] Vgl. Schoder 1995.

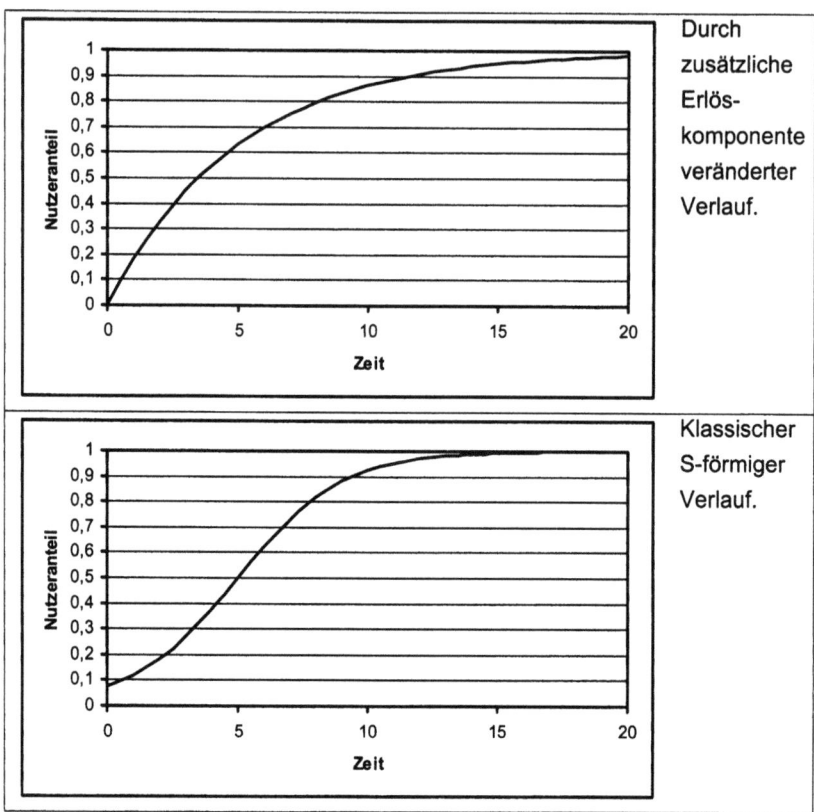

Abbildung 49: Durch zusätzliche Erlöskomponente veränderter Diffusionsprozess

4.5.4.4 Modellbewertung

Nachdem das kommerzielle P2P basierte Geschäftsmodell vorgestellt und analysiert wurde, sollen abschließend die verschiedenen Modelle zur Distribution von digitaler Musik bezüglich der hergeleiteten Anforderungen miteinander verglichen werden. Für diesen Vergleich wird das Modell des Music Service Providers, das Modell des freien P2P Systems und das vorgestellte kommerzielle P2P Modell miteinander verglichen.

4 Peer-to-Peer basierte Märkte und Geschäftsmodelle für digitale Güter

Anforderung	Music Service Provider	Freie P2P Systeme	Kommerzielles P2P Modell
Wahrung von Urheberrechten und Vergütung der Rechteinhaber	Gewährleistet durch DRM und Erhebung von Gebühren (+)	Nicht vorhanden (-)	Kongruenz ökonomischer Interessen von Teilnehmern und Urhebern (+)
Teilnahmeanreize für Konsumenten	Schwierig, da kostenlose Angebote koexistieren (-)	Hoch, weil Musik kostenlos (+)	Gegeben, weil Erlösmöglichkeit und Austrocknen kostenloser Angebote (+)
Qualität der Musikdateien	Hoch, da zentrale Kontrolle (+)	Eher gering, da keine Qualitätskontrolle (-)	Hoch, da dezentrales Bewertungssystem (+)
Geschwindigkeit von Suche und Download	Hoch bei genügend zentraler Bandbreite (+)	Tendenziell geringer (-)	Hoch, bei wirkungsvoller Einschätzung potenzieller Provider-Peers (+)

Tabelle 18: **Bewertung verschiedener Modelle digitaler Musikdistribution**

Tabelle 18 verdeutlicht die Stärken und Schwächen der verschiedenen Modelle. Dabei ist anzumerken, dass die Anforderungen nicht gleich stark wiegen. Die ersten beiden Anforderungen können nahezu als KO-Anforderungen angesehen werden, um Musik kommerziell über das Internet zu vertreiben, da diese Anforderungen in der Praxis am schwersten umzusetzen sind. Wie man deutlich sieht, werden diese beiden KO-Anforderungen lediglich vom hier vorgestellten P2P Geschäftsmodell erfüllt. Das Modell des MSP kann keine ausreichenden Teilnahmeanreize bieten. Tabelle 18 suggeriert jedoch keinesfalls, dass das vorgestellte Geschäftsmodell die Lösung des Dilemmas in der Branche „Online-Musik" ist. Der Erfolg eines solchen Geschäftsmodells hängt wesentlich damit zusammen, ob die vermuteten Teilnahmeanreize tatsächlich in der Realität greifen. Insbesondere die Vermutung, dass kostenlosen Tauschbörsen durch die ökonomischen Teilnahmeanreize das Angebot an Musiktiteln entzogen wird, ist von erheblicher Bedeutung. Das vorgestellte kommerzielle P2P Geschäftsmodell kann jedoch aus theoretischer Sichtweise als dominantes Modell angesehen werden.
Bezüglich des vorgestellten Geschäftsmodells kann noch erheblicher Forschungsbedarf gesehen werden. Zunächst wäre es von Interesse, die Peer

Software mit den vorgestellten Eigenschaften prototypisch zu implementieren, um die Machbarkeit eines solchen Geschäftsmodells eingehend studieren zu können. Aber auch im theoretisch-analytischen Bereich lässt sich noch weiterer Forschungsbedarf identifizieren. So wurde bisher lediglich die Wirkung des Anreizsystems bei konstanter Beteiligungsquote dargestellt. Hier ist es jedoch denkbar, die Beteiligungsquote im Zeitablauf zu dynamisieren („Commission-Windowing"), um Zahlungsbereitschaften optimal auszunutzen. Auch die Variation des Preises im Zeitablauf kann als zusätzliche Ausgestaltungsvariante in Frage kommen (Windowing).

4.5.5 Empirische Umfrage im Zusammenhang mit dem Geschäftsmodell

Die Distribution digitaler Musik im Internet hat in der jüngsten Vergangenheit überwiegend mit Hilfe von (illegalen) P2P Filesharing-Systemen stattgefunden. Eine zentrale Frage für kommerzielle internetbasierte Geschäftsmodelle ist unter anderem die Bepreisung von Musik-Downloads. In der Praxis üblich sind zurzeit Preise in Höhe von ca. 1€ (bzw. 1$) pro Musiktitel, wie z.B. auch die jüngst eröffnete Musikplattform iTunes von Apple zeigt. Aus Sicht der ökonomischen Theorie ist die Bepreisung von digitalen Produkten im Allgemeinen nur schwierig zu beantworten, da in aller Regel keine Grenzkosten bei der Produktion existent sind. Insofern muss für die Bepreisung von Online-Musik eine Erhebung der Zahlungsbereitschaft der Konsumenten durchgeführt werden. Der vorliegende Abschnitt versucht – unter anderem – die Frage nach dem Preis für digitale Musik zu beantworten, indem die Ergebnisse einer Online-Umfrage dargestellt werden. Das Hauptaugenmerk liegt dabei zunächst auf einer umfangreichen Analyse der Zahlungsbereitschaft der Konsumenten. Weiterhin wird untersucht, ob Konsumenten Mehrwertdienstleistungen von kommerziellen Musikdiensten erwarten bzw. wie sie diese einschätzen.

4.5.5.1 Zielsetzung der Umfrage

Um ein erfolgreiches Geschäftsmodell für Online-Musik entwickeln zu können, sollten bestimmte „ökonomische Parameter" des Geschäftsmodells möglichst optimal eingestellt werden. Es ist insbesondere wichtig zu erfahren, wie viel Konsumenten für Online-Musik bereit sind auszugeben, ob sie bestimmte Mehrwertfunktionen erwarten bzw. wie ihr Verhältnis zu Online-Musik im Allgemeinen ist. Diese Präferenzen der Konsumenten können nicht mit theo-

4 Peer-to-Peer basierte Märkte und Geschäftsmodelle für digitale Güter

retischen Modellen festgestellt werden, sondern müssen in einer empirischen Erhebung ermittelt werden. Leitfragen in diesem Zusammenhang sind die folgenden:

- Wie viel ist ein Konsument bereit für Online-Musik zu bezahlen?
- Welche Mehrwertdienstleistungen sind für Konsumenten bei einem kommerziellen Online-Musik Angebot wichtig?
- Welches Verhältnis hat ein Konsument bisher zu Online-Musik (Nutzung von Filesharing-Systemen, Rechtsempfinden, allgemeine demographische Merkmale)?

Für die Beantwortung dieser Fragen wurde ein Online-Fragebogen entwickelt. Insgesamt ergab sich eine Stichprobengröße von n=604, wobei jeweils alle Fragen beantwortet wurden. Insgesamt haben an der Umfrage überwiegend Studenten teilgenommen. Das Durchschnittsalter der Befragten betrug 23,3 Jahre. Die Ergebnisse der Befragung beziehen sich insofern auf junge, tendenziell technikaffine Konsumenten aus dem akademischen Umfeld. Diese Zielgruppe stellt einen Großteil des potentiellen Konsumentenkreises für Online-Musik dar. Im Folgenden wird der verwendete Fragebogen dargestellt:

Frage	Mögliche Antworten
1. Wieviele Musik-CDs (Singles und Alben) kaufen Sie im Jahr?	a. Ich kaufe niemals Musik-CDs b. bis zu 3 im Jahr c. 4 bis 7 im Jahr d. 8 bis 12 im Jahr e. mehr als 12 CDs im Jahr
2. Welche Zugangsmöglichkeit zum Internet nutzen Sie von zu Hause aus?	a. Ich habe zuhause keinen Internetzugang b. Modem c. ISDN d. DSL e. Über LAN-Anbindung (z.B. Deutsch. Forschungsnetz in Wohnheimen)
3. Wie intensiv nutzen Sie Filesharing-Systeme im Internet?	a. Noch nie benutzt. b. Ich habe Filesharing-Systeme ausprobiert, benutze aber keines regelmäßig. c. Ich beziehe gelegentlich Musik aus Filesharing-Systemen (bis ca. 10 Songs pro Monat im Schnitt) d. Ich benutze ständig Filesharing-Systeme (regelmäßig mehr als ca. 10 Songs pro Monat) e. Ich bin Intensivnutzer und lasse sogar den Rechner an, um auch in meiner Abwesenheit Downloads durchzuführen.
4. Welche anderen Medientypen außer Musik, beziehen Sie aus Filesharing-Systemen?	a. Bilder b. Musikvideos c. Filme (Kino, Zeichentrick, Serien,...)

	d. Software e. Bücher (z.B. als PDF oder Word-Dokument) f. Keine
5. Inwiefern bieten Sie auch Songs / andere Inhalte in Filesharing-Systemen an?	a. gar nicht, ich bin nur an Downloads interessiert. b. ich stelle einige meiner heruntergeladenen Files auch wieder zum Download für andere zur Verfügung. c. ich stelle ganze Sammlungen zur Verfügung, damit viele andere User die Möglichkeit zum Download haben.
6. Inwiefern empfinden Sie das kostenlose herunterladen von durch Copyrights geschützter Musik aus Filesharing-Systemen als verwerflich?	a. Verwerflich b. nicht verwerflich
7. Wie viel würden Sie für einen mp3-Musiksong bei einem ansprechenden kommerziellen Angebot bezahlen, wenn Sie den mp3-Song auch kostenlos in einem Filesharing-System downloaden könnten?	Angaben in Cent:
8. Wie viel würden Sie für einen mp3-Musiksong bezahlen, wenn es eine kostenlose Downloadmöglichkeit im Internet und in Filesharing-Systemen **nicht** gäbe?	Angaben in Cent:
9. Wenn Sie einen kostenpflichtigen Dienst nutzen würden: Wie wichtig sind Ihnen folgenden Mehrwertdienstleistungen, die zurzeit nicht von Filesharing-Systemen geboten werden (können)?	*Jeweils war anzugeben: sehr wichtig, wichtig, egal, weniger wichtig, überhaupt nicht wichtig:* 1. Infos über Musiker und Bands 2. Digitale CD-Covers 3. digitales Booklet 4. Ticketbestellservice 5. Chatmöglichkeit 6. SMS Service 7. Musik-Empfehlungen (ähnlich Amazon) 8. Online Rezension für Songs 9. Eigene Angaben (optional):
10. Wie wichtig ist für Sie die individuelle Auswahl von Musiksongs im Vergleich zu vorkonfigurierten Bündeln? (Musik-CDs, Sampler, etc.)?	a. sehr wichtig b. wichtig c. ist mir egal d. weniger wichtig e. überhaupt nicht wichtig
11. Angaben für statistische Zwecke.	*Jeweils war anzugeben:* Alter: Geschlecht (m/w):

Tabelle 19: Fragebogen

4.5.5.2 Statistische Auswertung und Interpretation

Im Folgenden werden zwei wichtige Aspekte analysiert: Einerseits soll dargestellt werden, inwiefern Konsumenten etwaigen Mehrwertdienstleistungen eines kommerziellen Online-Musik Angebotes gegenüberstehen. Andererseits soll der wichtige Aspekt der Zahlungsbereitschaft analysiert werden. Die Auswertung der weiteren Fragen findet sich im Anhang.

4.5.5.2.1 Mehrwertdienstleistungen

Um den Wert von Mehrwertdienstleistungen aus der Sicht von Konsumenten zu untersuchen, wurden verschiedene Mehrwertdienstleistungen vorgegeben, deren Wichtigkeit dann durch die Befragten eingeschätzt werden sollte. Dabei wurde folgende Skala verwendet: sehr wichtig=4; wichtig=3; egal=2; weniger wichtig=1; überhaupt nicht wichtig=0. Im Mittel ergab sich für die einzelnen vorgegebenen Mehrwertdienstleistungen folgendes Ergebnis:

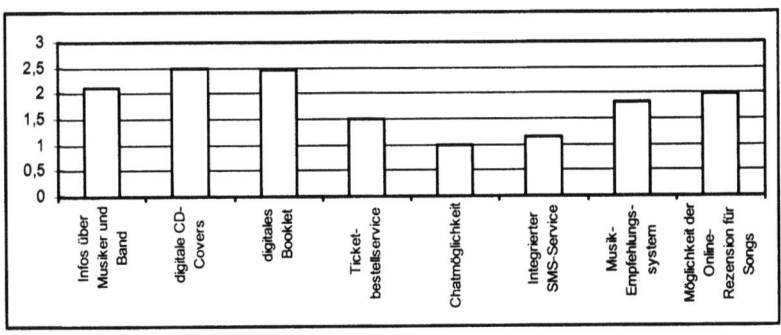

Abbildung 50: Mittelwerte der Einschätzungen der Mehrwertdienstleistungen

In Zahlen ergab die Einschätzung der Mehrwertdienstleistungen folgendes Ergebnis:

Mehrwertdienste (Bewertung 0-4)	Mittel	StdAbw
Infos über Musiker und Band	2,11	1,33
digitale CD-Covers	2,48	1,32
digitales Booklet	2,47	1,27
Ticketbestellservice	1,50	1,26
Chatmöglichkeit	0,99	1,15
Integrierter SMS-Service	1,15	1,37
Musik-Empfehlungssystem	1,83	1,32
Möglichkeit der Online-Rezension für Songs	1,98	1,29

Deutlich erkennbar ist, dass im Mittel Mehrwertdienstleistungen höher geschätzt werden, wenn sie näher mit dem Produkt „Musik" zu tun haben.

Generelle Dienste wie Chat und SMS-Service werden somit als von geringem Wert eingeschätzt. Allerdings muss insgesamt angemerkt werden, dass die Standardabweichung bei jedem Mehrwertdienst relativ hoch ist. Nimmt man approximativ eine Normalverteilung für die Bewertung eines Mehrwertdienstes an, so liegt das 95%-Konfidenzintervall beim Mittelwert ± 2*StAbw.[236] In Anbetracht der großen Streuung kann insofern nahezu keiner der Dienste als signifikant von null verschieden identifiziert werden.

Bei den Mehrwertdiensten war es für die Befragten auch möglich, optional eigene Mehrwertdienstleistungen anzugeben. Ca. 40 der Befragten machten hiervon Gebrauch. Die häufigsten Anmerkungen waren die Möglichkeit einer Prelistening-Funktion und qualitativ hochwertige Downloads (Hohe Samplerate, schneller Download, korrekte Metadaten).

4.5.5.2.2 Analyse der Zahlungsbereitschaft

Im Folgenden wird die Zahlungsbereitschaft der Konsumenten analysiert. Dabei wird einerseits eine Nachfrage-Funktion[237] geschätzt. Andererseits wird versucht, die Zahlungsbereitschaft durch andere erhobene Merkmale zu erklären.

4.5.5.2.2.1 Nachfrage-Funktionen und optimaler Preis

Ist eine Nachfragefunktion bekannt, so kann leicht auf den gewinnmaximalen Preis geschlossen werden. Es kann vereinfachend davon ausgegangen werden, dass die Erstellung und Distribution von Online-Musik nur mit Fixkosten verbunden ist. Der Gewinn ergibt sich somit durch Umsatz minus Fixkosten:

(36) $\qquad G(p) = U(p) - F = p \cdot N(p) - F$

mit p Preis, G(p) Gewinnfunktion, U(p) Umsatzfunktion, N(p) Nachfragefunktion, F Fixkosten der Produktion und Distribution. Soll ein Gewinnmaximum erreicht werden, muss G(p) differenziert werden:

(37) $\qquad \dfrac{dG(p)}{dp} = N(p) + p \dfrac{dN(p)}{dp} = 0 \Leftrightarrow \dfrac{dN(p)}{dp} \cdot \dfrac{p}{N(p)} = -1$

Das Optimum wird erreicht, wenn die Elastizität im Betrag 1 entspricht.

---

[236] Vgl. Bamberg/Baur 1996, S. 319.
[237] Vgl. Schumann/Meyer/Ströbele 1999, S. 15ff.

4 Peer-to-Peer basierte Märkte und Geschäftsmodelle für digitale Güter

Um ein tatsächliches Optimum zu erreichen, muss zunächst die funktionale Form der Nachfragefunktion festgelegt werden. Im Folgenden wird für N(p) die Form

(38) $\quad N(p) = c_1 \cdot e^{c_2 \cdot p}$

angenommen.
Innerhalb des Fragebogens wurden zwei Zahlungsbereitschaften erhoben. Einerseits

- die Zahlungsbereitschaft für einen mp3 Song, wenn der Song gleichzeitig auch aus illegalen Quellen bezogen werden kann
- und andererseits die Zahlungsbereitschaft, wenn **kein** Bezug aus einer illegalen Quelle möglich ist.

Beide Zahlungsbereitschaften wurden in eine Verteilungsfunktion der Zahlungsbereitschaft transformiert, sodass abgelesen werden kann, welcher Anteil der Konsumenten bereit ist bei einem bestimmten Preis p einen mp3 Song zu kaufen. Diese Verteilungsfunktion stellt somit eine Nachfragefunktion in relativen Anteilen dar. Mit Hilfe des nichtlinearen Regressionsansatzes

(39) $\quad N(p)_i = c_1 \cdot e^{c_2 \cdot p} + u_i \qquad \forall i = 1...n$

kann eine Kurve empirisch geschätzt werden. Folgende Abbildungen verdeutlichen empirische und geschätzte Nachfragekurven:

168   4 Peer-to-Peer basierte Märkte und Geschäftsmodelle für digitale Güter

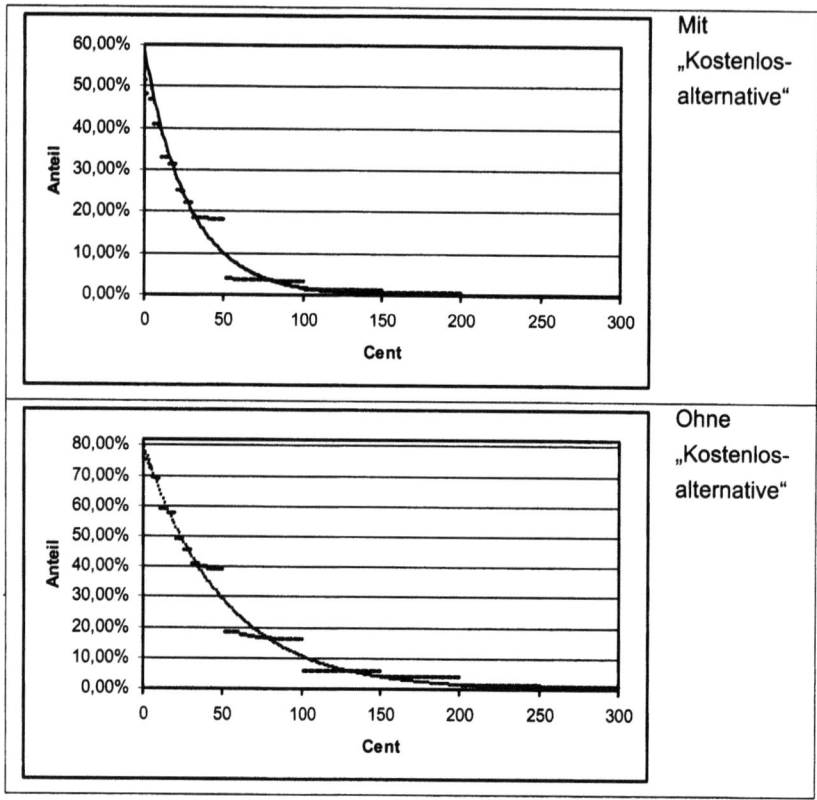

Abbildung 51: Empirische und geschätzte Nachfragekurven in den beiden Szenarien

Wird eine solche exponentielle Form der Nachfragekurve gewählt, so ergibt sich als gewinnmaximaler Preis:

(40) $\quad G(p) \to \max \Leftrightarrow \dfrac{dG(p)}{dp} = 0 \Leftrightarrow p_{opt} = -\dfrac{1}{c_2}$

Die Schätzung mit Hilfe des genannten Regressionsansatzes ergibt:[238]

---

[238] Die Schätzungen wurden mit dem Softwarepaket Econometric Views durchgeführt.

4 Peer-to-Peer basierte Märkte und Geschäftsmodelle für digitale Güter

	Coefficient	Std. Error	t-Statistic	Prob.
C(1)	0.587327	0.011205	52.41453	0.0000
C(2)	-0.035606	0.000978	-36.41721	0.0000
R-squared	0.934438	Mean dependent var		0.057265
Adjusted R-squared	0.934219	S.D. dependent var		0.119921
S.E. of regression	0.030757	Akaike info criterion		-6.956646
Sum squared resid	0.282854	Schwarz criterion		-6.932014
Log likelihood	621.8748	F-statistic		4261.601
Durbin-Watson stat	0.885512	Prob(F-statistic)		0.000000

Tabelle 20: Schätzung der Nachfragekurve, Szenario: „mit Kostenlosalternative"

	Coefficient	Std. Error	t-Statistic	Prob.
C(1)	0.809069	0.008275	97.77093	0.0000
C(2)	-0.020316	0.000297	-68.43000	0.0000
R-squared	0.976132	Mean dependent var		0.137775
Adjusted R-squared	0.976052	S.D. dependent var		0.191387
S.E. of regression	0.029617	Akaike info criterion		-7.032161
Sum squared resid	0.262281	Schwarz criterion		-7.007529
Log likelihood	633.2398	F-statistic		12228.17
Durbin-Watson stat	0.441257	Prob(F-statistic)		0.000000

Tabelle 21: Schätzung der Nachfragekurve, Szenario: „ohne Kostenlosalternative"

Die Schätzungen sind jeweils hochsignifikant (sowohl die einzelnen Koeffizienten, als auch die gesamte Gleichung). Als optimale Preise ergeben sich

- im Szenario „mit Kostenlosalternative" ist der optimale Preis p_{opt} = 28,08 cent.
- im Szenario „ohne Kostenlosalternative" ist der optimale Preis p_{opt} = 49,22 cent.

Der Koeffizient c_1 kann interpretiert werden als der Anteil der Konsumenten, die bereit sind mehr als null Cent für Online-Musik in den jeweiligen Szenarien zu zahlen, insofern also überhaupt bereit sind Online-Musik käuflich zu erwerben. c_2 kann neben der Interpretation als inverser optimaler Preis auch als „Verfallskonstante" der Nachfrage bezüglich eines steigenden Preises interpretiert werden.

4.5.5.2.2.2 Erklärung der Zahlungsbereitschaft

Bisher wurden die Zahlungsbereitschaften in den beiden Szenarien analysiert. Es stellt sich die Frage, ob sich die Zahlungsbereitschaften eines Konsumenten durch die anderen erhobenen Merkmale erklären lassen und welche Wirkung die entsprechenden Merkmale auf die Zahlungsbereitschaft haben. Zunächst soll untersucht werden, inwiefern erhobene Merkmalsausprägungen zusammenhängen. Hierfür ist ein Blick auf die Korrelationsmatrix der zu betrachtenden Merkmale hilfreich.

	C1	C2	OFFLINE	NUTZ	ANGEB	RECHT	DIENST
C1	1.000000	0.601816	0.113064	-0.083892	-0.051997	-0.143864	0.023550
C2	0.601816	1.000000	0.072615	-0.115705	-0.049902	-0.119099	0.042543
OFFLINE	0.113064	0.072615	1.000000	-0.201180	-0.094131	-0.111935	0.156534
NUTZ	-0.083892	-0.115705	-0.201180	1.000000	0.510553	0.126657	0.014598
ANGEB	-0.051997	-0.049902	-0.094131	0.510553	1.000000	0.061711	0.063623
RECHT	-0.143864	-0.119099	-0.111935	0.126657	0.061711	1.000000	-0.022977
DIENST	0.023550	0.042543	0.156534	0.014598	0.063623	-0.022977	1.000000

Tabelle 22: Korrelationsmatrix der erhobenen Merkmale[239]

Tabelle 22 zeigt, dass viele Merkmale nur wenig miteinander korrelieren. Ein deutlicher positiver Zusammenhang lässt sich bei den Zahlungsbereitschaften erkennen (0,6). Wer in dem „mit Kostenlosalternative"-Szenario bereit ist, viel auszugeben, der tendiert auch in dem „ohne Kostenlosalternative"-Szenario dazu, mehr auszugeben. Ein deutlicher Zusammenhang besteht auch bei der Nutzung und dem Angebotsverhalten in Filesharing-Systemen. Wer viel nutzt, scheint auch tendenziell viel anzubieten (0,5). Die weiteren Korrelationen liegen überwiegend betragsmäßig unter 0,2.

Nach diesem Blick auf die Korrelationsmatrix soll nun versucht werden, die Zahlungsbereitschaften durch die übrigen Merkmale zu erklären. Hierfür wird ein linearer Regressionsansatz formuliert:[240]

---

[239] Es ist: C1=Zahlungsbereitschaft im Szenario „mit Kostenlosalternative", C2=Zahlungsbereitschaft im Szenario „ohne Kostenlosalternative", OFFLINE=Frage 1 (0=keine CDs, 4=mehr als 12 CDs), NUTZ=Frage 3 (0=gar nicht, 4=Intensivnutzer), ANGEB=Frage 5 (0=gar nicht, 2=Sammlung), RECHT=Frage 6 (0=verwerflich, 1=nicht verwerflich), Dienst=Frage 9 (Mittelwert über die Bewertung aller Dienste innerhalb des Datensatzes).

[240] Zur Regressionsanalyse siehe: Johnston/DiNardo 1997, S. 69ff; Backhaus et al. 2000, S. 1ff.

4 Peer-to-Peer basierte Märkte und Geschäftsmodelle für digitale Güter

(41) $C = C(1) + C(2) * OFFLINE + C(3) * NUTZ + C(4) * ANGEB + C(5) * RECHT + C(6) * DIENST + u$

C entspricht dabei den Zahlungsbereitschaften in Cent im Szenario „mit Kostenlosalternative" bzw. „ohne Kostenlosalternative". C(i) entspricht den zu schätzenden Regressionskoeffizienten.

Eine Schätzung der Gleichungen ergab:

	Coefficient	Std. Error	t-Statistic	Prob.
C(1)	22.17316	4.205054	5.272979	0.0000
C(2)	2.129943	1.018723	2.090796	0.0370
C(3)	-0.901505	1.006904	-0.895323	0.3710
C(4)	-0.557654	1.797418	-0.310253	0.7565
C(5)	-8.830585	2.822889	-3.128209	0.0018
C(6)	0.291188	1.405373	0.207196	0.8359
R-squared	0.032790	Mean dependent var	16.25415	
Adjusted R-squared	0.024676	S.D. dependent var	27.93688	
S.E. of regression	27.59004	Akaike info criterion	6.644827	
Sum squared resid	453681.5	Schwarz criterion	6.688683	
Log likelihood	-2848.294	F-statistic	4.041095	
Durbin-Watson stat	1.822621	Prob(F-statistic)	0.001293	

Tabelle 23: Schätzung der Zahlungsbereitschaft im Szenario „mit Kostenlosalternative"

Die Schätzung zeigt, dass das Bestimmtheitsmaß lediglich bei 3,2% liegt und die Regressanden insofern die Zahlungsbereitschaft nicht sehr gut erklären. Es sind lediglich zwei Koeffizienten signifikant (95%-Niveau, Achsenabschnitt nicht mitgezählt). Eindeutig ist, dass das Rechtsempfinden die Zahlungsbereitschaft beeinflusst. Konsumenten, die Raubkopieren nicht verwerflich finden, wollen im Mittel 8,8 Cent weniger zahlen. Weiterhin ist der offline CD-Konsum signifikant. Je mehr CDs gekauft werden, desto höher ist die Zahlungsbereitschaft. Dies lässt vermuten, dass musikaffine Konsumenten auch eine höhere Zahlungsbereitschaft für Online-Musik haben.

Im Szenario „ohne Kostenlosalternative" ergibt sich folgende Schätzung:

	Coefficient	Std. Error	t-Statistic	Prob.
C(1)	53.17448	8.015133	6.634260	0.0000
C(2)	1.678234	1.941760	0.864285	0.3878
C(3)	-4.023070	1.919232	-2.096188	0.0365
C(4)	0.646544	3.426007	0.188716	0.8504
C(5)	-13.42820	5.380628	-2.495656	0.0128
C(6)	2.312620	2.678741	0.863323	0.3883
R-squared	0.027482	Mean dependent var		40.57807
Adjusted R-squared	0.019324	S.D. dependent var		53.10419
S.E. of regression	52.58860	Akaike info criterion		7.934915
Sum squared resid	1648274.	Schwarz criterion		7.978772
Log likelihood	-3236.611	F-statistic		3.368476
Durbin-Watson stat	1.998798	Prob(F-statistic)		0.005213

Tabelle 24: Schätzung der Zahlungsbereitschaft im Szenario „ohne Kostenlosalternative"

Auch in dem zweiten Szenario ist deutlich zu erkennen, dass das Rechtsempfinden die Zahlungsbereitschaft signifikant beeinflusst. Allerdings ist hier der offline CD Konsum kein signifikanter Einflussfaktor mehr. Dafür hat die Nutzungsintensität von Filesharing-Systemen einen statistisch signifikanten Einfluss. Intensive Filesharing-Systemnutzer sind weniger bereit in einer „Welt ohne Filesharing-Systeme" für Online-Musik zu zahlen. Dies mutet etwas paradox an. Es ist anzunehmen, dass sich viele der Befragten einen Zustand ohne illegale Quellen im Internet nicht vorstellen können. Eine weitere Vermutung ist, dass intensive Filesharing-Benutzer kostenpflichtige Angebote wenig schätzen und deshalb bereit sind nur wenig zu zahlen. Sehr interessant ist darüber hinaus, dass in beiden Szenarien kein signifikanter Zusammenhang zwischen Mehrwertdiensteinschätzung und Zahlungsbereitschaft besteht. Scheinbar reicht den Konsumenten ein einfacher Bezug von Online-Musik ohne viel „Drumherum" weitgehend aus.

4.5.5.3 Fazit der Umfrage

Die dargestellte empirische Untersuchung hat versucht, Präferenzen von Konsumenten bezüglich Online-Musik zu analysieren. Als wesentliche Kernaussagen wurden erkannt:

- Die optimalen Zahlungsbereitschaften liegen in den genannten Szenarien ca. zwischen 30 und 50 Cent. Derzeitige kommerzielle Angebote verkaufen einen Musiksong in der Größenordnung 1€ (z.B. Apple iTunes). Die vor-

liegende Analyse zeigt insofern, dass Online-Musik derzeit zu teuer zu sein scheint.
- Mehrwertdienstleistungen werden von den Konsumenten eher als von geringem Wert eingeschätzt. Wichtig scheint den Konsumenten insofern ein einfaches und kostengünstiges Downloadangebot zu sein.

4.6 Geschäftsmodellerweiterung Peer-to-Peer Streaming Media

Bisher wurde ein Geschäftsmodell vorgestellt, welches die kommerzielle Distribution von Mediendateien mit einer Anreizkomponente für die Teilnehmer ermöglicht. Ist ein solches kommerzielles P2P Netzwerk vorhanden, so sollte es nicht allein beim kommerziellen Filesharing bleiben, sodass auch weitere P2P Anwendungen erschlossen werden können. Neben der Anwendung *Filesharing* kann die Anwendung *Streaming* identifiziert werden, die prinzipiell dem Filesharing gleicht, wobei jedoch Daten unter einer Zeitrestriktion transportiert werden müssen. Insofern können auch Überlegungen angestellt werden, wie in einem P2P Netzwerk Multimediastreams von dezentralen Peers ausgeliefert werden könnten.

4.6.1 Vorgehensweise

Im Folgenden wird eine weitere Anwendung – ein P2P Netz zum Ausliefern von Streaming-Media - herausgearbeitet. Das Streaming von multimedialen Inhalten[241] stellt besondere Anforderungen an Bandbreite und Verbindungsqualität, da im Gegensatz zu herkömmlichen Datenübertragungen spezielle Zeitrestriktionen einzuhalten sind. Zielsetzung des erweiterten Geschäftsmodells ist es, Streams nicht durch zentrale Server auszuliefern, sondern durch dezentrale Peers, die ihre freie Bandbreite zur Auslieferung von Streams zur Verfügung stellen. Wesentliche Motivation ist dabei, dass Streaming enorme Anforderungen an Hardware und Netzwerkbandbreite stellt und außerdem sehr schnell die Kapazitäten selbst mächtiger zentraler Server erschöpft. Ziel ist daher die Vermeidung großer Infrastrukturkosten durch Nutzung brachliegender, dezentraler Ressourcen.

Nachfolgend wird zwischen zwei Arten von Streaming unterschieden. Einerseits kann ein Stream mehrfach gleichzeitig an derselben Stelle an verschiedene Empfänger übertragen werden. Der Stream wird also synchron an viele Konsumenten übermittelt. Diese Art des Streaming eignet sich bei-

---

[241] Vgl. Zwißler 2002, S. 164.

spielsweise für Live-Übertragungen oder Radiosendungen. Auf der anderen Seite existiert das asynchrone Streaming. Hierbei kann ein Konsument den Stream zu einer beliebigen Zeit anfordern und anschließend empfangen (Streaming on demand). Diese Vorgehensweise eignet sich überwiegend für den Empfang von Filmen oder von Musik, die ein Konsument spontan anfordert. Das folgende Geschäftsmodell fokussiert dabei das asynchrone Streaming und ermöglicht das spontane Empfangen von (kostenpflichtigen) Streams. Folgend wird nicht auf die technische Umsetzung des benötigten P2P Systems eingegangen, sondern lediglich die konzeptionelle Ebene dargestellt. Insbesondere werden nacheinander folgende Aspekte beleuchtet:

- *Beschreibung der Geschäftsmodellerweiterung.* Die Umschreibung des Geschäftsmodells beinhaltet den konzeptionellen Aufbau des P2P Systems und die Erläuterung des Erlösmodells. Die beteiligten Organisationseinheiten werden dargestellt und der Ablauf einer „Streaming-Session" beschrieben. Das Erlösmodell klärt, welche am Wertschöpfungsprozess beteiligten Organisationseinheiten wie entlohnt werden. Das vorgestellte Erlösmodell konzentriert sich dabei – ähnlich wie bei dem kommerziellen Filesharing-System - insbesondere auf die Entlohnung etwaiger Rechteinhaber und beschäftigt sich auch damit, wie den dezentralen Peers Anreize geboten werden können, um die Produktionsfaktoren „Speicherplatz" und „Bandbreite" in ausreichendem Maße vorhalten zu können.
- *Ressourcenanalyse.* Die Ressourcen oder Produktionsfaktoren stellen die dezentralen Peers zur Verfügung. Ein Stream wird in der Regel nicht nur von einem Konsumenten zurzeit empfangen. Die Regel wird sein, dass ein Stream gleichzeitig von mehreren Konsumenten, aber an verschiedenen Stellen, empfangen wird. Hierfür muss insgesamt genügend Bandbreite zur Verfügung stehen. Insofern ist es wichtig zu wissen, wie viele Peers benötigt werden und wie ein Stream auf die vielen Peers verteilt werden muss. Diese Ressourcenanalyse gibt Aufschluss über die notwendige kritische Masse des P2P Systems.
- *Ökonomische Bewertung des Geschäftsmodells.* Nach der Ressourcenanalyse wird das vorgestellte Geschäftsmodell ökonomisch bewertet. Die wesentlichen ökonomischen Charakteristika des Systems werden herausgearbeitet und Kritikpunkte aufgedeckt.

4.6.2 Technologien für Streaming Media

Bevor auf das P2P Geschäftsmodell eingegangen wird, sollen einige technische Grundlagen zum Thema „Streaming Media" diskutiert werden. Streaming Media Technologien stellen höhere Anforderungen an Netze und Ressourcen als Datenflüsse ohne zeitliche Restriktionen. Diese Anforderungen werden auch Quality of Service (QoS) genannt und sind im Einzelnen:[242]

- *Bandbreite.* Die Bandbreite gibt die Geschwindigkeit an, mit der ein Multimedia-Stream transportiert wird. Multimedia-Streams verbrauchen hohe Bandbreiten. Insofern sollte die Bandbreite während der Übertragung erstens hinreichend hoch und zweitens konstant sein.
- *Latenz.* Als Latenz wird die Zeitspanne bezeichnet, die ein Stream vom Sender zum Empfänger benötigt (Transportlaufzeit). Die Latenz sollte für Streams möglichst klein sein und keinen großen Variationen unterliegen, damit die Streamelemente ohne Verzögerung eintreffen, sodass der Stream ohne Unterbrechung bzw. ohne Lücken konsumiert werden kann.
- *Verlustrate.* Die Verlustrate ist ein Ausdruck dafür, wie viele Streamelemente beim Empfänger nicht verarbeitungsbereit ankommen. Der Verlust beruht dabei in der Regel nicht auf Datenverlusten während des Transports z.B. durch Störungen, sondern vielmehr darauf, dass Streamelemente später beim Empfänger eintreffen als ihre geplante Position in der Abspielreihenfolge. Solche Streamelemente sind zwangsläufig unbrauchbar und werden beim Empfänger verworfen.

Für Größenordnungen von Bandbreite, Latenz und Verlustrate siehe Coulouris et al.[243]

Audio- und besonders Videodateien erreichen bei akzeptabler Qualität schnell enorme Größenordnungen (z.B. benötigt ein MPEG-1-Stream ca. 1,5 Mbps während der Abspielzeit). Um einen Stream in ausreichender Zeit über ein Netzwerk zu schicken, ist insofern eine vorangehende Komprimierung notwendig. Das jeweilige Komprimierungsverfahren hängt von der Art des

---

[242] Vgl. Coulouris/Dollimore/Kindberg 2002, S. 714.
[243] Vgl. Coulouris/Dollimore/Kindberg 2002, S. 712.

Streams ab. Im Bereich von Audioinhalten haben sich Komprimierungsverfahren wie z.b. MPEG-Audio (Motion Picture Expert Group), das AU-Format (μ-law Format) oder das AIFFC Format (Audio Interchange File Format Compressed) verbreitet. Bei Videoinhalten ist z.b. AVI (Audio Video Interface), MPEG, DivX oder MOV (Apple QuickTime) zu nennen. Der Stream wird vor dem Ausliefern mit Hilfe eines so genannten Codecs komprimiert und dann über das Netzwerk verschickt. Beim Empfänger angekommen, wird der Stream mit einem Entschlüsselungs-Codec entkomprimiert und an ein entsprechendes Ausgabegerät weitergeleitet. Abbildung 52 illustriert den Ablauf des Streamings.

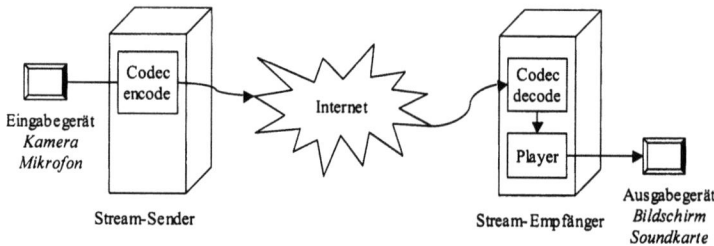

Abbildung 52: Der Prozess des Streamings

Für das Ausliefern von Streams in gebotener Dienstgüte sind spezielle Protokolle notwendig. Diese Protokolle setzen in der Regel oberhalb der Protokolle TCP/IP bzw. UDP/IP auf und folgen insofern dem in der Informatik üblichen Schichtenmodell. Die im Zusammenhang mit Streams verwendeten Protokolle sind:[244]

- Das RTP (Reatime Transport Protocol) baut für gewöhnlich auf UDP auf. Das RTP Protokoll übermittelt z.B. die Art des Streams (Audio/Video) und nummeriert einzelne Pakete durch. Auch Timing-Anforderungen für den Stream werden transportiert. RTP selbst kann jedoch keine rechtzeitige Zustellung der Pakete garantieren, so dass eine hinreichende QoS nicht gewährleistet werden kann.

---

[244] Vgl. Erpenbeck 1999, Coulouris/Dollimore/Kindberg 2002, S. 99, Steinmetz 1999, S. 495ff.

- Das RTCP (Realtime Controll Protocol) steht im Zusammenhang mit dem RTP. Mit diesem Protokoll sind Rückmeldungen an den Sender möglich, sodass die Güte des Datenflusses an den Sender übertragen werden kann.
- Das RTSP (Realtime Streaming Protocol) bietet Funktionen zum notwendigen Caching des Streams und ermöglicht Load-Balancing. Somit wird das Beziehen eines Streams von mehreren Servern bzw. das Wechseln des Servers während der Streamübertragung möglich.
- Das RSVP (Realtime Reservation Protocol) ist dafür zuständig, die Ressourcen (z.B. Bandbreite bei den Routern) auf dem Weg vom Sender zum Empfänger derart zu reservieren, dass eine hinreichende Dienstgüte zugesagt werden kann. Das RSVP kann jedoch im bisherigen Internet nicht verwendet werden, da die üblichen Router eine Ressourcenreservierung nicht unterstützen.

Die vier beschriebenen Protokolle sind dabei nicht isoliert zu sehen, sondern arbeiten zur Auslieferung von Multimediastreams zusammen. RTSP baut dabei die Verbindung auf, während RTP und RTCP den Transport des Datenstroms übernehmen. Optional kann RSVP für den Stream eine „Ressourcenbuchung" für den Transport organisieren.

Es existieren im Wesentlichen drei verbreitete Anbieter von Streaming-Technologien. Tabelle 25 illustriert die wichtigsten Anbieter mit ihrem Marktanteil:

Streaming-Technologie	Marktanteil
RealNetworks	ca. 50%
Windows MediaPlayer	30% - 40%
Apple Quicktime	ca. 9%

Tabelle 25: Verbreitete Anbieter von Streaming-Technologien[245]

4.6.2.1 Forschungsstand

P2P Systeme zum asynchronen Ausliefern von Streaming Media wurden bisher vergleichsweise wenig diskutiert. Bezüglich dieses Themenkomplexes

---

[245] Vgl. Infoquelle 2002.

finden sich in der Literatur hauptsächlich technisch orientierte Beiträge.[246] So schlagen z.B. Xu, Hefeede, Hambrusch und Bhargava Algorithmen vor, die festlegen, welche Peers welche Abschnitte eines Streams ausliefern sollten.[247] Auch die Firma CenterSpan (www.centerspan.com) stellt auf Ihren Webseiten ein System vor, welches verteiltes Streaming unterstützt.[248] Mit PeerCast[249] besteht ein System, welches verteiltes Streaming eines Livestreams ermöglicht. Hierbei handelt es sich also weniger um ein Streaming on-demand Modell, als vielmehr um die Verbreitung eines Streams, der synchron von vielen Konsumenten empfangen wird.

Der folgende Abschnitt stellt ein mögliches P2P Streaming Geschäftsmodell vor, welches sich auf die konzeptionell-ökonomische und weniger auf die technische Ebene konzentriert. Eine solche wurde in der Literatur bisher kaum diskutiert.[250]

4.6.2.2 Erweitertes Geschäftsmodell

4.6.2.2.1 Anforderungen

Die Anforderungen an ein P2P basiertes Geschäftsmodell für die Auslieferung von Streams sind ähnlich wie die Anforderungen an kommerzielle P2P Filesharing-Systeme.[251] Das Ausliefern eines Streams stellt jedoch – im Vergleich zu einfachen P2P Down- bzw. Uploads - einen komplexeren Vorgang dar. Damit lassen sich folgende technische und ökonomische Anforderungen an ein P2P Streaming Media Geschäftsmodell formulieren:

- *Quality of Service.* Damit ein Stream unterbrechungsfrei ausgeliefert werden kann, muss die zur Verfügung stehende Bandbreite stets gewissen Mindestanforderungen genügen. Der Stream muss insofern fortlaufend mindestens „just in time" bezogen werden können, damit keine unerwünschten Wartezeiten während des Streamkonsums auftreten. Dies ist ein entscheidender Unterschied zu herkömmlichen Downloads, bei denen eine solche Zeitrestriktion nicht beachtet werden muss. Diese Anforderung

---

[246] Vgl. Nguyen/Zakhor 2002a, Nguyen/Zakhor 2002b.
[247] Vgl. Xu et al. 2002.
[248] Vgl. CenterSpan 2002.
[249] Vgl. Deshpande/Bawa/Garcia-Molina 2001.
[250] Vgl. auch Gehrke/Burghardt/Schumann 2003.
[251] Vgl. Gehrke/Anding/Schumann 2002.

gewinnt insofern an Wichtigkeit, als dass Konsumenten für den Stream zahlen und demzufolge auch eine einwandfreie Leistung erwarten.
- *Senkung von Infrastrukturkosten* durch Nutzung dezentraler Ressourcen. Streaming benötigt hohe und konstante Bandbreiten. Wird der Stream von vielen Konsumenten von einer Zentraleinheit bezogen, so erreichen die zentralen Streaming-Server schnell ihre Grenzen. Ein zentrales System skaliert insofern schlecht mit der Anzahl der Konsumenten. Zudem sind Investitionen in starke Server sehr kostenintensiv. Eine wichtige Anforderung ist, dass die Kosten eines P2P Streaming Systems geringer sind, als die Kosten zentraler Streaming-Server bzw. dass durch brachliegende dezentrale Ressourcen weitere Kapazitäten kostengünstig erschlossen werden können.
- *No free Riders / Entlohnung von Rechteinhabern.* Eine ähnliche Problematik wie auch bei konventionellen P2P Filesharing-Systemen ergibt sich auch in einem P2P Streaming System. Das Streaming in einem P2P System darf keine bloße Erweiterung herkömmlicher freier Tauschbörsen sein, sondern sollte als kommerzielles System die Entlohnung der Rechteinhaber berücksichtigen.
- *Content Control.* In einem P2P System "versorgen" sich die teilnehmenden Peers gegenseitig mit den nachgefragten Streams. Da es sich um ein kommerzielles System handelt, sollen nur diejenigen in den Genuss des Streams kommen, die diesen kostenpflichtig anfordern. Insofern dürfen Peers, die einen Stream ausliefern, nicht über diesen verfügen, wenn sie ihn nicht auch bezahlen. Ebenfalls sollte es nicht möglich sein, einen Stream während des Transports oder beim Zusammenfügen beim nachfragenden Peer abzugreifen. Hierfür sind Technologien des Digital Rights Management[252] und kryptographische Verfahren wie z.B. RSA[253] notwendig.

4.6.2.2.2 Konzeptioneller Aufbau des Peer-to-Peer Systems

Die Idee des hier vorgestellten P2P Geschäftsmodells beruht auf dem Gedanken, dass viel brachliegende Bandbreite „verteilt" bei Tausenden von Endnutzern vorhanden ist. Es liegt insofern nahe, darüber nachzudenken, diese „dezentrale" Bandbreite auszunutzen, um Streams verteilt auszuliefern

---

[252] Vgl. Rosenblatt/Trippe/Mooney 2002.
[253] Vgl. Rivest/Shamir/Adleman 1978.

(Bandwith-Sharing). Die Idee folgt dem Grundsatz „Teile und Herrsche" und kann wie folgt zusammengefasst werden:

- Teile den Stream in viele kleine (vordefinierte) Fragmente auf. Die Fragmente sollten dabei am besten gleich groß sein und eine gleiche Abspieldauer besitzen. Zwar kann es möglich sein, dass ein Fragment aufgrund von Bandbreitenengpässen von mehreren Peers gleichzeitig bezogen werden muss (Multipler Download). Die Ausprägung dieser „Subfragmente" ist jedoch nicht vordefiniert und hängt von der temporären Auslastung der bereitstellenden Peers ab.
- Bringe die unterschiedlichen Fragmente redundant auf sehr vielen Peers unter.
- Möchte jemand einen Stream konsumieren, so koordiniere einen verteilten „Just-in-Time" Download der Fragmente von verschiedenen Peers, so dass der Stream letztendlich wieder zusammengesetzt werden kann.

Eindeutiges Ziel einer solchen Vorgehensweise ist das Einsparen kostenintensiver zentraler Infrastrukturen zugunsten einer koordinierten Nutzung verteilter brachliegender Ressourcen („Koordination statt Investition").

Zur Koordination der Fragmentdownloads ist eine Zentraleinheit notwendig, die Downloadpläne erstellt, die festlegen, welches Fragment zu welchem Zeitpunkt von welchem Peer und von welchem Konsumenten bezogen wird. Diese Zentraleinheit hat eine vermittelnde Funktion und eine ähnliche Aufgabe wie der Indexserver im einstigen P2P System Napster.[254] Abbildung 53 illustriert den Vorgang eines verteilten Streamdownloads.

---

[254] Vgl. Shirky 2001.

4 Peer-to-Peer basierte Märkte und Geschäftsmodelle für digitale Güter

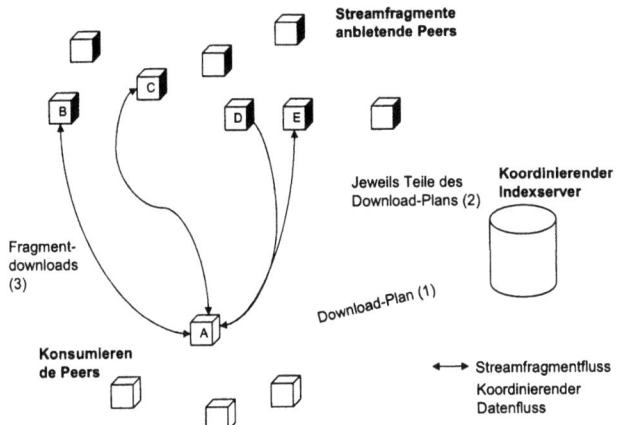

Abbildung 53: Koordination des verteilten Downloads eines Streams

Die Koordination eines verteilten Streamdownloads kann in drei Schritten durchgeführt werden:

1. Zunächst meldet ein Peer (hier A) dem Indexserver, dass es einen bestimmten Stream empfangen möchte. Der Indexserver ermittelt in seiner Datenbank, welche Peers verfügbar sind, die entsprechende Fragmente des Peers bereithalten. Aus diesen Informationen kann der Indexserver – unter Berücksichtgung bereits ausgegebener Downloadpläne – einen vorläufigen Downloadplan an Peer A senden. Dieser Downloadplan enthält einfach eine Liste, aus der hervorgeht, welches Fragment von welchem Peer in welcher Reihenfolge zu downloaden ist. Der Downloadplan muss derart gestaltet werden, so dass Peers bzw. Fragmente möglichst keinen Engpass darstellen.

2. In einem zweiten Schritt werden die betreffenden Peers darüber informiert, dass bei ihnen entsprechende Uploads anstehen. Dies soll vor allem dem Umstand vorbeugen, dass die Besitzer der Peers nicht einfach abschalten, obwohl noch Uploads geplant sind. Damit unvorhergesehenes Abschalten eines Peers ohne Abmeldung aus dem P2P System möglichst nicht vorkommt, müssen Sanktionsmechanismen implementiert werden (z.B. schlechte Bewertung oder monetäre Strafen).

3. Im dritten Schritt lädt das Peer A die Fragmente sukzessive von den anbietenden Peers B,C,D und E herunter. Die Reihenfolge wird durch den Downloadplan festgelegt. In der Abbildung ist nicht dargestellt, dass ein

Fragment aus Bandbreitenengpassgründen auch von mehreren Peers gleichzeitig heruntergeladen werden kann (Download-Splitting eines Fragments).

Der beschriebene Ablauf des verteilten Auslieferns eines Streams stellt das System während des laufenden Betriebs dar. Dabei sind zwei Aspekte zu beachten:

Der erste Aspekt zielt darauf ab, wie die initiale Verteilung der Fragmente funktioniert. Aufgrund der Verteiltheit des P2P Systems, ist es nicht notwendig, dass alle auszustattenden Peers die Fragmente von einer Zentralinstanz – wie bspw. dem Indexserver – herunterladen. Die Ausstattung eines Peers mit einem Fragment kann wiederum durch einen Download bei einem anderen Peer geschehen. Ein Fragment diffundiert insofern von einem Peer zum anderen, was wiederum die dezentral vorhandene Netzwerkbandbreite ausnutzt. Alle Fragmente eines Streams müssen nur einmal durch ein „Seed-Peer" in das P2P System eingebracht werden. Die anschließende notwendige redundante Verteilung der Fragmente geschieht daraufhin von Peer zu Peer. Um sicherzustellen, dass die Fragmente für fragmentanbietende Peers unbrauchbar sind, liegt es nahe, die Fragmente verschlüsselt auf den Peers unterzubringen. Immerhin sollen die fragmentanbietenden Peers die Fragmente lediglich ausliefern, nicht aber selbst nutzen können. Um Manipulationen von Fragmenten auszuschließen, können Mechanismen wie digitale Fingerabdrücke zum Einsatz kommen.

Der zweite Aspekt adressiert den Problemkomplex, dass Fragmentengpässe auftreten können, nachdem schon Downloadpläne an Konsumenten ausgeliefert wurden. Beispielsweise ist es möglich, dass sich eingeplante Peers während der Auslieferung eines Streams an einen Konsumenten abmelden und diese insofern nicht mehr für die Auslieferung von Fragmenten zur Verfügung stehen. Das Bemerken eines solchen Engpasses ist aufgrund der Downloadpläne möglich, bevor der Engpass wirksam wird und Störungen verursacht. Eine Engpasssituation kann zwei Folgen haben:

Sind genug andere Peers mit den betreffenden Fragmenten im P2P System, so ist es lediglich notwendig, die Downloadpläne der betreffenden Konsumenten neu zu strukturieren. Die adaptierten Downloadpläne müssen dann an die betreffenden Peers verschickt werden.

4 Peer-to-Peer basierte Märkte und Geschäftsmodelle für digitale Güter

Liegt jedoch der Fall vor, dass ein tatsächlicher Engpass vorliegt, weil zu wenige Fragmente verfügbar sind, um die Nachfrage zu befriedigen, so muss eine spontane Replikation betreffender Fragmente geschehen, bevor das Fragment tatsächlich benötigt wird. Wie auch bei der initialen Verteilung von Fragmenten geschieht auch dies wieder von Peer zu Peer und wird durch den Indexserver koordiniert.

4.6.2.2.3 Erlösmodell

Das vorgestellte P2P System wäre kein Geschäftsmodell, wenn nicht auch Erträge mit einem solchen System erwirtschaftet werden könnten. Insofern stellt sich die Frage, wie der Infrastrukturbetreiber (also der Betreiber des Indexservers bzw. die Entwickler der Peer-Software) entlohnt werden können. Neben dem Infrastrukturbetreiber müssen auch den Peers Anreize geboten werden, Fragmente zu speichern und auszuliefern. Da das zur Verfügungstellen von Speicherplatz und Netzwerkbandbreite durch die Peers aus betriebswirtschaftlicher Sicht eine Bereitstellung von Produktionsfaktoren darstellt, liegt es nahe, die Peers für das Ausliefern von Fragmenten zu entlohnen. Insofern gleicht das Erlösmodell dem bereits vorgestellten Erlösmodell des kommerziellen P2P Filesharing Systems. Die Entlohnung der bereitstellenden Peers erfolgt jedoch hier auf Basis der bereitgestellten Fragmente. Als Alternative zur direkten Bepreisung von einzelnen Fragmenten kann auch eine prozentuale Bepreisung gemessen am Preis des Gesamtstreams dienen. Die Entlohnung von fragmentanbietenden Peers stellt einen Anreiz dar, unausgenutzte Ressourcen zur Verfügung zu stellen. Die Abrechnung wickelt stets der Indexserver ab. Die Konten der Peers müssen zuvor durch Einzahlungen aufgefüllt werden, wenn ein kostenpflichtiger Stream konsumiert werden soll. Fragmentanbietende Peers sollten dabei selbst entscheiden können, welche Streams sie ausliefern wollen. Hierfür sollte die Peer-Software Funktionalitäten bieten, um z.B. anzugeben, ab welchem Preis pro Kbyte man bereit ist, ein Streamfragment anzubieten. Mit einem solchen Marktmechanismus wäre eine dynamische Allokation von dezentralen Ressourcen möglich.

184   4 Peer-to-Peer basierte Märkte und Geschäftsmodelle für digitale Güter

4.6.3 Ressourcenanalyse des Geschäftsmodells

4.6.3.1 Modell zur Ressourcenanalyse

Im vorangegangenen Abschnitt wurde die konzeptionelle Architektur bzw. das Erlösmodell des P2P basierten Geschäftsmodells dargestellt. An dieser Stelle sollen Überlegungen angestellt werden, wie viele Peers benötigt werden, um den Empfängern der Streams einen störungsfreien Konsum zu ermöglichen. Auf wie vielen Peers die Fragmente untergebracht werden müssen, hängt dabei von zwei Engpassfaktoren ab:

- *Die verfügbare Bandbreite als Engpass.* Jedes Peer stellt eine gewisse Bandbreite zur Verfügung, um die Konsumenten mit Fragmenten zu versorgen. Da in der Regel mehrere Konsumenten einen Stream gleichzeitig konsumieren[255], ist es notwendig, Fragmente redundant zu halten, damit keine nicht zu befriedigende „Übernachfrage" nach Bandbreite entsteht und somit Störungen während des Streams auftreten.
- *Die Verfügbarkeit von Fragmenten als Engpass.* Neben der Bandbreite ist die Verfügbarkeit jedes Peers, auf dem die Fragmente liegen, grundsätzlich wahrscheinlichkeitsbehaftet. Es ist deshalb auch aus diesem Grund notwendig, Fragmente redundant zu halten, da eine gewisse Mindestverfügbarkeit jedes Fragments gewährleistet werden muss.

Damit der Stream möglichst ohne Störung übertragen werden kann, müssen beide Engpassarten berücksichtigt werden.

Die Bandbreite als Engpass

Für die Analyse der Engpässe ist es zunächst notwendig, einige Annahmen zu treffen. Obwohl diese Annahmen stark von der Realität abstrahieren, können dennoch einige grundsätzliche Erkenntnisse gewonnen werden. Die Annahmen stellen sich wie folgt dar:

---

[255] Mit dem gleichzeitigem Konsum ist nicht gemeint, dass alle Konsumenten gemeinsam den Stream gleichzeitig an derselben Stelle benötigen (Live-Stream). Vielmehr ist dabei gemeint, dass die Konsumenten den Stream an jeweils verschieden Stellen benötigen (Video-on-Demand / Music-On-Demand), je nachdem, zu welcher Zeit sie den Stream angefordert haben.

4 Peer-to-Peer basierte Märkte und Geschäftsmodelle für digitale Güter

- Jedes Peer stellt eine konstante Bandbreite zur Verfügung, die sich die Konsumenten „teilen" müssen.
- Jedes Peer ist mit einer konstanten Wahrscheinlichkeit verfügbar.

Die zu beantwortende Frage ist: „Wie viele Peers werden mindestens benötigt, damit die Bandbreite für alle Konsumenten ausreicht, sodass keine Störungen während des Konsums des Streams auftreten?".

Für den Modellrahmen werden folgende Parameter benötigt:

b = zur Verfügung stehende Bandbreite jedes Peers in [Byte/Sekunde]
p = Wahrscheinlichkeit, dass das Peer verfügbar ist
M = Anzahl der unterschiedlichen Fragmente, in die der Stream aufgeteilt wurde
v = Anzahl der Konsumenten, die den Stream gleichzeitig empfangen
s = Größe eines Fragmentes in Byte
N = Anzahl benötigten Peers insgesamt
R^* = Gesamtredundanz pro Fragment (jedes Fragment wird insgesamt R^* mal auf verschiedenen Peers untergebracht)
T = Gesamtabspieldauer des Streams
k = Anzahl der gleichzeitig für einen Download in Anspruch zu nehmenden Peers

Merkmal eines Streams ist, dass das Abspielen des Streams mindestens zeitgleich mit dem fortlaufenden Download einhergeht. Hierdurch kann ein Stream „Just in Time" abgespielt werden. Voraussetzung ist allerdings, dass die Bandbreite ausreicht, um den Stream unterbrechungsfrei empfangen und abspielen zu können. Im Folgenden wird davon ausgegangen, dass der Streamempfänger ausreichend Bandbreite besitzt, um den Stream unterbrechungsfrei zu empfangen. Wird die abzuspielende Datei in einem P2P Netzwerk in Fragmente geteilt und dezentral untergebracht, so muss der Stream von verschiedenen Peers heruntergeladen und zusammengesetzt werden. Dabei ist damit zu rechnen, dass ein Peer nicht in der Lage ist, ein Streamfragment ausreichend schnell zu liefern, da möglicherweise nur eine schwache Netzwerkanbindung vorhanden ist. Um eine hinreichende Bandbreite zu erhalten, muss der Download eines Fragmentes somit parallel von mehreren Peers erfolgen (Download-Splitting). Zunächst ist also wichtig zu ermitteln, wie viele Bandbreiten eines Peers ein Konsument parallel in Anspruch nehmen muss, um ein Fragment herunterzuladen. Die Downloadzeit muss, um einen „Just-in-Time" Stream zu erhalten, somit der Abspieldauer des Fragmentes entsprechen, so dass folgende Bedingung erfüllt werden muss:

(42) $$k \cdot \frac{s}{b} = \frac{T}{M} \Leftrightarrow k = \frac{b \cdot T}{s \cdot M}$$

k entspricht dabei der Anzahl der gleichzeitig für den Download in Anspruch genommenen Peers aus Sicht eines einzelnen Konsumenten, um eine hinreichende Bandbreite zu erreichen (ist k kleiner 1, so bedeutet dies, dass ein Peer mehr als einen Konsumenten gleichzeitig versorgen kann).
Die benötigte Gesamtanzahl an Peers ist das Produkt aus den benötigten Peers pro Fragmentdownload und der Anzahl der Konsumenten:

(43) $$K = k \cdot v$$

K ist dabei die Gesamtanzahl an verfügbaren Peers, sodass die Bandbreite für alle v Konsumenten ausreicht. K stellt ein Mindestmaß an Bandbreite dar. Die Peers sind jedoch nur mit der Wahrscheinlichkeit p online und verfügbar. Es stellt sich somit die Frage, wie viele Peers N insgesamt vorhanden sein müssen, damit mit einer hohen Wahrscheinlichkeit mindestens K Peers verfügbar sind. Die Verfügbarkeit von Peers kann als ein „Ziehen mit Zurücklegen" interpretiert werden und gehorcht insofern einer Binomialverteilung.[256] Damit mindestens K Peers mit einer hohen Wahrscheinlichkeit α (z.B. 0,99) verfügbar sind, muss also N so bestimmt werden, dass gilt:

(44) $$\sum_{x=K}^{N} \binom{N}{x} p^x (1-p)^{N-x} \geq \alpha$$

Gleichung (44) ist die kumulierte Dichtefunktion der Binomialverteilung und entspricht somit ihrer Verteilungsfunktion.
Geht man von einer hohen Anzahl von Konsumenten v aus, so nehmen damit auch die Werte von K (Mindestanzahl an Peers) und N (Potenziell verfügbare

---

[256] Vgl. Bamberg/Baur 1996, S.100.

4 Peer-to-Peer basierte Märkte und Geschäftsmodelle für digitale Güter

Peers) zu. Bei hinreichend großem N lässt sich die Binomialverteilung aufgrund des Grenzwertsatzes von DeMoivre-Laplace[257] durch eine Normalverteilung wie folgt approximieren:

(45) $$\binom{N}{x} p^x (1-p)^{N-x} = \frac{1}{\sqrt{2\pi Np(1-p)}} \cdot e^{-\frac{(x-N \cdot p)^2}{2Np(1-p)}}$$

Eine genügende Annäherung kann angenommen werden, wenn gilt $pN > 10$ und $N(1-p) > 10$.[258] Da stets K<=N und K proportional zu der Anzahl der Konsumenten v ist, erreicht allein K bereits bei v=100 einen ausreichend hohen Wert, sodass die Näherung akzeptiert werden kann.

Die Bedingung für die Anzahl der potenziell verfügbaren Peers N aus (44) ist somit durch Gleichung (45) approximierbar. Somit ist N so zu bestimmen, dass gilt:

(46) $$\int_K^N \frac{1}{\sqrt{2\pi Np(1-p)}} \cdot e^{-\frac{(x-Np)^2}{2Np(1-p)}} dx = \alpha$$

Gleichung (46) lässt sich leichter handhaben, da die Berechnung großer Binomialkoeffizienten entfällt und für die Normalverteilung auf die üblichen Wahrscheinlichkeitstabellen zurückgegriffen werden kann.

Fragment als Engpass

Ein bestimmtes Fragment ist nicht zwangsweise verfügbar, da die Peers nur mit einer bestimmten Wahrscheinlichkeit p online sind. Es muss jedoch sichergestellt werden, dass jedes Fragment mit einer ausreichend hohen Wahrscheinlichkeit verfügbar ist. Hierfür ist es notwendig, dass Fragmente redundant auf verschiedenen Peers gespeichert werden. Für die Untersuchung des Engpasses der Verfügbarkeit eines Fragmentes wird analog zum Engpass Netzbandbreite die obige Analyse fortgesetzt.

Der Bezug eines einzelnen Fragmentes unterliegt zwei Engpässen. Zunächst ist es möglich, dass ein Fragment zur gleichen Zeit von mehreren Kon-

---

[257] Vgl. Schlittgen 1996, S. 94.
[258] Vgl. Voß/Buttler 2000, S. 359.

sumenten benötigt wird. Damit die Bandbreite hierfür ausreicht, muss das Fragment somit redundant auf mehreren Peers vorgehalten werden. Unterstellt man, dass der Zeitpunkt der Anforderung des Streams durch die Konsumenten gleichverteilt ist, so ist die Wahrscheinlichkeit, dass ein Konsument ein bestimmtes Fragment zu einem gegebenen Zeitpunkt benötigt $\frac{1}{M}$ (M ist die Anzahl der verschiedenen Fragmente, in die der Stream aufgeteilt wird). Damit keine Bandbreitenengpässe bezogen auf ein einzelnes Fragment auftreten, sollte ein Fragment in der Form redundant gehalten werden, so dass diese Redundanz mit einer hohen Wahrscheinlichkeit ausreicht, um die Nachfrage der Konsumenten zu befriedigen. Mit Hilfe der Binomialverteilung lässt sich somit die Frage beantworten: Wie viele der v Konsumenten benötigen zur gleichen Zeit ein bestimmtes Fragment mit einer hohen Wahrscheinlichkeit β? Somit sollte die Redundanz pro Fragment R durch folgende Bedingung ermittelt werden:

(47) $$\sum_{x=0}^{R} \binom{v}{x} \left(\frac{1}{M}\right)^{x} \left(1 - \frac{1}{M}\right)^{v-x} \geq \beta$$

Mit Hilfe von Gleichung (47) kann man die Redundanz pro Fragment berechnen. Da ein Fragment aufgrund einer zu geringen Bandbreite eines Peers von mehreren Peers gleichzeitig bezogen werden muss, müssen mindestens $R \cdot k$ verfügbare Peers das Fragment bereitstellen.

Bisher wurde lediglich diskutiert, wie viele verfügbare Peers das Fragment bereitstellen müssen. Jedoch ist die Verfügbarkeit der Peers wahrscheinlichkeitsbehaftet. Insofern müssen grundsätzlich weitere Peers das Fragment besitzen, damit mit einer hohen Wahrscheinlichkeit ausreichend Peers mindestens verfügbar sind. Die Berechnung der Gesamtredundanz R* muss also unter Einbezug der Online-Wahrscheinlichkeit p geschehen. Die Redundanz R* sollte so hoch sein, dass unter Einbezug der stochastischen Verfügbarkeit der Peers **und** etwaiger paralleler Zugriffe auf ein Fragment eine möglichst kleine Wahrscheinlichkeit besteht, dass es einen Fragmentengpass gibt. Diese Fragestellung lässt sich beantworten, indem die Wahrscheinlichkeiten von Situationen, die zu einem Fragmentengpass führen, aufaddiert werden und die Summe dieser Wahrscheinlichkeiten hinreichend klein bleibt. Dabei wird davon ausgegangen, dass die Wahrscheinlichkeit der Ver-

4 Peer-to-Peer basierte Märkte und Geschäftsmodelle für digitale Güter

fügbarkeit eines Peers p und die Wahrscheinlichkeit, dass ein Fragment gleichzeitig von i Konsumenten benötigt wird, unabhängig voneinander sind. Folgendes Zahlenbeispiel erläutert die Vorgehensweise:

Es sei p=0,4 (Onlinewahrscheinlichkeit); v=2500 (Anzahl Konsumenten); M=10000 (Anzahl verschiedener Fragmente); k=3 (parallel benötigte Peers für Download eines Fragments).

Es liegt nun eine Engpasssituation vor, wenn z.B. folgendes Eintritt: Ein Fragment wird gleichzeitig von 2 Konsumenten gebraucht. Da k=3 ist, werden hierfür 6 Peers gleichzeitig benötigt. Ein Engpass entsteht, wenn nur bis zu 5 Peers das gewünschte Fragment bieten können. Aufgrund der Unabhängigkeit ergibt sich die Wahrscheinlichkeit für diesen Engpass aus dem Produkt der Wahrscheinlichkeiten, dass genau zwei Konsumenten das Fragment zur gleichen Zeit brauchen und dass maximal 5 verfügbare Peers das Fragment bieten können. In folgender Tabelle sind alle für die Beispielzahlen möglichen Engpässe aufgeführt:

(1) Anzahl Fragm., die gleichz. benötigt werden	(2) Hierfür benötigte Peers (k-fache)	(3) Wahrscheinl., dass genau diese Anzahl Fragmente benötigt wird	(4) höchstens Verfügbare Peers: (2)-1	(5) Wahrscheinl., höchstens (4) Anzahl Peers verfügbar sind (hängt von R* ab)	(6) Engpasswahrscheinlichkeit: (3)*(5)	(7) Kummulierte Wahrscheinlichkeiten
1	3	19,4717%	2	0,0429%	0,0084%	0,0084%
2	6	2,4332%	5	2,9362%	0,0714%	0,0798%
3	9	0,2026%	8	27,3531%	0,0554%	0,1352%
4	12	0,0127%	11	73,2282%	0,0093%	0,1445%
5	15	0,0006%	14	96,5608%	0,0006%	0,1451%
6	18	0,0000%	17	99,8795%	0,0000%	0,1451%
7	21	0,0000%	20	99,9992%	0,0000%	0,1451%
8	24	0,0000%	23	100,0000%	0,0000%	0,1451%

Tabelle 26: Fragmentengpassbetrachtung[259]

Als allgemeine Bedingung für die Ermittlung von R* kann folgende Gleichung gelten:[260]

---

[259] Es wurde eine Gesamtredundanz R*=25 zugrunde gelegt. Mit einer Wahrscheinlichkeit von 0,145% tritt ein Engpass auf.
[260] Die Summe muss theoretisch bis unendlich berechnet werden. Dabei sollte beachtet werden, dass der rechte Ausdruck (*Wahrscheinlichkeit, dass ein Engpass eintritt*) stets als 1 zu interpretieren ist, sobald j>R*.

4 Peer-to-Peer basierte Märkte und Geschäftsmodelle für digitale Güter

$$(48) \quad \sum_{i=1}^{\infty} \left(\underbrace{BV\left(i,v,\frac{1}{M}\right)}_{\substack{\text{Wahrscheinlichkeit, dass} \\ \text{i Konsumenten das} \\ \text{Fragment benötigen}}} \cdot \underbrace{\sum_{j=0}^{aufrunden(ki)-1} BV(j,R^*,p)}_{\substack{\text{Wahrscheinlichkeit, dass} \\ \text{ein Engpass entsteht}}} \right) \leq \varepsilon$$

Dabei entspricht die Funktion BV(x,y,z) der Dichtefunktion der Binomialverteilung mit der Wahrscheinlichkeit z, der Anzahl der Ziehungen y und der positiven Ziehungen x. R^* muss nun so gewählt werden, dass die Engpasswahrscheinlichkeit einem möglichst kleinem Niveau ε entspricht.

4.6.3.2 Ein Zahlenbeispiel

Um die theoretisch hergeleiteten Ressourcenumfänge plastischer darzustellen, sollen an dieser Stelle zwei Beispiele dargestellt werden. Dabei werden zwei Szenarien betrachtet. Im ersten Szenario besitzen die Peers nur wenig Bandbreite, im zweiten dagegen verhältnismäßig viel. Folgende Tabelle zeigt die Konfigurationen der beiden Szenarien:

Parameter	Ausprägung
Anzahl Konsumenten v	2500
Anzahl unterschiedlicher Fragmente M	10000
Größe eines Fragments s [byte]	52429
Größe des Gesamtstreams [Mbyte]	500
Spieldauer des Streams T [sec]	3600
Peer Online Wahrscheinlichkeit p	40%

Tabelle 27: Parameterkonstellation der beiden Szenarien

Im Szenario 1 (wenig Bandbreite) soll eine Übertragungskapazität von 37500 [Byte/Sec] angenommen werden. Das entspricht ca. einer 5-fachen ISDN Leitung. Im Szenario 2 wird eine Kapazität von 1 Mio. [Byte/Sec] angenommen (sehr schwaches LAN). Bei dieser Parameterkonstellation sind gemäß Gleichung (46) folgende Anzahlen an Peers insgesamt notwendig, um die er-

4 Peer-to-Peer basierte Märkte und Geschäftsmodelle für digitale Güter

forderliche Bandbreite bei einem Verfügbarkeitsniveau α von z.B. 99% zu gewährleisten:

Parameter	Szenario 1 (wenig Bandbreite)	Szenario 2 (viel Bandbreite)
Benötige Peers insgesamt	24721 Peers	1000 Peers
Benötige parallele Peers k	3,883	0,146

Tabelle 28: Notwendige Anzahl Peers in den beiden Szenarien

Tabelle 28 stellt dar, wie viele Peers benötigt werden, um in den Szenarien eine hinreichende Bandbreite zu erreichen. Folgende Tabellen beschäftigen sich mit der Redundanz R^* der Fragmente in den Szenarien. Die folgende Tabelle 29 zeigt, wie R^* im Szenario 2 (viel Bandbreite) ermittelt werden kann:

(1) Anzahl gleichzeitig angeforderter Fragmente	(2) Hierfür benötigte Peers (k-fache aufgerundet)	(3) Wahrscheinlichkeit, dass genau diese Anzahl Fragmente benötigt wird	(4) Höchstens verfügbare Peers	(5) Wahrscheinlichkeit, dass höchstens diese Anzahl Peers verfügbar sind	(6) Engpasswahrscheinlichkeit	(7) Kummulierte Wahrscheinlichkeiten
1	1	19,4717%	0	1,6796%	0,3271%	0,3271%
2	1	2,4332%	0	1,6796%	0,0409%	0,3679%
3	1	0,2026%	0	1,6796%	0,0034%	0,3713%
4	1	0,0127%	0	1,6796%	0,0002%	0,3715%
5	1	0,0006%	0	1,6796%	0,0000%	0,3715%
6	1	0,0000%	0	1,6796%	0,0000%	0,3715%
7	2	0,0000%	1	10,6376%	0,0000%	0,3715%
8	2	0,0000%	1	10,6376%	0,0000%	0,3715%
9	2	0,0000%	1	10,6376%	0,0000%	0,3715%
10	2	0,0000%	1	10,6376%	0,0000%	0,3715%
11	2	0,0000%	1	10,6376%	0,0000%	0,3715%
12	2	0,0000%	1	10,6376%	0,0000%	0,3715%
13	2	0,0000%	1	10,6376%	0,0000%	0,3715%
14	3	0,0000%	2	31,5395%	0,0000%	0,3715%
15	3	0,0000%	2	31,5395%	0,0000%	0,3715%
...	...	...	...	...	...	...

Tabelle 29: Fragmentengpasskalkulation im Szenario (2) viel Bandbreite ($R^*=8$)

In Tabelle 29 wird jedes Fragment $R^*=8$ mal redundant gehalten. Es gibt insofern grundsätzlich 8 verschiedene Peers, die dasselbe Fragment bereithalten. Da ein Peer soviel Bandbreite hat, dass zur selben Zeit mehrere Fragmente gleichzeitig abgerufen werden können, werden erst in der Situation, in der ein Fragment 7 mal gleichzeitig benötigt wird, zwei Peers zum Ausliefern notwendig (Spalte 2). In Tabelle 29 tritt bei R*=8 ein Engpass mit einer Wahrscheinlichkeit von 0,37% auf.

Eine Vergleichbare Rechnung ist auch für Szenario 1 möglich. Ohne auch diese Rechnung detailliert darzulegen kann für die beiden Szenarien folgendes Ergebnis berechnet werden:

Parameter	Szenario 1 (wenig Bandbreite)	Szenario 2 (viel Bandbreite)
Redundanz pro Fragment R*	27	8
Engpasswahrscheinlichkeit eines Fragmentes	0,389%	0,371%
Verschiedene Fragmente pro Peer im Mittel	27*10000/24721=1,092	8*10000/1000=80

Tabelle 30: Verschiedene Gesamtredundanzen R* in den beiden Szenarien

An Tabelle 30 kann man erkennen, dass eine größere Bandbreite der Peers mit einer geringeren Redundanz einhergeht. Dies lässt sich vor allem dadurch begründen, dass ein Peer aufgrund der größeren Bandbreite stets mehrere Fragmente gleichzeitig ausliefern kann. Es sind somit weniger Peers notwendig, um die gleichzeitige Nachfrage nach einem Fragment zu befriedigen. In der letzten Zeile ist dargestellt, wie viele verschiedene Fragmente ein Peer im Mittel bereitstellen muss. Je höher die Bandbreite eines Peers, desto mehr verschiedene Fragmente muss es bereithalten.

Die verschiedenen (redundanten) Fragmente müssen auf die gesamten Peers aufgeteilt werden. Bei der Aufteilung sollte möglichst vermieden werden, dass der Ausfall eines bestimmten Fragmentes mit dem Ausfall eines bestimmten anderen Fragmentes korreliert. Dies gilt verschärft für Fragmente, die in der Abspielfolge zeitlich nah aneinander liegen.

4.6.4 Ökonomische Analyse

Im letzten Abschnitt wurden einige Überlegungen dazu angestellt, inwiefern der Stream auf die verschiedenen Peers aufgeteilt werden muss und welche Einflussfaktoren eine Rolle dabei spielen. Nach dieser eher formal geprägten Analyse sollen nun einige Argumente dargestellt werden, die die ökonomische

Vorteilhaftigkeit einer derart verteilten P2P Anwendung herausstellen. Im Wesentlichen können hier drei verschiedene ökonomische Wirkungen identifiziert werden: Kosten und Investitionen, Verwendung marktlichter Koordinationsmechanismen und Wirkungen auf Eintrittsbarrieren.

Kosten und Investitionen

Der Grundgedanke der vorgestellten P2P Applikation bzw. des Geschäftsmodells ist grundsätzlich nach folgendem Prinzip aufgebaut: Nutze dezentrale Ressourcen, die ohnehin vorhanden sind und verknüpfe sie zu einer für den Zweck der Anwendung brauchbaren Infrastruktur. Hiermit wird deutlich, dass Investitionen in eine eigene aufzubauende Infrastruktur nur in geringem Maße notwendig sind. Wie anfangs bereits beschrieben, setzen Streaming-Anwendungen enorme Bandbreiten und Speicherplatzmöglichkeiten voraus. Auch der Aufbau einer lastverteilenden und somit redundanten Infrastruktur ist notwendig, wenn die Bereitstellung der Inhalte durch einen eigenen Maschinenpark bewältigt werden soll. Diese Infrastrukturkosten entfallen bei dem vorgestellten P2P Geschäftsmodell größtenteils. Es ist lediglich notwendig, die Kosten für die Entwicklung der Peer-Software und der koordinierenden Zentraleinheit zu bewältigen. Infrastrukturkosten in Form von vielen starken Servern sind kaum mehr vorhanden.

Bandbreite und Speicherplatz werden dezentral bei vielen tausenden von Usern „angemietet". Ökonomisch gesehen bedeuten diese „Mieteinnahmen" für den einzelnen User die Vermeidung von Leerkosten, da jeder User seine Hardware in der Vergangenheit anschaffen musste. Insofern besteht zwischen jedem User und dem Betreiber der dezentralen P2P Infrastruktur ein Win-Win-Verhältnis. User, die intensiv Fragmente speichern und bereitstellen, könnten sogar umsonst in den Genuss der Streams kommen, wenn sich ihre „Mieteinnahmen" und die zu zahlenden Preise für die konsumierten Streams kompensieren.

Neben der nicht mehr notwendigen Investition in eine zentrale Infrastruktur weist das dezentrale P2P Modell auch Vorteile im „laufenden Betrieb" auf. Die User, die auf ihren Peers Fragmente zur Verfügung stellen, werden nur entlohnt, wenn tatsächlich auch Uploads durchgeführt werden. Insofern entstehen auch nur Kosten bei Nutzung des Systems. Dies bedeutet eine sehr variable Kostenskalierung. Der Break-Even Punkt eines solchen Systems würde aufgrund der Variabilisierung der Kosten eher erreicht als beim Vorhalten zahlreicher Streaming-Server. Mit dieser Vermeidung von Leerkosten auf Seiten des Infrastrukturbetreibers geht eine Risikoverminderung einher.

Verwendung marktlicher Koordinationsmechanismen

Ist ein bestimmter Stream sehr beliebt (z.B. ein neu herausgekommener Film), so sind aufgrund der gestiegenen Nachfrage mehr Peers notwendig, um Fragmente dieses Films bereitzuhalten. Aufgrund der Beliebtheit des Streams wird auch die Zahlungsbereitschaft der Konsumenten entsprechend höher sein. Wird die erhöhte Zahlungsbereitschaft in Teilen an die User weitergegeben, die auf ihrem Peer Fragmente hosten und dafür entlohnt werden, so entstehen erhöhte Anreize, gerade Fragmente dieses Streams anzubieten. Insofern führt eine erhöhte Nachfrage über die Entlohnung der bereitstellenden Peers zu einer Erweiterung der verfügbaren Ressourcen, die wiederum notwendig sind, die erhöhte Nachfrage mit ausreichend Bandbreite zu versorgen. Diese marktliche Koordination führt also tendenziell zu einer geeigneten und situationsgerechten Skalierung der Ressourcen, mithin also zur jeweils ausreichenden Allokation der notwendigen Produktionsfaktoren, um den Stream insgesamt mehrfach auszuliefern. Insofern kann hierbei von einer Selbstallokation der Ressourcen durch den Preismechanismus gesprochen werden. Dennoch muss die Kritik angeführt werden, dass das P2P System ein gewisses Mindestmaß an Teilnehmern (kritische Masse) aufweisen muss, damit es funktionstüchtig ist. Zu diesem Zweck ist es von Nutzen, die Streaming-Funktionalitäten an bereits weitverbreitete P2P Filesharing-Systeme zu koppeln.

Eintrittsbarrieren

Die Speicherung der Streams geschieht im vorgestellten P2P System dezentral und redundant. Da keine Zentralinstanz die Streams ausschließlich vorhält und die Kosten hochgradig mit der Nutzung eines Streams skalieren, könnte das P2P System Funktionalitäten bereithalten, die es praktisch jedem User ermöglichen, eigene Streams kostenpflichtig über das P2P System zu publizieren. Auch unbekannte „Produzenten" könnten somit kostengünstig in direkten Kontakt mit Konsumenten treten, wodurch Eintrittsbarrieren stark gesenkt würden. Es ist somit denkbar, einen Markt für Hobby- und Privatinhalte zu schaffen, der ansonsten aus Kostengründen nicht möglich wäre. Hierbei muss allerdings kritisiert werden, dass die inhaltliche Kontrolle der Streams ein ernstzunehmendes Problem darstellt. So darf es bspw. nicht dazu kommen, dass Streams, die normalerweise unter eine Zensur fallen würden, öffentlich zugänglich werden. Um solche Situationen zu vermeiden, müssen die Urheber der Streams eindeutig identifizierbar sein, damit diese im Zweifelsfall zur Verantwortung gezogen werden können.

4.6.5 Modellkritik

In diesem Abschnitt wurde eine Erweiterung des P2P basierten Geschäftsmodells vorgestellt, welches die dezentrale Auslieferung von Multimediastreams fokussiert. Diese Erweiterung weist dabei eine andere Kostenstruktur auf als ein Ausliefern von Streams mithilfe zentraler Streaming-Server. Die Ressourcenanalyse hat gezeigt, wie viele Peers notwendig sind, um ausreichend Bandbreite vorzuhalten. Diese Analyse basierte jedoch auf einfachen Annahmen. Insbesondere die Annahme, dass alle Peers über eine gleiche Bandbreite verfügen, kann als sehr simplifizierend angesehen werden. Dennoch sind einige grundlegende Erkenntnisse und Größendimensionen feststellbar. In weiteren Forschungsarbeiten sollten Modelle zur Ressourcenanalyse entwickelt werden, die eine komplexere Abbildung der Realität erlauben.

4.7 Zusammenfassung der Geschäftsmodelle für digitale Güter

In diesem Kapitel wurde untersucht, mit welchen Geschäftsmodellen digitale Güter – insbesondere Musik – im Internet vertrieben werden können. Im Vordergrund stand dabei die Entwicklung eines eigenen P2P basierten Geschäftsmodells aus konzeptioneller, technischer, sowie ökonomischer Sichtweise. Dabei wurde in den einzelnen Abschnitten jeweils auf weiteren Forschungsbedarf eingegangen. Als nächster Schritt ist die Implementierung eines Prototyps des kommerziellen Filesharing-Systems mit den beschriebenen Eigenschaften und Mechanismen anzustreben. Dieser Prototyp kann dabei mit Hilfe des im vorigen Kapitel beschriebenen Frameworks implementiert werden.

Bezüglich der Umsetzung des Geschäftsmodells in die Realität ist jedoch nicht nur die eigentliche Ausgestaltung des Geschäftsmodells als zwingender Erfolgsfaktor zu verstehen. Wichtig ist vielmehr auch, dass die wichtigsten strategischen Partner das Geschäftsmodell unterstützen. Insbesondere müssten die größten Musiklabels ihre Titel zur Verfügung stellen, da sie die einzigen Inhaber der Verwertungsrechte darstellen. Dieser Umstand kann jedoch schwerlich Gegenstand einer wissenschaftlichen Untersuchung sein.

5 Dezentralisierung von elektronischen Märkten mit Peer-to-Peer Technologien

5.1 Problemstellung

Eine Transaktion in einem Filesharing-System beschränkt sich auf die Aufforderung an ein Peer Content bereitzustellen und die dann folgende Auslieferung des Datenstroms. Betrachtet man den Austausch von Content als eine Transaktion (so wie es im Kapitel für Geschäftsmodelle für digitalen Content in P2P Netzwerken geschah), so liegt es nahe darüber nachzudenken, ob auch komplexere Transaktionen mit Hilfe eines P2P Netzwerkes abgewickelt werden können. Diese komplexeren Transaktionen können dabei als Transaktionen aufgefasst werden, die den Austausch beliebiger Waren organisieren. Es kann sich insofern hierbei z.B. um Kraftfahrzeuge, Golfschläger oder Versicherungsverträge handeln. Natürlich fokussiert eine solche elektronische Transaktion – im Gegensatz zu Filesharing-Systemen – nicht den Austausch der Ware selbst, sondern lediglich die Informationsflüsse, die zu einem Vertragsabschluss führen und letztendlich eine Auslieferung auf herkömmlichem Wege herbeiführen. Hierbei stellt sich die Frage, warum man eine Transaktion mit Hilfe eines dezentralen P2P Netzwerk abwickeln sollte. Denn immerhin gibt es schon seit Jahren Konzepte und auch praktische Umsetzungen von elektronischen Märkten. Das Hauptargument, einen Marktplatz in einer P2P Form aufzubauen ist zweifelsohne die daraus resultierende Dezentralität. Da keine zentrale Plattform mit ökonomischen Aufgaben (Intermediär) – wie es stets bei „traditionellen" Client/Server Marktplätzen der Fall ist - in einem P2P Netzwerk existiert, gibt es auch keinen zentralen Betreiber, der für seine Dienste eine finanzielle Entlohnung verlangen könnte. Aufgrund des Fehlens eines zentralen ökonomischen Intermediärs ist ein solches P2P Netzwerk auch nicht abgegrenzt, sodass jeder Marktteilnehmer unbeschränkten Zutritt zum Netzwerk hat. Aufgrund dieser Offenheit ist das beschriebene P2P Netzwerk selbst streng genommen kein elektronischer Marktplatz. Es sollte vielmehr als eine internetbasierte, dezentrale Business Infrastruktur oder als ein P2P Business Backbone angesehen werden, an das sich Marktteilnehmer anschließen können, um strukturierte Nachrichten zur Abwicklung einer Transaktion auszutauschen. Grundsätzlich stellt eine solche P2P Infrastruktur kein Geschäftsmodell eines bestimmten Betreibers dar, sondern sollte als ein Internetdienst auf der Stufe wie E-Mail oder FTP angesehen werden, auch wenn dieser P2P basierte Dienst um ein vielfaches komplexer ist. In Anlehnung an bekannte Bezeichnungen wie „Filesharing-System" könnte der vorliegende P2P Dienst als ein „Transactionsharing-System" oder als ein „Napster für Transaktionen" betitelt werden. Die auszutauschenden Informationen in einem solchen Transactionssharing-System sind keine digitalen Güter wie Musik oder Filme, sondern vielmehr Dateien, die Teile einer Transaktion kodieren. Der wesentliche Unterschied zu herkömmlichen Filesharing-Systemen ist, dass diese Dateien nicht voneinander unabhängig sind, sondern stets im Zusammenhang mit anderen Dateien gesehen werden müssen, die in ihrer Gesamtheit wiederum eine Transaktion widerspiegeln. Die Organisation dieser Teilfragmente zu einer Transaktion kann insofern als Grundlage für ein Transactionsharing-System gesehen werden.

5.2 Gang der Untersuchung

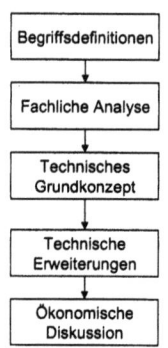

Abbildung 54: Gang der Untersuchung

Die folgenden Abschnitte beschreiben und diskutieren Aufbau und Funktionsweise des P2P Netzwerkes. Für eine einheitliche Begriffsverwendung werden zunächst notwendige Begriffe erklärt. Anschließend werden die Informationsflüsse in einem P2P Netzwerk, die für die Abwicklung einer Transaktion notwendig sind, fachlich analysiert, um darauf folgend Anforderungen zu formulieren, die von dem P2P Marktplatz erfüllt werden sollten. Aufbauend auf der fachlichen Analyse und den Anforderungen wird das technische Konzept des P2P Marktplatzes erläutert. Hier wird die Systemarchitektur, die Struktur des Informationsaustausches zwischen Peers und die technische Abwicklung einer Transaktion beschrieben. Nach diesen Grundfunktionalitäten des P2P Marktplatzes wird eine Diskussion eröffnet, inwiefern beliebige Mehrwertdienste für die Marktteilnehmer auf die P2P Infrastruktur aufgesetzt werden können. Solche Mehrwertdienste können z.B. Auktionsdienste, Reputationsdienste oder Archivierungsdienste sein. Die Mehrwertdienste werden von so genannten Servicepeers erbracht, die für Ihre Leistung durchaus eine Bezahlung verlangen können. Das Nutzen dieser Mehrwertdienste ist jedoch jedem Marktteilnehmer freigestellt. Nach der technischen Konzeption des P2P

Marktplatzes erfolgt eine ökonomische Analyse. Hierbei wird der P2P Marktplatz mit dem Konzept des traditionellen elektronischen Marktplatzes mit zentralem Intermediär verglichen. Eine Untersuchung des P2P Marktplatzes soll dabei anhand etablierter Theoriegebäude der Wirtschaftswissenschaften erfolgen. In diesem Rahmen bieten Erkenntnisse der Handelsbetriebslehre Möglichkeiten, den P2P Marktplatz ökonomisch zu analysieren.

5.3 Stand der Forschung

Ein P2P basierter elektronischer Marktplatz ist bisher in der Praxis kaum anzutreffen. Auch in der Wissenschaft ist der Anwendungsaspekt eines P2P Marktplatzes nahezu undiskutiert.[261] Die Forschung im Bereich P2P Anwendungen spielt sich vielmehr in den Bereichen Filesharing, Instant Messaging, Collaborative Working und Grid-Computing ab.

Ein P2P basiertes Modell zur Abwicklung von Transaktionen beschreibt Youll in seiner Arbeit „Peer-to-Peer Transactions in Agent-mediated Electronic Commerce" und dieses scheint eines der wenigen Forschungsarbeiten zu diesem Thema zu sein.[262] In dieser Arbeit steht jedoch vor allem die Abwicklung von Transaktionen durch Agenten im Mittelpunkt, die in einer dezentralen Netzwerkstruktur miteinander kommunizieren, um Transaktionen abzuarbeiten. Die vorliegende Arbeit unterscheidet sich jedoch stark von der Zielsetzung her, weil es sich hier lediglich um ein P2P System handelt, das sich nicht damit beschäftigt, wie sich die Teilnehmer auf dem P2P Markplatz verhalten, sondern nur die Infrastruktur zum Zwecke der Transaktionsabwicklung bereitstellt. Das Verhalten wird nicht durch Agenten abgebildet, sondern vielmehr der Software der Teilnehmer überlassen, die an die P2P Architektur „angeschlossen" wird. In der vorliegenden Arbeit findet eine strenge logische Trennung zwischen der P2P Infrastruktur und der Anwendungslogik, die das Verhalten der Marktteilnehmer determiniert, statt. Für letztere wird lediglich die notwendige Schnittstelle zur Verfügung gestellt, nicht jedoch, wie die Verhaltenslogik auszusehen hat. Dies ist in jeder Hinsicht (Wahl der Programmiersprache, Algorithmik, etc.) den Marktteilnehmern überlassen. Darüber hinaus betrachtet die vorliegende Arbeit auch ökonomische Aspekte und führt eine Analyse des P2P Marktplatzes im Licht wirtschafts-

---

[261] Für vorausgehende Arbeiten vgl. Gehrke/Schumann 2003, Gehrke/Burghardt/Schumann 2002b.
[262] Vgl. Youll 2001.

wissenschaftlicher Theorien durch. Eine solche ökonomische Diskussion ist bisher in der Literatur nicht zu finden.

5.4 Motivation

Die Herangehensweise, einen elektronischen Marktplatz in Form eines P2P Netzwerkes zu entwickeln, kann durch zwei verschiedene Motivationen erklärt werden.

Die erste kann als *evolutorische Motivation* bezeichnet werden. Ihre Daseinsberechtigung leitet sich aus dem Umstand ab, dass es bereits andere P2P Applikationen in der Vergangenheit gab, die sehr erfolgreich waren. Der Erfolg von Napster beispielsweise beruhte nicht zuletzt darauf, weil Napster enorme Netzeffekte verursachte. Dadurch wurde das System zum Schluss von mehreren Millionen Nutzern verwendet. Es liegt nun nahe, weitere Anwendungsgebiete für P2P Netzwerke zu suchen, die sich ebenfalls Netzeffekte zu Eigen machen könnten. Zusätzlich zu den Netzeffekten ist ein First-Mover Effekt notwendig, um eine P2P Applikation zur Verbreitung zu verhelfen: Das P2P System, das die ersten Nutzer vereinnahmt und insofern einen Vorsprung vor anderen, konkurrierenden System hat, kann stets stärkere Netzeffekte für sich nutzbar machen. Die Anwendung „Peer-to-Peer basierter elektronischer Marktplatz" ist insofern aus zweierlei Gründen untersuchenswert: Erstens gibt es in der Praxis eine solche Applikation noch nicht, so dass ein First-Mover Effekt nicht ausgeschlossen ist. Und zweitens ist ein P2P basierter elektronischer Marktplatz eine Applikation, die Netzeffekten unterliegt.

Die zweite Motivation kann als *ökonomische Motivation* bezeichnet werden. Sie stellt nicht darauf ab, einen elektronischen Marktplatz in P2P Form aufzubauen, weil P2P ein modernes und viel versprechendes Datenverarbeitungsparadigma mit angenehmen Nebeneffekten wie dem Netzwerkeffekt ist, sondern stützt sich auf ökonomische Argumente, die durch eine erhöhte Dezentralität eines Marktes entstehen. Die letztendliche Vision hierbei ist es, einen elektronischen Markt zu etablieren, der dem Denkmodell des vollkommenen Marktes[263] näher kommt. Im Einzelnen wird dieses Ziel z.B. dadurch in einer dezentralen P2P Umgebung begünstigt, weil

---

[263] Vgl. Schumann/Meyer/Ströbele 1999, S. 22ff.

- es keine zentrale elektronische Plattform (ökonomischer Intermediär) gibt, die nennenswert finanziert werden muss (*Desintermediation* und *potenzielle Erhöhung der Konsumentenrente*).
- ein P2P Marktplatz offenen Zutritt für Marktteilnehmer erlaubt (*keine Eintrittsbarrieren*).
- keine durch einen elektronischen Intermediär geschaffenen *Informationsasymmetrien* existieren.
- eine *Verzerrung des Marktergebnisses* durch einen Intermediär unterbleibt.

Die genannten Vorteile basieren hauptsächlich darauf, dass es in einem P2P Netzwerk möglichst keinen ökonomischen Intermediär geben sollte, da Transaktionen direkt – eben P2P – zwischen den Marktteilnehmern durchgeführt werden. Selbstverständlich ist es notwendig, dass die P2P Infrastruktur des elektronischen Marktplatzes notwendige Funktionen bisheriger Wirtschaftssubjekte, die als elektronische ökonomische Intermediäre fungierten, übernimmt. Diese Funktionen in die P2P Infrastruktur zu integrieren, wird Aufgabe der Konzeption des Systems sein und stellt einen Großteil des vorliegenden Kapitels dar.

5.5 Begriffe

Bevor mit der Konzeption des P2P Marktplatzes begonnen wird, ist es notwendig, die hierfür notwendigen Begrifflichkeiten zu erklären und zu definieren. Zunächst wird der Begriff der Transaktion näher gebracht, anschließend ist der Begriff des elektronischen Marktplatzes Gegenstand der Diskussion.

5.5.1 Transaktion

Der Begriff der Transaktion kann in der Wirtschaftsinformatik als doppelt belegt angesehen werden. Einerseits existiert der Begriff in technischer Hinsicht. Eine Transaktion in technischer Hinsicht bedeutet dabei „eine in sich abgeschlossene Aktivität innerhalb eines Computersystems,..."[264]. Oftmals trifft man in der Literatur die ACID-Anforderungen (Atomicity, Consistency, Isolation, Durability)[265] an, damit die korrekte Abarbeitung gewährleistet ist. An dieser Stelle jedoch wird der Begriff der Transaktion in seiner ökonomischen

---

[264] Vgl. Microsoft Press 2003, S. 726.
[265] Vgl. Hansen/Neumann 2001, S. 1088.

Bedeutung gebraucht. Die ökonomische Transaktion meint dabei den Ablauf des Austausches von Waren und ist völlig unabhängig vom technologischen Kontext. Der gesamte Ablauf einer Transaktion wird dabei in verschiedene Phasen unterteilt. Bezeichnung und Anzahl der Phasen sind jedoch in der Literatur uneinheitlich. An dieser Stelle soll eine Darstellung mit drei Phasen gewählt werden: die Informationsphase, die Verhandlungsphase und die Abwicklungsphase:[266]

- In der *Informationsphase* sammelt ein Nachfrager Informationen über potenzielle Anbieter. Diese Informationen sind z.B. Produktinformationen, Preise und Qualitäten.
- In der *Verhandlungsphase* handeln die Transaktionsteilnehmer die Bedingungen der Transaktion aus. Es wird der Kaufvertrag beschlossen, mit dem sich die Teilnehmer einverstanden erklären.
- In der *Abwicklungs- und Kontrollphase* wird der Austausch des Gutes vollzogen und die beteiligen Teilnehmer kontrollieren, ob Sie mit der empfangenen Gegenleistung zufrieden sind.

Im Gegensatz zu Filesharing-Systemen, die selbst die Distribution der digitalen Güter abwickeln können, wird im Folgenden davon ausgegangen, dass ein P2P basierter elektronischer Marktplatz lediglich einen Teil der gesamten Transaktion unterstützen kann. Die für die Auslieferung physischer Waren notwendige Logistik bspw. kann nicht vollständig durch einen elektronischen Marktplatz übernommen werden. Abbildung 55 zeigt, inwiefern eine Transaktion elektronisch unterstützt werden kann.

---

[266] Vgl. Williamson 1985, S. 20ff, zitiert nach Rose 1999, S. 54.

5 Dezentralisierung von elektronischen Märkten mit Peer-to-Peer Technologien

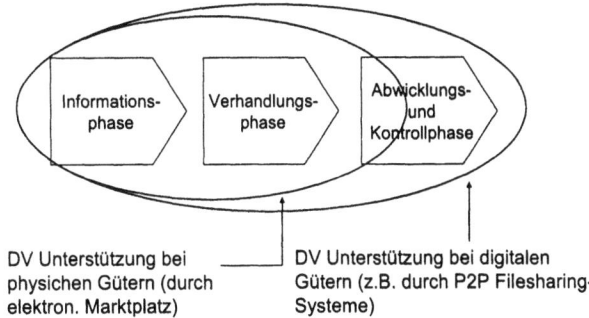

DV Unterstützung bei physischen Gütern (durch elektron. Marktplatz)

DV Unterstützung bei digitalen Gütern (z.B. durch P2P Filesharing-Systeme)

Abbildung 55: DV-Unterstützung bei Transaktionen mit digitalen/physischen Gütern

Transaktionen im Zusammenhang mit digitalen Gütern können vollständig elektronisch abgewickelt werden. Bei Transaktionen mit physischen Gütern kann die letzte Phase der Abwicklung nur zum Teil elektronisch unterstützt werden. Teilfunktionen, die dennoch in dieser Phase elektronisch abgewickelt werden können, sind z.b. Möglichkeiten des elektronischen Bezahlens oder des Monitorings.

5.5.2 Elektronische Marktplätze

5.5.2.1 Begriff des Elektronischen Marktplatzes

Der Begriff des elektronischen Marktplatzes wird in der Literatur uneinheitlich verwendet. Im Rahmen dieses Kapitels ist insofern zunächst eine Abgrenzung notwendig.

Dem Begriff des elektronischen Marktplatzes kann der Begriff des elektronischen Marktes übergeordnet werden. Auf einem elektronischen Markt „...treffen sich wie in der bekannten Ökonomie Angebot und Nachfrage. Der grundlegende Unterschied besteht darin, dass ein Teil der oder die gesamte Transaktion mit Hilfe von entsprechenden Informations- und Kommunikationssystemen elektronisch abgebildet und abgewickelt wird".[267] Ein elektronischer Markt kann in verschiedenen Ausprägungen auftreten. Diese unterschiedlichen Ausprägungen können dabei mit Hilfe des in der Volkswirtschaft üblichen Marktformenschemas eingeordnet werden.[268] Die maßgebliche Dimension ist dabei die Anzahl der Teilnehmer auf jeder

---
[267] Vgl. Zerdick 2001, S. 217.
[268] Vgl. Schumann/Meyer/Ströbele 1999, S. 274.

204   5 Dezentralisierung von elektronischen Märkten mit Peer-to-Peer Technologien

Marktseite. Abbildung 56 ordnet die Ausprägungen verschiedener elektronischer Märkte ein.[269] Ein elektronischer Marktplatz wird dabei als ein Markt mit vielen Teilnehmern auf Nachfrager- und Anbieterseite definiert.

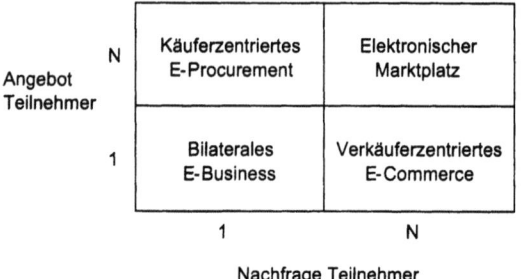

Abbildung 56:   Einordnung des Begriffs „elektronischer Markt"

Das in diesem Kapitel dargestellte P2P basierte Modell eines elektronischen Marktplatzes bezieht sich also auf einen Markt, auf dem jeweils viele Marktteilnehmer auf Anbieter- und Nachfragerseite mitwirken.

Als weiteres Kriterium eines elektronischen Marktplatzes kann die Art der Teilnehmer auf den entsprechenden Marktseiten gelten. Hauptsächlich unterscheidet man auf den Marktseiten Endkonsumenten (Consumer) und Unternehmen (Business). Teilweise werden noch öffentliche Behörden (Government, Authorities) dazugezählt.[270] Abbildung 57 ordnet beispielhaft einige elektronische Marktplätze ein.

---

[269] Vgl. Rebstock 2000, S. 5.
[270] Vgl. Zwißler 2002, S. 11ff.

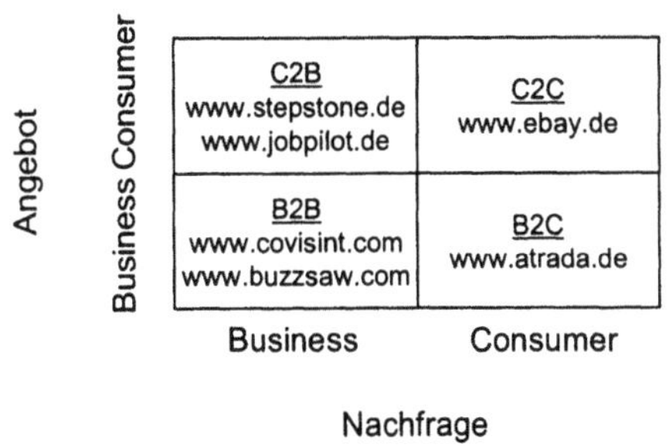

5 Dezentralisierung von elektronischen Märkten mit Peer-to-Peer Technologien

	Business Consumer	
Angebot	**C2B** www.stepstone.de www.jobpilot.de	**C2C** www.ebay.de
	B2B www.covisint.com www.buzzsaw.com	**B2C** www.atrada.de
	Business	Consumer

Nachfrage

Abbildung 57: Einordnung einiger elektronischer Markplätze bezüglich der Marktteilnehmer

Als ein Vorteil von elektronischen Marktplätzen wird oft angeführt, dass den Marktteilnehmern durch eine globale Vernetzung die Möglichkeit der Entkoppelung von Raum und Zeit ermöglicht wird, denn auf einem elektronischen Marktplatz müssen die Beteiligten zur Durchführung der Transaktion physisch nicht zur gleichen Zeit am gleichen Ort sein.[271] In diesem Zusammenhang können elektronische Marktplätze als transaktionskostensenkend gesehen werden.[272] Um diesen Vorteil zu erreichen, wird ein elektronischer Marktplatz in der Regel mit Hilfe eines zentralen ökonomischen Intermediärs konstruiert. Der Intermediär koordiniert dabei Angebot und Nachfrage und kann als virtueller „Abschlussort" der elektronischen Transaktionen gesehen werden. Oft ist der Intermediär eine Plattform, die durch einen fremden Dritten betrieben wird, der sich z.B. durch Transaktions-Provisionen finanziert.[273] In der Regel hat der zentrale Intermediär auch die Funktion, den Markt für die Teilnehmer transparenter zu gestalten, um so Marktunsicherheiten entgegenzuwirken. Diese Transparenz erreicht der Intermediär, indem er umfangreiche Informationen über Anbieter, Produkte und Preise vorhält und eine IV-technische Recherche für die Marktteilnehmer möglich macht. Abbildung 58 zeigt die Funktionsweise eines elektronischen Marktplatzes.

---

[271] Vgl. Zerdick 2001, S. 224.
[272] Vgl. Schmid 1993, S. 465.
[273] Vgl. Rebstock 2000, S. 12.

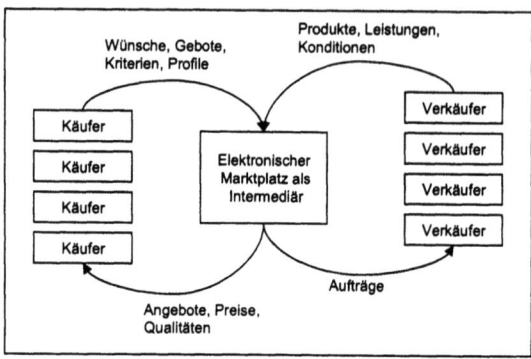

Abbildung 58: Schematische Funktionsweise eines elektronischen Marktplatzes[274]

Der ökonomische Intermediär nimmt eine zentrale Rolle bei der elektronischen Abwicklung von Transaktionen ein. Das P2P basierte Modell eines elektronischen Marktplatzes hat das Ziel, ohne diesen zentralen ökonomischen Intermediär, der das Matching von Angebot und Nachfrage übernimmt, auszukommen.

5.5.2.2 Möglichkeiten und Grenzen elektronischer Marktplätze

Elektronische Marktplätze können gegenüber traditionellen Beschaffungswegen Vorteile aufweisen. Wie bereits erläutert kann dies z.B. die Entkoppelung von Raum und Zeit sein. Aber auch das Wegfallen von Handelsstufen, die so genannte Disintermediation[275], wird oft als Vorteil angeführt, da hierdurch die Margen dieser Stufen eliminiert werden und der Produktpreis für den Käufer sinkt. Ein elektronischer Marktplatz kann somit die Konsumentenrente[276] erhöhen und wirkt insofern wohlstandssteigernd. Diese Vorteile gegenüber traditionellen Handelswegen sollen hier nicht in Frage gestellt werden.

Vielmehr soll diskutiert werden, welche Schwächen aus ökonomischer Sicht bei elektronischen Marktplätzen aufgrund des zentralen Intermediäres auftreten können. Die Effizienz eines solchen elektronischen Marktplatzes wird also mit einem „Idealzustand" verglichen. Dieser „Idealzustand" kann als ein vollkommener Markt interpretiert werden, in dem die Marktteilnehmer

---

[274] In Anlehnung an Zerdick 2001, S. 218.
[275] Vgl. Voigt/Thiell/Weber 2000, S. 109.
[276] Vgl. Varian 1999, S. 239ff.

5 Dezentralisierung von elektronischen Märkten mit Peer-to-Peer Technologien

vollständige Information besitzen, ohne die Dienste eines Intermediäres in Anspruch nehmen zu müssen. Die im Folgenden diskutierten Schwächen gelten gleichzeitig als die Aspekte, die durch das dezentrale P2P basierte Modell eines elektronischen Marktplatzes verbessert werden sollen.

Der elektronische Intermediär ist in der Regel selbst ein Wirtschaftssubjekt, welches aufgrund seiner Dienstleistung finanziert werden muss. Als Erlösquellen im Internet lassen sich im Wesentlichen Werbeerlöse oder Provisionen, die der Intermediär aufgrund vermittelter Transaktionen erhält, anführen.[277] Da Werbeerlöse jedoch bislang als eine zu geringe Erlösquelle angesehen werden müssen, ist die Finanzierung über Provisionen die einzig realistische Perspektive. Diese Provisionen werden letztendlich auf die Käufer abgewälzt und erhöhen somit tendenziell den Stückpreis des gehandelten Gutes. Aus wohlfahrtsökonomischer Sicht könnte die Konsumentenrente also erhöht werden, wenn die Provisionszahlung nicht existent wäre.

Ein elektronischer Intermediär als Vermittler von Transaktionen kann Informationsasymmetrien[278] zu seinen eigenen Gunsten ausnutzen. Er könnte z.B. einem Konsumenten einen Anbieter vorschlagen, der nicht die günstigsten Konditionen bietet, dem Intermediär jedoch hohe Provisionen verspricht. In einem solchen Fall wirkt der Intermediär marktverzerrend. Dieses Verhalten lässt sich mit Hilfe der Principal-Agent-Theorie[279] erklären. Der Intermediär kann dabei als Agent sowohl des Anbieters, als auch des Nachfragers gesehen werden. Da in der Regel nur der Anbieter zu Anreizkompatibilitätszwecken eine Provision zahlt, könnte der Intermediär geneigt sein, eher den Interessen bestimmter Anbieter zu entsprechen, statt dem Nachfrager den optimalen Transaktionspartner preiszugeben.

Im Weiteren kann die Existenz eines Intermediärs zu Markteintrittsbarrieren führen. Hat ein Intermediär eine monopolartige Stellung, so könnte er einzelne Anbieter diskriminieren, indem er ihnen keine Transaktionen vermittelt oder eine Partizipation am Marktplatz nicht ermöglicht. Dies ist z.B. dann denkbar, wenn einzelne Anbieter einen starken Einfluss auf den Intermediär besitzen und diese kein Interesse an der Teilnahme von Konkurrenten haben.

Der Austauschmechanismus eines Intermediärs ist in der Regel nicht offen, so dass eine Partizipation nur möglich ist, wenn der Intermediär es ausdrücklich

---

[277] Vgl. Skierra/Lambrecht 2000, S. 4.
[278] Vgl. Rose 1999, S. 28.
[279] Vgl. Picot/Reichwald/Wigand 1998, S. 47ff.

zulässt. Ein Anbieter kann also vom Intermediär ausgeschlossen werden, selbst wenn er technisch in der Lage ist, seine Informationen gemäß dem Austauschmechanismus des Intermediäres zu strukturieren.

Strebt ein Anbieter an, durch einen Intermediär vermittelt zu werden, so müssen sich Anbieter und Intermediär auf ein Datenaustauschformat einigen. Kooperiert der Anbieter mit mehreren elektronischen Intermediären, so muss er sich möglicherweise mit mehreren verschiedenen proprietären Austauschmechanismen auseinandersetzen.

Der Intermediär muss als Vermittler die Produktkataloge, Preise und Konditionen der einzelnen Anbieter vorhalten (Katalogmanagement).[280] Wenn der Intermediär den Nachfragern sogar Dienstleitungen wie Tracking und Tracing anbieten möchte, muss er den Prozessfortschritt verschiedener Aufträge bei unterschiedlichen Anbietern zugänglich machen. Diese Integration von Daten und Prozessen unterschiedlicher Organisationseinheiten kann hohe Kosten verursachen. Das Modell eines P2P basierten elektronischen Marktplatzes wird ebenfalls Funktionalitäten wie Katalogmanagement oder wie Tracking und Tracing bieten müssen. Diese Funktionalitäten müssen jedoch vollkommen dezentral organisiert sein, da auf einen Intermediär verzichtet werden soll.

5.6 Fachliche Analyse der Transaktion

Um einen elektronischen Marktplatz auf P2P Basis zu konstruieren, ist es zunächst wichtig eine fachliche Analyse durchzuführen. Da ein Marktplatz die Abwicklung von Transaktionen ermöglicht, müssen zunächst die für eine Transaktion benötigten Informationsflüsse beschrieben werden. Im Folgenden findet daher eine Analyse der notwendigen Informationsflüsse anhand der bereits beschriebenen Transaktionsphasen statt.

5.6.1 Informationsflüsse

Eine Transaktion kann in die Phasen Information, Verhandlung und Abwicklung bzw. Kontrolle untergliedert werden. Nachfolgend werden die Informationsflüsse in den einzelnen Phasen untersucht, wenn die Transaktionspartner jeweils durch Peers repräsentiert werden.

Zunächst wird der einfache Fall einer Filesharing-Transaktion betrachtet, wie sie in üblichen P2P Netzwerken vollzogen wird. Dabei wird angenommen –

---

[280] Vgl. Hentrich 2001, S. 20.

5 Dezentralisierung von elektronischen Märkten mit Peer-to-Peer Technologien

wie einst beim Napster-System – dass es einen Indexserver gibt, der festhält, welche Dateien auf welchem Peer zu finden sind (Metadaten).

Während der Informationsphase sucht der Nutzer nach Informationen über einen speziellen Inhalt. Grundsätzlich hängt die Suche nach Inhalten von der Architektur des P2P Netzwerkes ab. Im vorliegenden Fall jedoch wird die Suche durch eine Anfrage beim Indexserver absolviert. Die Antwort des Indexservers ist letztendlich eine Liste mit Metadaten über die entsprechend auf die Anfrage passenden Inhalte und die Peers, die diese Inhalte bereithalten.

Nachdem der Nutzer sich für einen bestimmten Inhalt entschieden hat, kann er sich ein Peer zum Download aussuchen. Eigenschaften, wie z.B. die Dateigröße, die Bandbreite des anderen Peers oder die Qualität des Inhaltes (entweder bewertet durch andere Teilnehmer oder anhand technischer Merkmale wie z.B. die Sample-Rate bei Musikdateien), können bei der Entscheidung unterstützend wirken.

Die Verhandlungsphase ist sehr kurz, da keine umfangreichen Verhandlungsparameter zwischen empfangendem und leistendem Peer ausgetauscht werden müssen (von Bezahlprozessen wird abstrahiert, da diese in illegalen Filesharing-Systemen nicht vorkommen).

Während der Abwicklungsphase findet der Download statt. Nach dem Download kann der Empfänger des Inhaltes die Qualität der empfangenen Datei überprüfen.

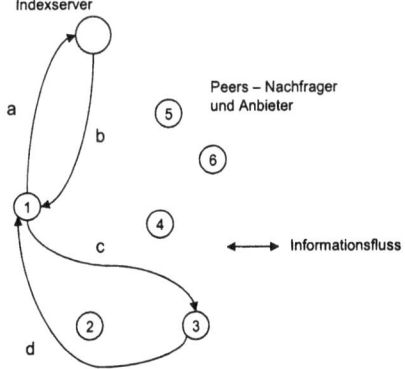

Abbildung 59: Informationsflüsse während einer Filesharing Transaktion

Abbildung 59 zeigt die Informationsflüsse während einer Transaktion in einem Filesharingsystem. Insgesamt kann die Kommunikation wie folgt zusammengefasst werden:

a) **Peer1 zum Indexserver (Informationsphase):** Ich hätte gern den Song „Madonna – like a prayer". Wo kann ich den finden?
b) **Indexserver zu Peer1 (Informationsphase):** Dateien, die diesem Titel entsprechen können gefunden werden bei Peer4 (Dateigröße4, Samplerate4, Bandbreite4) und Peer3 (Dateigröße3, Samplerate3, Bandbreite3).
c) **Peer1 zu Peer3 (Verhandlungsphase):** Bitte liefere mir die Datei „Madonna – like a prayer".
d) **Peer3 zu Peer1 (Abwicklungsphase):** Hier ist diese Datei.

An diesem kurzen Dialog kann man sehen, dass die Verhandlungsphase lediglich aus einer Anfrage besteht, die Datei auszuliefern. Es werden keine speziellen Kontraktparameter notwendig, da es sich bei dem Beispiel „Musikdatei" um ein sehr einfaches digitales Produkt handelt. Dies ist auch der Grund dafür, dass hier der hauptsächliche Fokus auf der Informations- und Abwicklungsphase liegt.

Nach dieser einfachen Filesharing-Transaktion soll die Struktur einer beliebigen Transaktion analysiert werden. Bei diesen beliebigen Transaktionen können Güter wie Autos, Fernseher oder Versicherungsverträge Gegenstand sein. Auch hier wird die Transaktion wieder mit Informationsflüssen beschrieben. Diese Informationsflüsse stellen dabei stets Ströme von Bytes dar, die von einem Peer zu einem anderem gesendet werden. Ein solcher Informationsfluss ist ein Element einer Transaktion, das nicht weiter unterteilt werden kann. Insofern kann ein solcher Informationsfluss als „Transaktionsatom" bezeichnet werden. Jedes Transaktionsatom definiert dabei ein Dokument, welches z.B. die Beschreibung einer Nachfrage, einer Rechnung oder einer Bestätigung enthält. Da diese Informationsflüsse komplexer sind als im zuvor geschilderten Filesharingfall, wird folgend eine tabellarische Darstellung genutzt. Die Reihenfolge der beschriebenen Informationsflüsse ist dabei nicht als zwingend anzusehen, sondern kann auch in bestimmten Situationen in einer anderen Reihenfolge erfolgen. Tabelle 31 zeigt die Informationsflüsse der Informationsphase.

5 Dezentralisierung von elektronischen Märkten mit Peer-to-Peer Technologien

Informationsfluss / Transaktionsatom	Visualisierung
a) Das Nachfragerpeer fragt den Indexserver nach Anbietern, die die gewünschten Güter anbieten. b) Der Indexserver antwortet mit einer Liste entsprechender Anbieterpeers. c) Das Nachfragerpeer spezifiziert seinen Bedarf (z.B. Farbe=rot, Marke=Mercedes,...) und sendet die Anfrage an die entsprechenden Anbieterpeers. d) Die Anbieterpeers generieren daraufhin Angebote und senden diese an das Nachfragerpeer zurück. e) Das Nachfragerpeer sammelt alle empfangenen Angebote und vergleicht diese, um mindestens ein Anbieterpeer für weitere Verhandlungen auszusuchen.	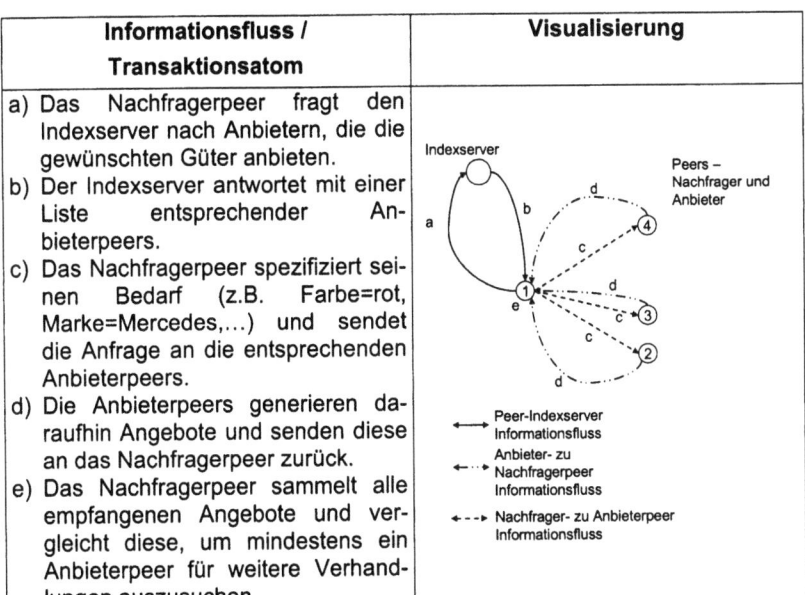

Tabelle 31: Schritte während der Informationsphase

Nachfolgend wird die nächste Phase, die Verhandlungsphase, untersucht. Aus Vereinfachungsgründen wird angenommen, dass das Nachfragepeer lediglich mit einem Anbieterpeer weiterverhandelt. Im Falle mehrerer Verhandlungspartner finden die Informationsflüsse entsprechend mehrfach mit den unterschiedlichen Partnern statt. Somit gibt es im Gegensatz zur Informationsphase nur unilaterale Informationsflüsse. Tabelle 32 zeigt die Verhandlungsphase.

Informationsfluss / Transaktionsatom	Visualisierung
a) Das Nachfragerpeer signalisiert dem Anbieterpeer, dass weitere Verhandlungen gewünscht sind und sendet weitere Informationen wie die Identität, Mengen, Lieferdatum und möglicherweise einen Preis. b) Das Anbieterpeer fasst die bisherigen Verhandlungen zusammen. Wenn das Anbieterpeer akzeptiert, werden weitere Informationen wie der endgültige Preis und Steuern hinzugefügt und das Angebot dem Nachfragerpeer zugestellt. Das Anbieterpeer kann natürlich auch Angebotsveränderungen (z.B. Preis, Service) vornehmen und dies dem Nachfragerpeer erneut offerieren. c) Das Nachfragerpeer akzeptiert den Kontrakt.	Nachfragerpeer — a, b, c — Anbieterpeer (1 ↔ 4)

Tabelle 32: **Informationsflüsse während der Verhandlungsphase**

Nach der Verhandlungsphase schließt die letzte Phase der Abwicklung und Kontrolle an. Tabelle 33 zeigt einen möglichen Ablauf der benötigten Informationsflüsse.

5 Dezentralisierung von elektronischen Märkten mit Peer-to-Peer Technologien

Informationsfluss / Transaktionsatom	Visualisierung
a) Das Anbieterpeer sendet eine Bestätigung an das Nachfragerpeer. b) Das Anbieterpeer übermittelt die Rechnung an das Nachfragerpeer. c) Das Anbieterpeer erstattet Bericht über den aktuellen Status der Lieferung. Dies kann sich mehrere Male wiederholen. d) Das Nachfragerpeer meldet, dass die Lieferung eingetroffen ist. e) Das Nachfragepeer bewertet die Qualität der Transaktion bzw. den Transaktionspartner. Diese Information wird auch auf dem Indexserver abgelegt, damit jedes Peer die Bewertung einsehen kann. f) Im Gegenzug bewertet auch das Anbieterpeer die Transaktion bzw. den Transaktionspartner in gleicher Weise.	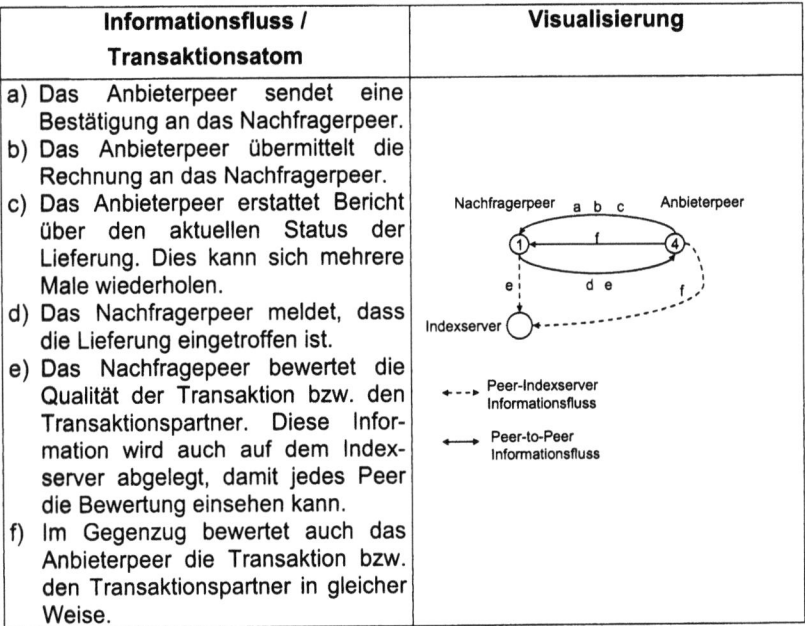

Tabelle 33: Informationsflüsse während der Abwicklungs- und Kontrollphase

Der Hauptunterschied zwischen einer Filesharing-Transaktion und einer generischen Transaktion ist in der größeren Komplexität der generischen Transaktion zu sehen. Die Anzahl der Informationsflüsse ist somit bei einer generischen Transaktion höher und spezifischer, da die Eigenschaft des gehandelten Transaktionsgegenstandes sehr unterschiedlich sein kann. Weiterhin ist ein bedeutender Unterschied, dass ein Filesharing-System auch den Transfer der Inhalte durchführt, während ein P2P Marktplatz lediglich die Transaktionsabwicklung unterstützt, nicht jedoch den Transaktionsgegenstand liefern kann.

5.6.2 Anforderungen

Im letzten Abschnitt wurden die notwendigen Informationsflüsse dargestellt, um eine Transaktion abzuwickeln. Hierfür wurde der Begriff des „Transaktionsatoms" (Vgl. Abschnitt 5.6.1) eingeführt. Die Aufgabe des P2P basierten elektronischen Marktplatzes kann insofern als ein dezentrales Management dieser Transaktionsatome gesehen werden. Die Informationsflüsse wurden zunächst auf sehr abstrakte Weise dargestellt. Um

214   5 Dezentralisierung von elektronischen Märkten mit Peer-to-Peer Technologien

tatsächlich eine Transaktion auf dezentrale und elektronische Weise durchzuführen, sind bestimmte Anforderungen zu erfüllen. Diese Anforderungen können in technische und ökonomische Anforderungen unterteilt werden.[281] Die technischen Anforderungen sind:[282]

- **Sicherheit.** Dokumente und Dateien in einem P2P System können auf verschiedensten Peers innerhalb des Netzwerkes abgelegt sein. Diese Dateien werden insofern nicht direkt von einer Zentraleneinheit kontrolliert, so dass nicht vollständig ausgeschlossen werden kann, dass Dateien von nicht autorisierten Teilnehmern bezogen werden können. Um somit diese Informationen vor der Öffentlichkeit geheim zu halten, ist es notwendig die verteilten Informationen innerhalb des P2P Netzwerkes jeweils zu verschlüsseln, sodass nur autorisierte Teilnehmer den Klartext lesen können. Insofern sollte die P2P Infrastruktur das Management von asymmetrischer Verschlüsselung wie z.B. das RSA-System[283] unterstützen.

- **Plattformunabhängigkeit.** P2P Netzwerke werden nicht vollständig von einer Zentraleinheit betrieben. Insofern basieren diese Netzwerke auf verschiedenen Hardwareplattformen, die verschiedene Betriebssysteme verwenden. Damit kein potenzieller Teilnehmer aus dem Netzwerk ex ante ausgeschlossen wird, muss das P2P System (bzw. die Software, die das P2P Netzwerk darstellt) in einer plattformunabhängigen Weise realisiert sein. Mindestens plattformunabhängige Protokolle sind insofern notwendig. Im Sinne des Prinzips „Write once – use many times" ist jedoch darüber hinaus ein objektorientiertes Design und eine plattformübergreifende Programmiersprache wünschenswert. Zur Implementierung der Peer-Software eignet sich insofern die Sprache Java.[284]

- **Verfügbarkeit.** Im Gegensatz zu Client/Server basierten zentralisierten Marktplätzen, bei denen die Zentraleinheit redundant und in ausfallsicherer Weise aufgebaut werden kann, besteht ein P2P Netzwerk aus vielen unabhängigen Peers, welche jeweils möglicherweise nur temporär am Netz-

---

[281] Vgl. Gehrke/Schumann 2003.
[282] Vgl. auch Turcan 2001, S. 57.
[283] Vgl. Rivest/Shamir/Adleman 1978.
[284] Vgl. dazu Java Sun 2003.

werk teilnehmen. Um die Verfügbarkeit von Dokumenten und Dateien zu maximieren, sollten diese auf mehreren Peers redundant verteilt werden. Jedoch kann das redundante Verteilen von Dokumenten nicht das Problem lösen, dass bestimmte Peers offline sind. Bestimmte Dienste auf einem P2P Marktplatz werden jedoch online verfügbare Peers strikt benötigen, wenn diese eine spezielle Aufgabe übernehmen (z.B. die Online-Berechnung von Krediten). Diese Verantwortlichkeit muss insofern auf die Anbieter von Diensten und Produkten innerhalb des P2P Marktplatzes verlagert werden.

- **Performance und Skalierbarkeit.** Wenn die Anzahl der teilnehmenden Peers im Netzwerk ansteigt, sollte sich die Performance, bspw. bei Suchvorgängen, nicht verschlechtern. Einige P2P Systeme, wie z.B. Gnutella[285] erleiden einen enormen Performanceabfall, sobald die Anzahl der Peers im Netzwerk ansteigt. Dies liegt vor allem an ihrer extrem dezentralen Struktur und den dadurch entstehenden Anfragen, die stets von einem Peer zu mehreren weiteren „benachbarten" Peers weitergeleitet werden. Hierdurch entsteht eine Lawine von Anfragen, sodass ein enorm hoher Netzwerkverkehr induziert wird, der sich mit steigender Suchtiefe exponentiell fortpflanzt.[286] Die Performance auf dem hier vorgestellten P2P Marktplatz sollte in jeder Hinsicht unabhängig von der Netzwerkgröße sein. Dieses ist einer der Gründe, warum ein zentraler Indexserver zum Einsatz kommen sollte, welcher jedoch lediglich Metadaten speichert und somit den Informationsfluss im P2P Netzwerk koordinierend unterstützt. Auf diese Art und Weise können Netzwerkverkehrslawinen vermieden werden.

- **Offene Standards.** Jeder Interessent sollte die Möglichkeit haben, an dem P2P Marktplatz teilzunehmen. Damit die Teilnahme so einfach wie möglich ist, müssen offene Standards verwendet werden, um die bereits genannten Transaktionsatome zu organisieren. Eine Möglichkeit, die Informationen innerhalb eines Transaktionsatoms zu strukturieren, ist der Einsatz von XML. Somit können auch Standardtools wie z.B. XML-Parser zum Einsatz kommen, die für verschiedene Programmiersprachen erhältlich sind.

---

[285] Vgl. Kan 2001, S. 94ff.
[286] Vgl. Ripeanu/Foster/Iamnitchi 2002, S. 5.

- **Integration von vorhandenen Systemen.** Besonders für unternehmerische Teilnehmer ist es wichtig, Informationen innerhalb des P2Ps Marktplatzes automatisch zu verarbeiten. Insofern ist ein Anbinden der bereits vorhandenen betriebswirtschaftlichen Software wünschenswert. Damit Informationen automatisch verarbeitet werden können, sollten Standardtechnologien wie z.b. HTTP, CGI und SQL Verwendung finden, sodass die Integration von vorhandenen Systemen so einfach wie möglich gestaltet werden kann.

Auf der ökonomischen Seite lassen sich folgende Anforderungen formulieren:

- **Vertrauen.** Eine Transaktion kann nur durchgeführt werden, wenn sich die Transaktionspartner gegenseitig vertrauen.[287] Im Gegensatz zu einem zentralen ökonomischen Intermediär, der auch die Rolle einer dazwischen geschalteten Vertrauensinstitution übernehmen kann, können auf einem P2P Marktplatz nur direkte und unilaterale Vertrauensbeziehungen bestehen. Die Verantwortung, Vertrauen zu schaffen, ist insofern in einer P2P Umgebung wieder Aufgabe jedes einzelnen Teilnehmers. Um die Signalisierung von Vertrauenswürdigkeit so einfach wie möglich zu machen, sollten innerhalb des P2P Netzwerkes Mechanismen implementiert werden, die ein „Management von Vertrauen" ermöglichen (vergleichbar z.B. mit Vertrauenskonten wie bei Ebay oder „webs of trust"[288]).

- **Transparenz.** Innerhalb des P2P Marktplatzes existiert kein zentraler ökonomischer Intermediär mehr, welcher die Funktion des Katalog- und Produktmanagement übernimmt. Um die Angebote verschiedener Anbieter vergleichen zu können, sind Rankingfunktionalitäten zu implementieren. Dies ist nur möglich, wenn die zu vergleichenden Dokumente in einer strukturierten Form vorliegen. Für diesen Zweck sollten die Dokumente mit Hilfe entsprechender Metriken vergleichbar sein, um somit ein Ranking zu ermöglichen.

- **Geringe Kosten.** Geringe Kosten sind als hauptsächlicher Grund zu sehen, an einem P2P basierten Marktplatz teilzunehmen. Wie bereits angeklungen, versucht ein P2P basierter Marktplatz einen ökonomischen

---

[287] Zu Vertrauen bei elektronischen Transaktionen vgl. Petrovic et al. 2003.
[288] Vgl. Caronni 2000.

Intermediär aus der Wertschöpfungskette zu entfernen, um Kosten einzusparen. Weiterhin sollte der Aufwand, eigene vorhandene Systeme mit dem P2P Marktplatz zu koppeln, so klein wie möglich sein, um die „total costs of participation" gering zu halten.

5.7 Technisches Konzept

Im Folgenden wird beschrieben, wie der P2P Marktplatz technisch umgesetzt werden könnte. Dabei wird zunächst auf die architekturrelevanten Komponenten eines solchen P2P Marktplatzes eingegangen. Es folgt eine Diskussion, inwiefern eine kommerzielle Transaktion mit Hilfe des P2P Konzeptes organisiert werden kann. Die aufgrund der P2P Architektur entstehenden ökonomischen Mechanismen werden dem Leser daraufhin näher gebracht. Zum Schluss in diesem technischen Teil wird das Ergebnis eines – wenn auch noch sehr einfachen – Prototyps vorgestellt.

5.7.1 Architektur

P2P Systeme können – wie bereits beschrieben - nach unterschiedlichen Architekturen aufgebaut sein. Im Wesentlichen lassen sich P2P Systeme mit einem koordinierenden Indexserver und pure P2P Systeme, die ohne einen zentralen Server auskommen, unterscheiden.[289] Bei Filesharing-Systemen findet man beide Architekturen. Für einen P2P basierten elektronischen Marktplatz kommt jedoch nur der Ansatz mit koordinierendem Server in Frage. Dies kann damit begründet werden, dass es nicht möglich sein darf, dass gewisse Informationen von Marktteilnehmern (Peers) manipuliert werden. Informationen, die deshalb zentral gehalten werden sollten, sind z.B.:

- Stammdaten der Marktteilnehmer.
- Kontostände von Marktteilnehmern.
- Authentifizierungsinformationen (Logins/Passworte).
- Reputationskonten von Marktteilnehmern.
- Öffentliche Schlüssel (beim Einsatz asymmetrischer Verschlüsselungsverfahren).
- Metadaten über Transaktionen.

---

[289] Vgl. Jatelite 2002, S. 5ff.

Bei einem Pure P2P Ansatz wären die Informationen vollständig dezentralisiert und somit auf den entsprechenden Peers auch grundsätzlich manipulierbar. Die angeführten Gründe für einen zentralen Indexserver bedeutet jedoch nicht, dass die genannten Informationen und die damit verbundenen Funktionen nicht auch dezentral abgewickelt werden könnten. Eine diesbezügliche Dezentralisierung würde jedoch fortgeschrittene und möglicherweise auch nur schwierig verständliche Algorithmen voraussetzen. Es soll deshalb aus technischer Sicht zunächst so einfach wie möglich vorgegangen werden. Zentrale Elemente innerhalb eines P2P Netzwerkes sind für den Zweck eines Marktplatzes insofern dem dezentralen P2P Prinzip auch nicht abträglich, solange die zentralen Funktionen keine oder nur geringe ökonomische Wertschöpfung implizieren. Die genannten Informationen, die ein solcher Indexserver zu verwalten hat, bedürfen keiner besonderen ökonomischen bzw. wertschöpfenden Fachkompetenz.

Eine weitere bereits genannte Begründung für einen zentralen Indexserver stellt der Aspekt der Performance und Verfügbarkeit dar, denn dezentrale P2P Systeme wie z.B. das Gnutella System leiden oft darunter, dass Suchanfragen in Informationslawinen ausarten und die Bandbreite des Netzes stark beanspruchen.[290] Abbildung 60 stellt den Aufbau eines elektronischen Marktplatzes mit Intermediär dem P2P basiertem Ansatz gegenüber.

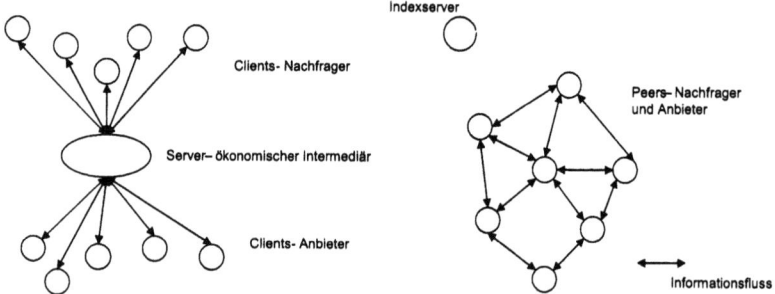

Abbildung 60: Rechts: Schematischer Aufbau des P2P basierten Modells eines elektronischen Marktplatzes, links das traditionelle Client/Server Modell

---

[290] Vgl. Ripeanu/Foster/Iamnitchi 2002, S. 5.

5 Dezentralisierung von elektronischen Märkten mit Peer-to-Peer Technologien

5.7.2 Kodierung der Transaktion

Wesentliche Aufgabe des P2P basierten Markplatzes ist die Abwicklung von Transaktionen. Daher muss zunächst spezifiziert werden, wie eine Transaktion in einem solchen System repräsentiert werden soll. Aus DV-Sicht kann eine Transaktion im vorliegenden Fall definiert werden als *eine Menge von sich aufeinander beziehenden einzelnen Dokumenten*. Jedes Dokument entspricht dabei einem Transaktionsatom. Ein Dokument bzw. Transaktionsatom hat dabei stets folgendes Tupel an Eigenschaften:

1. Den (u.U. verschlüsselten) **strukturierten Inhalt**, der von den Transaktionspartnern durch Interpretation einen Teil der Transaktion ausmacht (also das eigentliche Dokument).
2. Ein **Hashwert**, der das Dokument eindeutig identifiziert.
3. Der **Urheber** (in Form des Nutzernamens) des Dokumentes.
4. Keines oder mindestens ein Dokument, auf das sich das Dokument bezieht (**Referenz auf Vorgängerdokument(e)** durch Hashwerte), damit die ganze Transaktion als verkettete Liste rekonstruiert werden kann.
5. Der **Hashwert des Dokuments** (bzw. Templates (s.u.)), welches die Struktur des Dokumentes definiert.
6. Gesonderte **Freitextkommentare** (z.B. Schlagworte) zum besseren Auffinden des Dokumentes (wenn es z.B. von öffentlichem Interesse ist).
7. Ein Flag für den **Dokumententyp**, um bei Bedarf verschiedene Kategorien von Dokumenten auseinander zuhalten.

Die Elemente 2 bis 7 können als die Metadaten des Transaktionsatoms angesehen werden. Diese Elemente werden auf dem Indexserver abgelegt. Element 1 ist das eigentliche Transaktionsatom selbst, wobei mindestens ein Exemplar auf einem beliebigem Peer innerhalb des P2P Netzwerkes abgelegt sein sollte. Über diese Metadaten hinaus führt der Indexserver eine Liste, die die aktuell angemeldeten Peers in Beziehung mit den Hashwerten der Dokumente setzt, die diese Peers dem Netzwerk zur Verfügung stellen. Letztendlich gleicht ein solches P2P Netzwerk mit Indexserver sehr einem einfachen Filesharing-System. Durch die Dokumentenverweise, der Indizierung der Dokumente und der somit erweiterten Metadatenverwaltung wird es jedoch möglich, Dateien bzw. Dokumente komplex zu verknüpfen, um beliebige Transaktionen abzubilden.

5.7.3 Technische Abwicklung einer Transaktion

Es wurde bereits dargestellt, welche Eigenschaften ein Transaktionsatom aufweist. Eine Transaktion kann jedoch nicht allein durch Verknüpfung einfacher Dateien abgebildet werden. Für eine automatisierte Verarbeitung einer Transaktion ist es von Wichtigkeit, dass der Inhalt eines Dokumentes (Eigenschaft 1) strukturiert aufgebaut ist.

Folgend wird erläutert, wie eine Transaktion mit Hilfe der beschriebenen Transaktionsatome durchgeführt wird. Hierfür ist es zunächst notwendig, einerseits einige so genannte transaktionsvorbereitende Schritte und andererseits transaktionsbegleitende Schritte darzustellen.

5.7.3.1 Transaktionsvorbereitende Schritte

Bevor ein bestimmter Transaktionstyp durchgeführt werden kann, sind spezielle Schritte notwendig, um eine strukturierte Transaktion überhaupt erst zu ermöglichen. Die transaktionsvorbereitenden Schritte müssen durchgeführt werden, um eine strukturierte Formulierung des Transaktionsgegenstandes bzw. Handelsgutes zu erreichen. An dieser Stelle stellt sich die Frage, wie die Struktur von Dokumenten festgelegt werden könnte. Da kein zentraler ökonomischer Intermediär vorhanden ist, muss die Dokumentenstruktur für das Handelsgut durch den Anbieter definiert werden. Jeder Produkttyp muss daher von mindestens einem Anbieter, der den Produkttyp offeriert, beschrieben werden. Diese Beschreibung eines Produkttyps sollte mit XML durchgeführt werden, um eine etablierte und standardisierte Technologie zu verwenden. Jeder Produkttyp ist dabei mindestens als ein Vektor von Eigenschafts-Wert Kombinationen aufzufassen. Um sicherzustellen, dass jede Produkttypbeschreibung einer einheitlichen Struktur gehorcht, muss sich die in XML beschriebene Produkttypbeschreibung an eine vorgegebene Dokumenttypdefinition (DTD) bzw. an ein XML-Schema halten. Diese DTD ist dabei sehr allgemein gehalten und beschreibt lediglich wie Paare aus Eigenschaften und Werten zu notieren sind.

5 Dezentralisierung von elektronischen Märkten mit Peer-to-Peer Technologien

```
<!ELEMENT product (keyword*,item*)>
<!ELEMENT headword (#PCDATA)>
<!ELEMENT item (description?,member*)>
<!ATTLIST item name CDATA #REQUIRED>
<!ATTLIST item itemtype CDATA #IMPLIED>
<!ATTLIST item size CDATA #IMPLIED>
<!ATTLIST item maxlength CDATA #IMPLIED>
<!ATTLIST item default CDATA #IMPLIED>
<!ELEMENT description (#PCDATA)>
<!ELEMENT member (#PCDATA)>
```

Abbildung 61: Einfache, generische DTD zur Notation von Eigenschafts-Werte Paaren[291]

Abbildung 61 zeigt, wie eine solche DTD aussehen könnte. Als erstes ist das Root-Tag <product> definiert. Um den Produkttypen zu spezifizieren wird das <headword>-Tag verwendet. Anschließend können beliebig viele Eigenschaften (<item>-Tag) mit entsprechenden möglichen Werten (<member>-Tag) definiert werden. Für ein besseres Verständnis sei folgendes Beispiel angeführt.

Ein Volkswagenhändler möchte über den P2P Marktplatz gebrauchte Volkswagen verkaufen. Zunächst muss er hierfür den Produkttyp „gebrauchte Volkswagen" in einem entsprechenden XML-Dokument definieren, welches der erwähnten DTD strukturell entspricht. Dieser Designprozess kann durch entsprechende Tools unterstützt werden, sodass kein spezielles XML-Wissen notwendig ist. Das beschreibende XML-Dokument für einen gebrauchten Volkswagen kann man sich z.B. wie folgt vorstellen.

```
<?xml version="1.0" encoding="iso-8859-1"?>
<?xml:stylesheet type="text/xsl" href="htmltemplate.xsl" ?>
   <product>
      <headword>used cars</headword>
      <headword>Volkswagen</headword>
      <headword >VW</headword>

      <item name="color" itemtype="checkbox">

         <description>color of the car</description>

         <member>red</member>
         <member>green</member>
         <member>blue</member>

      </item>

      <item name="type" itemtype="radiobutton">

         <description>type of the car</description>

         <member>Golf I</member>
```

---

[291] Streng genommen fehlen in dem Beispiel Tags für Preise, Steuern, Lieferkonditionen usw.

```
        <member>Golf II</member>
        <member>Golf III</member>
        <member>Polo III</member>
        <member>VW Transporter</member>
    </item>

    <item name="miles" itemtype='text'>
        <description>milage of the car</description>
    </item>

</product>
```

Abbildung 62: Vereinfachtes XML-Dokument, welches den Produkttyp „gebrauchter Volkswagen" beschreibt

Wie man sehen kann, beschreibt das <item>-Tag jeweils eine Eigenschaft, während das <member>-Tag entsprechende mögliche Ausprägungen definiert.

Der Volkswagenhändler hat an dieser Stelle ein Produkttyp-Template erstellt, welches als Vorlage für die Erstellung von Nachfragen und Angeboten Verwendung finden kann. Ein solches Produkttyp-Template kann als ein generisches Dokument bzw. „generisches Transaktionsatom" vom Typ „Template" angesehen werden. Potenzielle Volkswageninteressenten jedoch können an dieser Stelle noch nicht von dem neuen Produkttyp-Template wissen. Deshalb ist es notwendig, dass der Anbieter (bzw. dessen Peer-Software) das neue Produkttyp-Template beim Indexserver indizieren bzw. veröffentlichen lässt. Es werden lediglich – wie bereits aufgezeigt - Metadaten wie der Hashwert (z.B. MD5 oder SHA1), die Schlüsselworte für Suchzwecke und der Nutzername des Urhebers zum Indexserver gesandt und gespeichert. Nach diesem Prozess ist das neue Produkttyp-Template veröffentlicht und Interessenten können es als Vorlage zur Formulierung ihrer Nachfrage verwenden.

5.7.3.2 Transaktionsbegleitende Schritte

Im letzten Abschnitt wurden die transaktionsvorbereitenden Schritte und die Erstellung eines Produkttyp-Templates dargestellt. Nachfolgend sollen die transaktionsbegleitenden Schritte erläutert werden. Die transaktionsbegleitenden Schritte stellen dabei die eigentliche Transaktion dar. Aus Gründen der Einfachheit wird zur Anschaulichkeit das Beispiel des Volkswagenhändlers fortgeführt.

Zunächst hat ein Nachfrager ein spezielles Bedürfnis. Er muss also für die Formulierung seines Nachfragebedürfnisses ein passendes Produkttyp-Template finden (Schritt 1). Für diesen Zweck kann er mit Hilfe seiner Peer-Software Schlagwörter zum Indexserver senden, welcher dann eine Liste mit den Schlagwörtern entsprechenden Produkttyp-Templates, die vorher beim Indexserver veröffentlicht wurden, zurückliefert. Der Nachfrager wählt ein bestimmtes Template aus und lädt es von einem beliebigen Peer herunter, welches das Template bereitstellt (Schritt 2). Die Lokalisierung eines solchen bereitstellenden Peers ist möglich, da der Indexserver speichert, welche Peers welche Dokumente und Templates vorhalten. Mit Hilfe des Hashwertes lässt sich jederzeit feststellen, ob das bezogene Template dem Original entspricht. Der Nachfrager ist an dieser Stelle im Besitz des Templates. Um Eingaben zu ermöglichen wird das Template mittels einem XSL Stylesheet in ein HTML-Formular transformiert. Das XSL Stylesheet ist ebenso generisch wie die anfangs vorgestellte DTD.

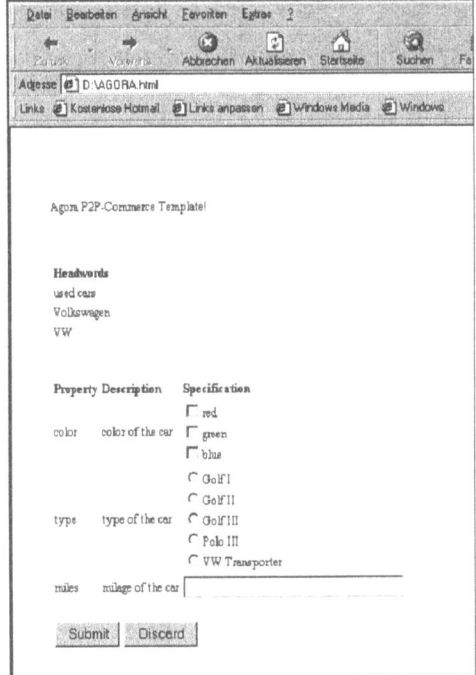

Abbildung 63: Das VW-Template transformiert in ein einfaches HTML-Formular

Nach der Transformation füllt der Nachfrager das HTML-Formular aus und sendet es zur lokal installierten Peer-Software (localhost:portnumber), sodass an dieser Stelle die Nachfrage gemäß des ausgewählten Templates strukturiert ist. Darauf transformiert die Peer-Software die Eingaben des HTML-Formulars in ein XML-Dokument. Dieses XML-Dokument wird anschließend beim Indexserver indiziert und somit veröffentlicht, wie es zuvor auch mit dem Produkttyp-Template selbst durchführt wurde (Schritt 3). Das durch das Template strukturierte Nachfragedokument kann als eine Instanz des Produkttyp-Templates bezeichnet werden.

Nachdem das Nachfragedokument veröffentlicht wurde, müssen entsprechende Anbieter auf das Nachfragedokument reagieren und Angebote formulieren. Um diese Angebote erstellen zu können, müssen die Anbieter zunächst überhaupt von dem neuen Nachfragedokument erfahren. An dieser Stelle können zwei alternative Mechanismen Verwendung finden. Die eine Alternative kann als Push- und die andere als Pull-Mechanismus bezeichnet werden:

- Beim **Push-Mechanismus** sendet das Peer des Nachfragers das Nachfragedokument an alle Anbieterpeers, die zuvor Interesse an Dokumenten des verwendeten Produkttyp-Templates bekundet haben. Die Anbieter, die an Dokumenten des Produkttyp-Templates interessiert sind, müssen zuvor diese Art von Dokumenten beim Indexserver abonnieren. Dabei kann der Urheber eines Produkttyp-Templates nicht kontrollieren, wer Abonnements vornimmt. Produkttyp-Templates können insofern als öffentliche Güter innerhalb des P2P Netzwerkes gesehen werden. Das Nachfragepeer fordert bei diesem Mechanismus eine Liste der Anbieterpeers an, um das Nachfragedokument anschließend an alle diese Peers zu versenden. Die hauptsächliche Eigenschaft dieses Push-Mechanismusses ist die aktive Rolle des Nachfragers bei der Verteilung der relevanten Informationen.

- Beim **Pull-Mechanismus** übernehmen die Anbieter eine aktive Rolle bei der Dokumentenbeschaffung. Sie müssen somit in regelmäßigen Abständen beim Indexserver nachfragen, ob neue Dokumente, die auf dem interessierenden Produkttyp-Template basieren, veröffentlicht wurden. Aufgrund dieser Informationen findet dann der Download der Nachfragedokumente statt.

In diesem Zeitpunkt sind alle relevanten Anbieter im Besitz des Nachfragedokumentes, sodass jetzt entsprechende Angebotsdokumente formuliert werden können. Das Peer eines Anbieters sendet dazu das Nachfragedokument an eine interne URL (z.B. per CGI oder Servlet) und generiert somit in Kooperation mit dem eigenen ERP-System ein Angebotsdokument, welches wiederum der Struktur des Produkttyp-Templates gehorcht. Das Angebot enthält jedoch im Gegensatz zum Nachfragedokument weitere Informationen bezüglich z.B. Preis und Lieferkonditionen. Das Angebotsdokument wird beim Indexserver mit einem Verweis auf das Nachfragedokument als Vorgängerdokument veröffentlicht (Schritt 4).

Nachdem Angebote im P2P Netzwerk veröffentlicht wurden, muss der Nachfrager wiederum Notiz von diesen nehmen. Hierfür sendet er eine entsprechende Anfrage an den Indexserver, der als Antwort eine Liste mit Referenzen auf die Angebotsdokumente zurückschickt. Somit kann das Nachfragerpeer einen selektiven Download der Angebotsdokumente durchführen (Schritt 5). Der Nachfrager ist nun im Besitz der Angebotsdokumente. Um ihm eine einfache Auswertung der Angebote zu ermöglichen, sollte die Peer-Software erlauben, die Angebote in einem ordinalem Ranking darzustellen. Hierfür ist eine generische Dokumentenmetrik notwendig, die „Abstände" zwischen dem Nachfrage- und den Angebotsdokumenten berechnen kann. Der Nachfrager sollte dabei selbst die Möglichkeiten haben, die Metriken anzupassen. Er wählt an dieser Stelle mindestens einen Anbieter für weitere Verhandlungen aus (Schritt 6).

Der Verhandlungsprozess findet ebenso durch den Austausch strukturierter XML-Dokumente statt. Diese weiteren Dokumente stellen keine Nachfrage- bzw. Angebotsdokumente dar, sondern z.B. Rechnungen, Bestätigungen oder andere generische Dokumente. Jedes Dokument wird dabei beim Indexserver veröffentlicht. Es existiert keine vorgeschriebene Reihenfolge von Dokumenten. Bei Bedarf können mit Public-Key Verfahren Dokumente verschlüsselt werden, sodass diese nur vom jeweiligen vorher festgelegten Empfänger gelesen werden können. Abbildung 64 verdeutlicht die wesentlichen Schritte einer Transaktion.

226   5 Dezentralisierung von elektronischen Märkten mit Peer-to-Peer Technologien

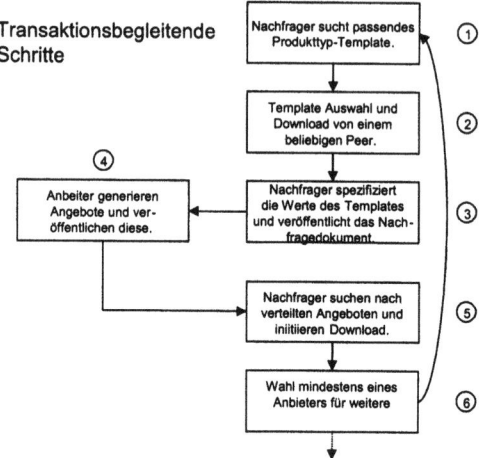

Abbildung 64:   Die ersten transaktionsbegleitenden Schritte

Da jedes Dokument beim Indexserver veröffentlicht wird, kann jede Transaktion rekonstruiert werden. Während der Veröffentlichung eines Dokumentes werden mindestens drei Hashwerte im Zusammenhang mit den Metadaten eines Dokumentes gespeichert: der Hashwert des Dokuments selbst, der Hashwert des Vorgängerdokumentes und der Hashwert des Dokumentes bzw. Templates, welches die Struktur des Dokumentes definiert. Somit sind die Dokumente durch die Referenzhashwerte miteinander Verbunden. Die gesamte Transaktion kann insofern als ein Baum aus Transaktionsatomen begriffen werden.

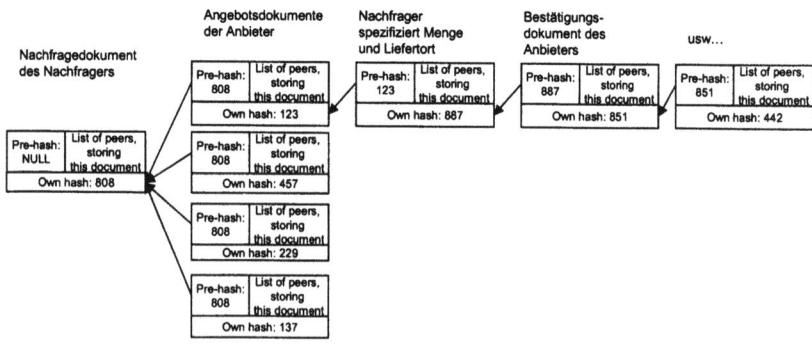

Abbildung 65:   Ein exemplarischer Baum von Transaktionsatomen

5.7.4 Implementierung ökonomischer Mechanismen

Der letzte Abschnitt hat beschrieben, wie eine Transaktion in einer P2P Umgebung durchgeführt werden kann. Dabei war ein erster Schritt des Nachfragers, ein passendes Produkttyp-Template zu finden. Nachdem der Nachfrager Angebote verschiedenster Anbieter empfangen hat, muss er mindestens einen dieser für weitere Verhandlungen wählen. Diese beiden Schritte können jeweils als kritische Punkte einer Transaktion angesehen werden, denn der Nachfrager kann nicht ex ante wissen, ob ein zur Verfügung stehendes Produkttyp-Template nutzbringend sein wird bzw. die Anbieter vertrauenswürdig sind.[292] Somit werden zwei Fragen aufgeworfen:

- Welches Produkttyp-Template sollte verwendet werden, wenn verschiedene äquivalente Templates von mehreren Anbietern vorliegen? Der Nachfrager sollte das Produkttyp-Template mit den meisten zu erwartenden Angeboten bzw. das am meisten gebräuchliche Produkttyp-Template wählen, um eine größtmögliche Markttransparenz zu erhalten. Wie kann dieses Template gefunden werden?

- Welcher Anbieter sollte für weitere Verhandlungen ausgewählt werden? Ein Anbieter könnte z.B. ein Angebot mit sehr geringem Preis unterbreiten. Wie kann jedoch der Nachfrager wissen, ob dieser Anbieter seriös ist?

Um das „beste" Produkttyp-Template auszuwählen, müssen dem Nachfrager Indikatoren angezeigt werden, die seine Entscheidungsfindung unterstützen. Diese Indikatoren sollten auf dem Indexserver abgelegt sein, damit sie stets schnell und sicher verfügbar sind. Folgende Indikatoren könnten hierbei zum Einsatz kommen:

- Es ist sehr einfach für den Indexserver festzustellen, wie viele Nachfrage- bzw. Angebotsdokumente ein bestimmtes Template als Strukturvorlage verwenden, da für diese Dokumente der Hashwert des referenzierten Templates als Metadatum auf dem Indexserver mit abgelegt wird. Somit könnte der Nachfrager seine Entscheidung von der bereits erreichten Verbreitung eines Templates abhängig machen. Unterstellt man, dass Nachfrager tat-

---

[292] Vgl. Hagel/Armstrong 1999, S. 104.

sächlich aufgrund dieses Indikators entscheiden, so würde dies durch positive Rückkopplung zu einer schnellen Konvergenz und zu einem Standardtemplate führen.[293] Ein solcher Mechanismus könnte „natürliche Selektion" oder „demokratische Wahl" eines Produkttyp-Templates genannt werden.

- Wie bereits im letzten Abschnitt beschrieben können Anbieter Dokumente, die auf bestimmten Produkttyp-Templates basieren, abonnieren. Der Indexserver ist leicht imstande die Anzahl der Anbieter, die ein Template abonniert haben, als Indikator anzeigen. Dies unterstützt dann die Entscheidungsfindung des Nachfragers dahingehend, ob ein Produkttyp-Template hinreichend nutzbringend ist, um benutzt zu werden.

- Einen Hinweis auf die Güte eines Produkttyp-Templates kann auch die Information über den Urheber des Templates geben. Bisher wurde zwar immer davon ausgegangen, dass die Anbieter die Produkttyp-Templates entwerfen. Jedoch könnten die Produkttype-Templates auch von anderen, eher „neutralen" Organisationseinheiten, wie z.B. Verbraucherschutzgesellschaften, Dachverbänden, Standardisierungsgremien oder, genügend Fachkenntnisse vorausgesetzt, auch von Konsumenten selbst.

Die zweite aufgeworfene Frage war die Frage nach dem Management von Vertrauen zwischen den Teilnehmern einer Transaktion. Das Kernproblem hier ist, dass die Teilnehmer der Transaktion nicht wissen, ob ihr „Gegenüber" vertrauenswürdig ist. Auch hier müssen Indikatoren die Entscheidungsfindung unterstützen. An dieser Stelle kann gefragt werden, ob die Information über die Qualität eines Teilnehmers zentral (auf dem Indexserver) gespeichert werden soll oder dezentral abgelegt wird. In der Literatur finden sich einige Ansätze, diese Qualitätsinformationen vollkommen dezentral – also nur auf Peers - zu speichern.[294] Da beim vorgestellten P2P Netzwerk jedoch ein Indexserver vorhanden ist, wird eine dezentrale Speicherung nicht weiter betrachtet. Ein einfacher Mechanismus die Vertrauenswürdigkeit eines Teilnehmers zu organisieren, ist die Implementierung einer gegenseitigen Bewertung nach einer abgeschlossenen Transaktion. Jeder Teilnehmer einer

---

[293] Vgl. Zerdick 2000, S. 156.
[294] Vgl. Aberer/Despotovic 2001.

Transaktion kann somit sein „Gegenüber" bewerten. Solch einen Mechanismus lässt sich z.b. auch beim Online-Auktionshaus Ebay[295] finden, wobei dort die Bewertungshistorie der vergangenen Transaktion von jedem Teilnehmer eingesehen werden kann.

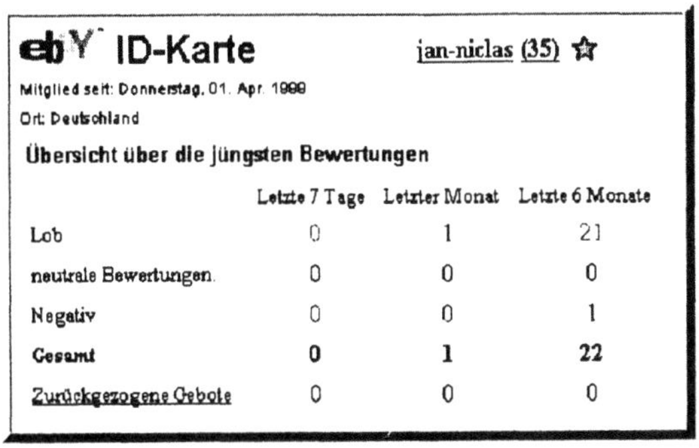

ebY ID-Karte		jan-niclas (35) ☆	
Mitglied seit: Donnerstag, 01. Apr. 1999			
Ort: Deutschland			
Übersicht über die jüngsten Bewertungen			
	Letzte 7 Tage	Letzter Monat	Letzte 6 Monate
Lob	0	1	21
neutrale Bewertungen	0	0	0
Negativ	0	0	1
Gesamt	0	1	22
Zurückgezogene Gebote	0	0	0

Abbildung 66: Bewertungshistorie eines Teilnehmers bei Ebay

Bei einem konventionellen elektronischen Marktplatz kann eine ökonomische Intermediärsfunktion die Übernahme der Funktion einer trusted third party sein. Das vorgeschlagene Konzept der gegenseitigen Bewertung kann allein durch die dezentralisierten Teilnehmer organisiert werden. Somit kann der Indexserver lediglich als eine passive Speichereinheit angesehen werden, auf der die Reputationskonten abgelegt und vor Manipulation geschützt werden. Insofern übernimmt der Indexserver eine rein technische Rolle.

5.7.5 Weitere Services innerhalb des Peer-to-Peer Marktplatzes

Bisher wurde lediglich dargestellt, wie eine Transaktion innerhalb des P2P Netzwerkes abzuwickeln ist. Diese Transaktionsabwicklung durch koordinierten Austausch von Transaktionsatomen kann als Grundfunktionalität des P2P Marktplatzes angesehen werden. Im Folgenden werden einige denkbare weitere Services für den P2P Marktplatz vorgestellt. Diese können zum Teil, wie auch der Indexserver, zentral ausgeprägt sein und stellen Mehrwertdienste dar. Es wäre denkbar, dass diese auch vom Indexserver übernommen werden. Da es sich beim vorgestellten P2P Modell jedoch um ein erweiterbares bzw. skalierbares und modulares Modell handeln soll, muss es möglich

---

[295] Vgl. Ebay 2003.

sein, dass beliebige weitere Dienste weitestgehend unabhängig vom Indexserver bzw. anderen Diensten funktionieren. Darüber hinaus sollte die Möglichkeit bestehen, dass hinter den Mehrwertdiensten Geschäftsmodelle des Betreibers stehen können. Teilnehmer des P2P Marktplatzes können dann wählen, ob sie einen kostenpflichtigen Mehrwertdienst in Anspruch nehmen wollen, oder nur die Grundfunktionalitäten für sie in Frage kommen. Im Folgenden werden einige denkbare Beispieldienste kurz erläutert. Die vorgestellten Dienste sollen die Abwicklung einer Transaktion bzw. Dokumentenmanagement auf dem Marktplatz verbessern. Die Aufzählung erhebt jedoch keinen Anspruch auf Vollständigkeit.

5.7.5.1 Zertifizierungsdienste

Bei einem Zertifizierungsdienst innerhalb des P2P Netzwerkes kann die Zertifizierung eines Dokumentes „beantragt" werden. Dies bedeutet, dass der Dienst das eingereichte Dokument digital signiert[296], sodass andere Teilnehmer die Echtheit des Dokumentes nachvollziehen können. Dies kann z.B. dazu benutzt werden, um Daten dezentral auf den Peers zu halten und trotzdem eine Manipulation aufgrund der Zertifizierung auszuschließen. Zusätzlich sollte der Zertifizierungsdienst z.B. auch Versionsmanagement und Gültigkeitsmanagement von zertifizierten Dokumenten unterstützen. Nachfolgend wird ein Beispiel für den Einsatz eines Zertifizierungsdienstes skizziert.

Im letzten Abschnitt wurde beschrieben, dass für das Vertrauensproblem jeder Teilnehmer ein Reputationskonto besitzen sollte. Dabei wurde gesagt, dass der Indexserver das Reputationskonto speichert. Unter bestimmten Gesichtspunkten ist dieses Verfahren jedoch suboptimal, da der Indexserver grundsätzlich lediglich die Aufgabe hat, Transaktionsatome zu verwalten. Das Management von Reputationskonten ist aus dieser Sichtweise eine gänzlich andere Funktion. Mit Hilfe eines Zertifizierungsdienstes wäre es denkbar, die Reputationskonten auf den Peers der Besitzer abzulegen. Durch die Zertifizierung könnte dabei eine Manipulation durch die Peers ausgeschlossen werden. Der Vorgang lässt sich wie folgt beschreiben:

---

[296] Zur digitalen Signatur vgl. Nusser 1998, S. 56ff.

5 Dezentralisierung von elektronischen Märkten mit Peer-to-Peer Technologien 231

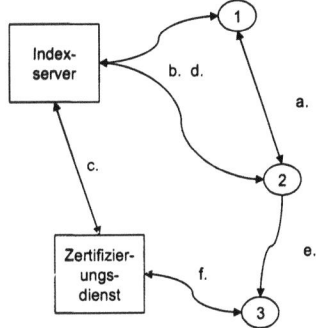

Abbildung 67: Zertifizierungsdienst für Reputationskonten

a. Zunächst willigen Peer 1 und Peer 2 in eine Transaktion ein. Daraufhin wird die Aktualisierung der Reputationskonten initiiert.
b. Peer 1 und Peer 2 übersenden dem Indexserver ihre Reputationskonten (Dateien).
c. Der Indexserver aktualisiert die Reputationsdateien gemäß der Bewertungen der Transaktionsteilnehmer und sendet dem Zertifizierungsdienst die beiden Reputationsdateien. Dieser bildet die Signaturen der beiden Dateien und sendet diese an den Indexserver zurück.
d. Der Indexserver hängt die Signaturen an die Reputationsdateien und sendet diese an die Peers zurück.
e. Peer 2 schickt z.B. für die Einleitung einer anderen Transaktion sein Reputationskonto an Peer 3.
f. Peer 3 kann – da es den öffentlichen Schlüssel des Zertifizierungsdienstes kennt – verifizieren, dass das Reputationskonto nicht gefälscht ist. Um jedoch zu erfahren, ob die Reputationsdatei die aktuellste ist, kann es die Signatur zum Zertifizierungsdienst schicken, der dann auswertet, ob die Datei noch gültig ist.

Die Vorteile eines Zertifizierungsdienstes sind im Wesentlichen, dass der Betrachter eines Dokumentes nur den öffentlichen Schlüssel des Zertifizierungsdienstes kennen muss, nicht jedoch den Schlüssel desjenigen, der die Zertifizierung in Auftrag gegeben hat. Dazu übernimmt der Zertifizierungsdienst Funktionen wie Versionsmanagement und Gültigkeitsmanagement der zertifizierten Dokumente. Mithilfe der Zertifizierung lassen sich Stammdaten dezentral auf Peers im Netz verteilen, da die Zertifizierung Manipulationen ausschließt.

5.7.5.2 Preisfindungs- und Auktionsdienste

Auktionsdienste dienen der Preisfindung für verschiedenste Güter. Im bisherigen Transaktionsverlauf wurde der Preis aufgrund bilateraler Verhandlungen festgelegt. Bei Auktionen jedoch sind beliebig viele Bieter beteiligt.[297] Eine Auktion bedeutet insofern einen modifizierten Fluss von Transaktionsatomen. Es wäre vorstellbar, Funktionalitäten für Auktionen mit in den Indexserver zu integrieren. Bspw. könnten Dokumententypen vom Typ „Gebot auf eine Auktion" eingerichtet werden, die dann vom Indexserver als Metadaten mitverwaltet werden. Es wäre aber auch denkbar, einen gesonderten Auktionsdienst zu implementieren. Somit wären die Kerndienste des Indexservers und die Mehrwertdienste des Auktionsdienstes sauber voneinander getrennt. Die Entscheidung hängt letztlich davon ab, inwiefern spezielle auf Auktionen zugeschnittene Mehrwertdienste entworfen werden sollen.

5.7.5.3 Archivierungs- oder Replikationsdienste

Ein Archivierungs- bzw. Replikationsdienst ist dafür gedacht, Dokumente zu replizieren bzw. zu archivieren, damit die Verfügbarkeit von Dokumenten verbessert wird. Ein Replikationsdienst sollte – z.B. mit Hilfe von Informationen vom Indexserver – die Nachfrage nach Dokumenten beobachten und diese replizieren (also auf andere, weitere Peers kopieren), wenn sich ein Engpass abzeichnet.

5.7.5.4 Verzeichnisdienste

Ein Verzeichnisdienst erleichtert die Suche nach Diensten, Produkten und Anbietern innerhalb des P2P Netzwerkes. Der Indexserver stellt bereits einen einfachen Verzeichnisdienst dar. Es ist jedoch leicht vorstellbar, wesentlich umfangreichere Informationen vorzuhalten als nur Hashwerte und ein paar wenige Schlagworte. Ein solcher Verzeichnisdienst kann daher mit dem UDDI-Dienst bei den Web Services verglichen werden, der jedoch auf P2P Umgebungen adaptiert ist.

---

[297] Zu Auktionen vgl. auch Peters 2002, S. 77ff.

5.7.5.5 Abrechnungsdienste

Abrechnungsdienste können die Bezahlfunktion für Transaktionen innerhalb des P2P Netzwerkes integrieren, um die Transaktionsabwicklung zu beschleunigen. Hier können z.B. Verfahren wie elektronisch signierte digitale „Münzen" zum Einsatz kommen.[298] Als Vorlage eines Konzeptes für Abrechnungsdienste können aber auch bisherige Abrechnungsverfahren im Internet[299] oder Abrechnungskonzepte für Web Services[300] in Frage kommen.

5.8 Prototypischer Peer-to-Peer Marktplatz

Dieser Abschnitt stellt nach dem dargestellten technischen Ablauf einen simplen Prototyp vor. Ein praktisches Anwendungsbeispiel zeigt die Ergebnisse der prototypischen Implementierung des Modells aus Nachfrager- und Anbietersicht. Der Prototyp wurde, in Anlehnung an den Marktplatz in der griechischen Antike, mit dem Arbeitstitel „Agora"[301] versehen.

5.8.1 Implementierung

Die prototypische Peer-Software (und der Indexserver) sind in der Programmiersprache Java implementiert. Die Software ist dabei als Webapplikation umgesetzt, sodass ein Peer als eine lokale Webanwendung interpretiert werden kann. Dies schafft eine klare Trennung zwischen Logik und Präsentation auf jedem Peer, da ein Browser für die Visualisierung sorgt. Darüber hinaus kann ein Peer bei entsprechender Implementierung einer Sitzungsverwaltung auch von mehreren verteilten Nutzern gleichzeitig verwendet werden. In einem solchen Fall könnte man von einem Multipeer, Peergateway oder LAN-Peer, da sich hinter einem solchen Peer ein ganzes Subnetzwerk verbergen kann, sprechen. Abbildung 68 zeigt skizzenhaft das Zusammenspiel zwischen Peers und Indexserver.

---

[298] Vgl. zu solchen Verfahren Mu/Varadharajan/Nguyen 2003.
[299] Vgl. zu Abrechnungskonzepten im Internet Agnew 2003.
[300] Vgl. zu Abrechnungskonzepten für Web Services Burghardt/Gehrke/Schumann 2003a und Burghardt/Gehrke/Schumann 2003b.
[301] Agora, Volksversammlung der griechischen Polis. Auf die Örtlichkeit übertragen, bezeichnet Agora den Marktplatz der Stadt als Zentrum des politischen und geschäftlichen Lebens, vgl. Wissen 2003.

234 5 Dezentralisierung von elektronischen Märkten mit Peer-to-Peer Technologien

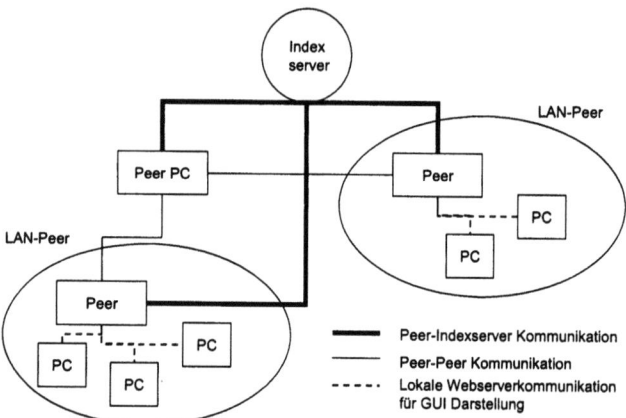

Abbildung 68: Kommunikation von Peer-Anwendung und Indexserver innerhalb des Agora Netzes

5.8.2 Anwendungsbeispiel

Im Folgenden zeigt ein praktisches Anwendungsbeispiel die Funktionsweise des Prototyps. Dabei soll die Transaktion aus dem Blickwinkel des Anbieters, sowie des Nachfragers gezeigt werden. Im Beispiel sind Produkttyp-Template-Urheber und späterer Anbieter des Produktes eine Person, was aber nicht zwangsläufig der Fall sein muss. Vor der Nutzung des Agora-Peers steht für alle Nutzer die Registrierung.

5 Dezentralisierung von elektronischen Märkten mit Peer-to-Peer Technologien 235

Abbildung 69: Nutzerregistrierung

5.8.2.1 Nutzung aus Sicht des Anbieters

Bevor ein Produkt auf dem Agora-Marktplatz angeboten werden kann, muss ein Template erstellt werden, das die möglichen Ausprägungen der Produkteigenschaften erfasst. Im Beispiel soll es sich dabei um einen Satz Golfschläger handeln. Das Template in Form einer XML Datei enthält die in Abbildung 70 ausschnittsweise dargestellte Struktur, wobei die vom „headword"-Tag umschlossenen Informationen schlagwortartig den Inhalt des Templates darstellen und der „item"-Tag die möglichen Attribute und deren Ausprägungen beschreibt. Das Template muss dabei die Strukturvorschriften der speziellen Produkttyp-Template-DTD entsprechen, die den genauen formalen Aufbau des Templates beschreibt.

```xml
<?xml version="1.0" encoding="iso-8859-1" ?>
<template>
  <product>
    <headword>Golfschläger</headword>
    <headword>Eisen und Holz</headword>
    <headword>Koplettsatz</headword>
       <item name='Links/Rechts" itemtype="radio'>
          <description>Satz für Linkshänder, oder
          Rechtshänder</description>
          <member>linksh.</member>
          <member>rechtsh.</member>
       </item>
       [...]
  </product>
</template>
```

Abbildung 70: Templateausschnitt

Als nächster Schritt muss das erstellte Template auf dem Indexserver publiziert werden. Die entsprechenden Schlagworte werden erfasst und das Template mit einer treffenden Bezeichnung versehen. Abbildung 71 zeigt den Registrierungs- bzw. Veröffentlichungsvorgang des Templates.

```
Titel:
[Golfset]
Schlagworte:
[Golf Komplettset Sport]
Template:
[D:\work\lehrstuhl\Agora\Golf.xml]   [Durchsuchen...]

[Anmelden]
```

Abbildung 71: Veröffentlichen eines Templates

Kommt es auf Grundlage des Produkttyp-Templates zur Generierung eines Nachfragedokumentes, wird dem Anbieter dieses innerhalb der Liste seiner selbst erstellten (oder fremdbezogenen) Templates signalisiert. Durch einen Klick auf dieses Nachfragedokument wird der Download vom entsprechenden Peer gestartet und auf der Festplatte des Anbieters abgelegt. Das Nachfrage-

5 Dezentralisierung von elektronischen Märkten mit Peer-to-Peer Technologien

dokument kann nun geöffnet werden. Auch hier handelt es sich um ein XML Dokument, das mittels einer generischen XSL-Datei in entsprechendes HTML transformiert wird. Die folgende Abbildung zeigt die Darstellung des Nachfragedokumentes innerhalb der Anwendung.

Inhalt der Anfrage	
Sonstiges	Bitte schnelle Lieferung!
Zusatz	mit Bag
Oversize	ja
Links/Rechts	rechtsh.
templatefingerprint	Golfset_76ac459fed9e03d0a79569460b89c99e
Herren/Damen	Herrensatz
doc_id	3
Ich moechte zu dieser Anfrage ein Angebot abgeben	

Abbildung 72: Darstellung einer Anfrage

Über den eingeblendeten Link kann der Anbieter nun ein Angebot erstellen, welches vor der Indizierung am Indexserver und der Ablage auf der lokalen Festplatte mittels des public Key des Adressaten verschlüsselt wird (Abbildung 73). Die Angebotsdatei kann dann nur durch den Nachfrager nach dessen Download vom Peer des Anbieters gelesen werden. Nach der Auswertung aller eingegangenen Angebote seitens des Nachfragers erhält der Anbieter eine entsprechende Reaktion auf sein abgegebenes Angebot in Form einer Zu- oder Absage.

Erstellen eines Angebotes

Hier können Sie ein Angebot auf die Anfrage erstellen.

Schreiben Sie ein Angebot:

```
Hallo!

Ich kann Ihnen das gewünschte Set für 499 EUR bis zum
Freitag liefern. Die Versandkosten betragen 12 EUR.
```

[Angebot aufgeben]

Abbildung 73: Erstellung des Angebotes

5.8.2.2 Nutzung aus Sicht eines Nachfragers

Nach dem beispielhaften Transaktionsablauf aus der Sicht eines Anbieters wird die gleiche Transaktion nun aus Sicht des Nachfragers beleuchtet.

Am Anfang muss der Nachfrager ein Produkttyp-Template finden, das möglichst genau seinen Produktvorstellungen entspricht. Im Beispiel sollte dies also das Template für einen Komplettsatz Golfschläger sein. Nach einmaliger Registrierung und Anmeldung am System wird über die in Abbildung 74 abgebildete Suchmaske nach dem passenden Template recherchiert.

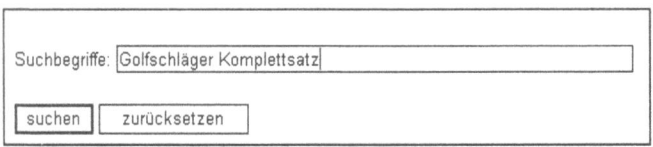

Abbildung 74: Produkttyp-Template Recherche

Aus der Ergebnisliste wird ein Produkttyp-Template ausgewählt und durch einen Klick auf den Dateinamen der Download von einem der Peers gestartet, die das Dokument vorhalten. In Abbildung 75 kann das gesuchte Template vom User „admin" bezogen werden. Über den Link „Documents" können alle bisher auf Basis des Produkttyp-Templates erstellten Anfragen eingesehen werden. Hier zeigt sich, dass es im Modell keine klare Rollentrennung bezüglich Anbieter und Nachfrager gibt. An dieser Stelle kann der Nachfrager auch Dokumente einsehen, die für Anbieter bestimmt sind.

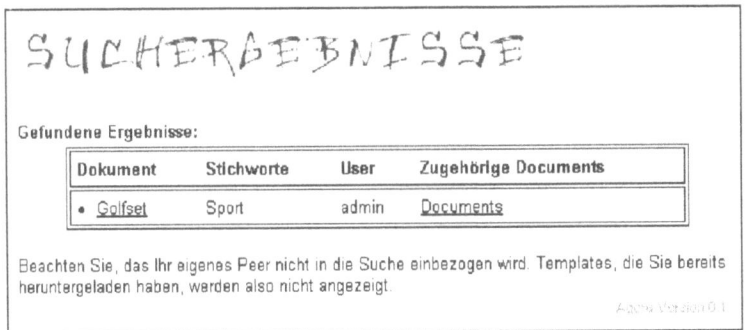

Abbildung 75: Ergebnisse der Suche nach Produkttemplates

Das nun lokal vorliegende Produkttyp-Template kann innerhalb der Anwendung geöffnet und durch den Nutzer nach dessen Produktpräferenzen parametrisiert werden. Eine mögliche Form für ein Template für einen Golfschlägersatz ist in Abbildung 76 zu sehen.

240 5 Dezentralisierung von elektronischen Märkten mit Peer-to-Peer Technologien

```
FORMULARE

Darstellung des Anfrageformulars
Headwords
Golfschläger
Eisen und Holz
Koplettsatz


Bezeichnung   Beschreibung                                    Eingabe
Herren/Damen  Herren oder Damensatz                           (•) Herrensatz
                                                              ( ) Damensatz

Links/Rechts  Satz für Linkshänder, oder Rechtshänder         ( ) linksh.
                                                              (•) rechtsh.

Oversize      Oversize Schlägerkopf                           (•) ja
                                                              ( ) nein

                                                              [ ] mit Trolley
                                                              [x] mit Bag
Zusatz        Zubehör?                                        [ ] mit 5 Bällen
                                                              [ ] mit 50 Bällen
                                                              [ ] mit 100 Bällen
                                                              [ ] mit 100er Packung Tees

Sonstiges     Bemerkungen:                                    Bitte schnelle Lieferung!

[ Absenden ]  [ Verwerfen ]
```

Abbildung 76:   Das Golfschlägertemplate

Ergebnis der Parametrisierung ist das Nachfragedokument aus Abbildung 77, welches dann vom Anbieter mit einem verschlüsselten Angebot beantwortet wird.

```
Angebot an Sie:
Hallo! Ich kann Ihnen das gewünschte Set für 499 EUR bis zum Freitag liefern. Die Versandkosten
betragen 12 EUR.
```

Abbildung 77:   Das entschlüsselte Angebot aus Sicht des Nachfragers

Die weitere Kommunikation zwischen den Transaktionspartnern ist bislang nicht umgesetzt, lässt sich jedoch über die bereits vorhandene Template- und Verschlüsselungstechnik realisieren.

5.9 Ökonomische Analyse des Peer-to-Peer Marktplatzes

5.9.1 Traditionelle Rollen eines Intermediäres

Um einen Vergleich zwischen zentralen elektronischen Marktplätzen und dem P2P basierten elektronischen Marktplatz zu unternehmen, ist es sinnvoll zu vergleichen wie bzw. ob die Leistungen des Intermediärs im dezentralen Ansatz erbracht werden können.

Die Leistungen des Intermediärs können in informationstechnische und realwirtschaftliche Leistungen unterteilt werden. Als informationstechnische Leistungen kann das Schaffen von Markttransparenz für die Nachfrager und das Schaffen von Vertrauen für die Transaktion gesehen werden. Die Markttransparenz wird beim P2P basierten Ansatz durch die Organisation von Angebot und Nachfrage mit Hilfe von Templates und einem Rankingmechanismus erreicht. Das Vertrauensproblem wird durch die gegenseitige Bewertung der bei einer Transaktion erbrachten Leistung gelöst.

Der dezentrale Ansatz kann gegenüber einem Intermediäransatz Vorteile aufweisen. Das Geschäftsmodell des Aggregators[302] als Intermediär[303] hat z.B. das Ziel, einem Konsumenten für ein bestimmtes Produkt ein Ranking über verschiedene Anbieter anzubieten. Die Finanzierung des Aggregators findet durch eine anschließende mögliche Transaktion statt, die sich der Aggregator erhofft. Oftmals ist es jedoch der Fall, dass Nachfrager die Informationen des Rankings nutzen, das Produkt dann aber anderweitig kaufen. Die durch den Aggregator geschaffene Markttransparenz wird also nicht entlohnt und es entsteht ein Finanzierungsproblem. Durch den P2P basierten Marktplatz wird die Markttransparenz durch einen Mechanismus geschaffen und nicht durch ein Wirtschaftssubjekt organisiert. Somit findet durch den P2P basierten Marktplatz eine Entkoppelung von Informations- und Transaktionsfunktion statt, die auf einem zentralen elektronischen Marktplatz schwer möglich ist.

Die realwirtschaftlichen Leistungen des Intermediärs können in der Finanzierung oder einer Versicherung der Transaktion bestehen. Da diese Leistungen zwangsweise von einem Wirtschaftssubjekt erbracht werden müssen, kann der dezentrale Ansatz diese Leistungen nicht erbringen. Möglich wäre es aber, dass an dem dezentralen Marktplatz Wirtschaftssubjekte teilnehmen,

---

[302] Beispiele für Aggregatoren sind www.insurancecity.de im Versicherungsbereich oder www.ecredit.de im Finanzierungsbereich.
[303] Vgl. Killius/Mueller-Oerlinghausen 1999, S. 149.

242   5 Dezentralisierung von elektronischen Märkten mit Peer-to-Peer Technologien

deren Kernkompetenzen diesen Leistungen entsprechen. Diese vormals vom Intermediär erbrachten Leistungen würden dann auf andere Wirtschaftssubjekte übertragen bzw. verteilt (Aufspaltung der Intermediation).

Eine weitere Möglichkeit, den dezentralen P2P basierten Ansatz mit dem zentralen Ansatz zu vergleichen, ist die Betrachtung der Rollen eines Intermediärs. Der Intermediär kann dabei die Rollen des Sortimenters, des Quantentransformators, des Kontraktors und des Organisators einnehmen.[304]

An dieser Stelle sollen jedoch lediglich die Rollen des *Sortimenters* und des *Quantentransformators* diskutiert werden, da die Rollen des Kontraktors bzw. des Organisators wie bereits beschrieben durch die Funktionsweise des dezentralen P2P basierten Markplatzes übernommen werden.

In der Rolle des Sortimenters stellt der Intermediär Produkte verschiedener Hersteller zu einem Sortiment zusammen. Ein Sortiment dieser Form kann es auf einem dezentralen P2P basierten Marktplatz nicht mehr geben. Da ein Nachfrager jedoch Angebote verschiedener Anbieter erhält, kann dies als eine Art „On-Demand-Sortimentzusammenstellung" aufgefasst werden. Da die Existenz aller Dokumente und Urheber beim Indexserver registriert wird, ist es darüber hinaus denkbar, auf dieser Datenbasis ein Collaborative Filtering System[305] zu realisieren. Somit wären Aussagen wie „Nachfrager, die Template A (und somit ein bestimmtes Produkt) nutzen, nutzen oft auch Template B, C und D" möglich. Ein solcher Mechanismus kann ebenfalls als ein Beitrag zur Sortimentsbildung begriffen werden.

Als Quantentransformator versucht ein Intermediär die geringen Mengen, die die einzelnen Nachfrager wünschen, zu bündeln, um so z.B. Mengenrabatte auszunutzen. Da beim dezentralen P2P basierten Marktplatz jeder Nachfrager direkt mit dem Anbieter kommuniziert, scheint eine solche Quantentransformation zunächst nicht möglich. Dennoch wäre es denkbar, dass sich mehrere Teilnehmer zu einer virtuellen Gruppe zusammenschließen. Diese Gruppe und die entsprechenden Teilnehmer werden dem Indexserver gemeldet. Die Gruppenmitglieder können definieren, welche Templates in der Gruppe Gültigkeit haben. Anbieter haben anschließend die Möglichkeit, anhand der Gruppenzugehörigkeit eines Dokumentes zu sehen, ob etwaige wietere Dokumente in der Gruppe, die auf dem selben Template basieren, als aggregierte Nachfrage zu interpretieren sind und können daraufhin ein

---

[304] Vgl. Gümbel 1985, S. 72ff.
[305] Vgl. Runte 2000, S. 35ff.

5 Dezentralisierung von elektronischen Märkten mit Peer-to-Peer Technologien

Sammelangebot abgeben. Die Administration der Gruppe findet dabei dezentral durch die Gruppenmitglieder oder durch ein bestimmtes Gruppenmitglied statt. Der Indexserver ist lediglich Träger der Gruppeninformation.

5.9.2 Der Baligh-Richartz Effekt

Der Baligh-Richart Effekt kann als eine Argumentationsbasis dafür verstanden werden, warum Intermediäre grundsätzlich, und nicht nur auf elektronischen Märkten, sinnvoll sind.[306] Dabei wird davon ausgegangen, dass zwischen Wirtschaftssubjekten Kosten anfallen, wenn diese miteinander kommunizieren wollen, um z.B. eine Transaktion einzuleiten. Setzt man die Prämisse, dass jeder Kontakt die gleichen Kosten verursacht, so sind in den Szenarien „mit Intermediär" und „ohne Intermediär" lediglich die Anzahl der Kontakte zu vergleichen.

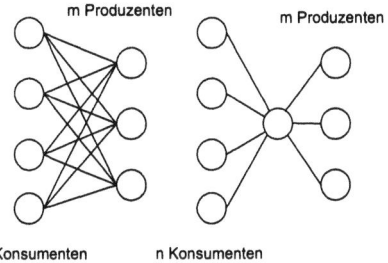

Abbildung 78: Anzahl der Kontakte ohne und mit Intermediär

Wird die Anzahl der Konsumenten mit n und die Anzahl der Produzenten mit m bezeichnet, so ergeben sich im Szenario ohne Intermediär $m*n$ und im Szenario mit Intermediär $n+m$ Kontakte. In der Regel ist $m*n>n+m$, sodass ein Intermediär letztendlich Kontaktkosten verringert und damit seine Existenz gerechtfertigt wird. Mit dieser Erkenntnis als Ausgangsbasis kann nun die Vorteilhaftigkeit des P2P Marktplatzes analysiert werden.

Das Argument für einen Intermediär war, dass $m*n>n+m$ gilt. Diese Bedingung ist jedoch unvollständig. Damit der Intermediär die Kontakte bündeln kann, wird ein Aufwand notwendig sein, der beim Intermediär Kosten in Höhe von K verursacht. Im Szenario „mit Intermediär" ergeben sich somit die Gesamtkosten von $n+m+K$. Das Argument für den P2P Marktplatz ist an dieser Stelle,

---

[306] Vgl. Gümbel 1985, S. 110ff.

dass zwar Anbieter und Nachfrager direkt kommunizieren, also theoretisch bzw. technisch n*m Kontakte bestehen. Aufgrund der P2P Infrastruktur jedoch findet eine Bündelung der Kontakte statt, sodass ökonomisch nur n+m Kontakte existent sind. Weiterhin kann davon ausgegangen werden, dass die Betreiberkosten des P2P Netzwerkes geringer ausfallen als die Kosten eines ökonomischen Intermediärs, da die Funktionen des Intermediäres entweder von der technischen P2P Infrastruktur übernommen werden oder, mit entsprechender IT-Unterstützung, von den Marktteilnehmern getragen werden. Die theoretische Dominanz des P2P Marktplatzes lässt sich somit auf die vermutete Kostenersparnis beim Betreiben der P2P Infrastruktur reduzieren.

5.10 Zusammenfassung der Besonderheiten von dezentralen Marktplätzen

Dieses Kapitel hat ein Konzept vorgestellt, wie ein elektronischer Marktplatz auf Grundlage von P2P Technologie funktionieren könnte. Im Vordergrund stand dabei, die technische und organisatorische Abwicklung der Transaktionen möglichst weit zu dezentralisieren. Dazu wurde aufgezeigt, inwieweit auf einen Intermediär als Wirtschaftssubjekt verzichtet werden kann. Die technische Dezentralisierung ist dabei nur bedingt möglich, da ein zentraler Indexserver Informationen vorhalten muss, die durch keinen Teilnehmer manipuliert werden dürfen. Der Indexserver darf jedoch nicht als ein ökonomischer Intermediär verstanden werden. Vielmehr kann der Indexserver als **Infrastruktur mit technischer Intermediärfunktion** aufgefasst werden, nicht jedoch als ökonomischer Intermediär, denn der Betreiber des Indexservers muss sich nur mit der technischen Administration des Servers beschäftigen und Performance sowie Nichtmanipulierbarkeit der Daten sicherstellen. Dies wird zweifelsohne auch mit Kosten verbunden sein, die jedoch geringer als die Kosten eines ökonomischen Intermediärs sein dürften. Es bleibt jedoch zunächst eine offene Frage, wer die Infrastruktur betreiben soll, da das Ziel des P2P basierten Marktplatzes u.a. die Vermeidung von Provisionen war und insofern Anreize zum Betreiben der Infrastruktur fehlen. An dieser Stelle kann daher noch Forschungsbedarf identifiziert werden.

Die organisatorische Abwicklung der Transaktionen auf einem P2P basierten Marktplatz kann als vollständig dezentral angesehen werden, denn sowohl die Erstellung der Austauschformate (Templates) und die Abwicklung der Transaktionen selbst, als auch das Schaffen von Vertrauen zwischen den Marktteilnehmern kommen ohne den Eingriff eines fremden Wirtschaftssubjektes als Intermediär aus.

Bezüglich der ökonomischen Bewertung des dezentralen P2P Marktplatzes wurden die aus der Handelsbetriebslehre bekannten Rollen eines Intermediärs herangezogen. Ob ein P2P basierter Marktplatz jedoch anderen Formen der elektronischen Organisation von Marktplätzen in der Praxis überlegen ist, lässt sich aus theoretischer Sicht nur schwer beantworten. Letztendlich könnte dies nur ein Experiment, einen solchen P2P Marktplatz zu implementieren und zu betreiben, zeigen.

Nachfolgende Forschungsarbeiten sollten also die technische Implementierung des vorgestellten Konzepts weiter vorantreiben und daraufhin eine weitergehende ökonomische Bewertung zum Gegenstand haben.

6 Peer-to-Peer Grid-Computing

6.1 Problemstellung

Obwohl den Filesharing Anwendungen nach wie vor eine hohe Aufmerksamkeit geschenkt wird, werden zunehmend weitere Einsatzgebiete für P2P Systeme erforscht. Eines dieser Gebiete fokussiert das so genannte Grid-Computing. Dessen Ziel ist die Verbindung und Koordination von dezentralen, unausgelasteten Ressourcen (Workstations, Server, mobile Endgeräte) zur verteilten Lösung von Aufgaben. Im Bereich der Forschung konnten bereits einige Ansätze realisiert werden. Die Projekte Seti@home[307] und Folding@home[308] sind mittlerweile weltbekannt.[309] Die genannten Projekte sind jedoch derart konstruiert, dass nur die Berechnung einer spezifischen Aufgabe durchführbar ist. Dies führt zwar zu einer Ausnutzung freier Rechenkapazität, ist jedoch sehr unflexibel. Grid-Computing verfolgt deshalb einen allgemeineren Ansatz. Daraus resultiert, dass Grid-Computing Systeme generell die Verteilung und Koordination beliebiger Rechenaufträge ermöglichen müssen. Insofern ist es als eine Art Framework zu sehen, das die Grundlage für verteilte Anwendungen bildet, die von den Nutzern eines Grids definiert werden. Zukünftig wird sich Grid-Computing nicht nur auf das Verteilen von Rechenaufträgen beschränken, sondern komplexere Dienstleistungen (Grid-Services) anbieten, die bedarfsabhängig von den Nutzern nachgefragt werden können. In diesem Sinne kann also eine Filesharing-Applikation als Grid-Service implementiert werden, so dass Grid-Computing als ein Meta-P2P-Framework für beliebige Anwendungen angesehen werden kann.

Das vorliegende Kapitel setzt sich zunächst mit der Definition von Grid-Computing auseinander, um darauf aufbauend Anforderungen zu formulieren, die für ein flexibles Grid notwendig sind. Im Anschluss wird ein selbst entwickelter Java-Prototyp vorgestellt, der es ermöglicht, Aufträge und deren spezifische Algorithmik dynamisch auf im Grid angemeldete Peers zu verteilen, um diese Aufträge abzuarbeiten und das Ergebnis zu übermitteln. Der Prototyp stellt eine Machbarkeitsstudie dar und verdeutlicht, wie die in Java zur Verfügung

---

[307] Vgl. SETI 2003.
[308] Vgl. Folding@home 2003.
[309] Für ein weiteres solches Projekt siehe auch Bohn et al. 2003.

stehenden Mechanismen der Objektorientierung und des Sandbox-Prinzips[310] für die Konstruktion eines Grid-Frameworks genutzt werden können.
Neben der Beschreibung des Prototyps erfolgt eine Diskussion über eine mögliche Ökonomisierung eines Grids. Hierbei werden unterschiedliche Marktmodelle zur Ressourcenallokation vorgestellt, um eine Brücke zur Wirtschaftsinformatik zu schlagen. Die Nutzung marktlicher Koordinationsmechanismen kann dabei einerseits als effizienter Mechanismus zur Allokation der verteilten Ressourcen gelten. Andererseits kann die Entlohnung von Ressourcenanbietern als Anreizmechanismus aufgefasst werden, um am Grid zu partizipieren und somit zur Vergrößerung der Ressourcen innerhalb des Grids beizutragen.

6.2 Grundlagen des Grid-Computing

6.2.1 Begriffsdefinition

Die Idee des Grid-Computing ist eine globale IT-Infrastruktur nach Vorbild des Stromnetzes (engl. power grid), mit deren Hilfe Nutzer IT-Dienste „aus der Dose" beziehen. Auf der anderen Seite sollen Anbieter von IT-Diensten diese ebenso einfach wie kostengünstig im Grid anbieten. Die Abrechnung der Dienste erfolgt nutzungsabhängig.

Ziel ist dabei die Möglichkeit zur Realisierung von „virtuellen Organisationen", die auf Basis der Kombination verschiedener Services (neuartige) Dienstleistungen anbieten[311] und somit Mehrwert generieren.

Ein Grid ist demnach ein verteiltes System, das das Auffinden, die Koordination und die Zuteilung der in ihm aggregierten Ressourcen über mehrere administrative Domänen ermöglicht. Ausschlaggebend dafür sind die Verfügbarkeit, Kosten und Leistung der Ressource sowie die vom Nutzer zuvor definierten Anforderungen an die Dienstgüte.[312] Die Koordination/Zuteilung in einem Grid wird, im Unterschied zu Clustern, von einem unabhängigen Ressourcenmanager anhand des vom Anbieter der genutzten Ressource spezifizierten Preismodells geleistet.

Die genannten Aspekte lassen die dem Grid-Computing im Hinblick auf unterschiedliche Systemlandschaften zukommende integrierende und koordinierende Funktion erkennen. Ein Grid System kann als eine Middleware

---

[310] Vgl. bspw. Jarowski/Perrone/Chaganti 2002, S. 25-73.
[311] Vgl. Foster et al. 2002, S. 1.
[312] Vgl. Gridcomputing 2003.

angesehen werden, die unterschiedlichste Ressourcen koordiniert und deren Leistungen den Nutzern (gegen Entgelt) zugänglich macht.

6.2.2 Anforderungen

Aus der vorgestellten Definition lassen sich Anforderungen an Grid Systeme ableiten. Die wichtigsten werden nachfolgend in Kürze vorgestellt. Dabei wird zwischen technischen und ökonomischen Anforderungen unterschieden. In den Bereich der technischen Anforderungen fallen:

Heterogenität: Herterogenität ergibt sich aus der Bündelung unterschiedlichster Ressourcen. Sie kann sich in einem Grid auf Netzwerke, Hardware, Betriebsysteme, Programmiersprachen und Implementationen beziehen. Daher muss die Grid Software auf verschiedenen Systemplattformen ausführbar sein, um eine möglichst weitreichende Integration zu ermöglichen.

Skalierbarkeit: Ein Grid muss unabhängig von der Anzahl der in ihm konzentrierten Ressourcen effizient arbeiten. Dazu zählen u.a. die problemlose Erweiterbarkeit des Systems, ohne Änderungen an der Software vornehmen zu müssen, und die Ortsunabhängigkeit der Algorithmen.

Offenheit: Offenheit ist unabdingbar für eine einfache Anbindung eines Grids an bestehende Systeme (Legacy-Systeme). Zur Offenheit sind neben der Offenlegung der Schnittstellen auch ein einheitlicher Kommunikationsmechanismus (z.B. TCP/IP, XML) zu zählen.

Sicherheit: Eine besondere Anforderung an die Sicherheit ergibt sich durch die domänenübergreifende Ressourcenverteilung innerhalb eines Grids. Sicherheitsmechanismen in verteilten Systemen haben unter Berücksichtigung der domänenspezifischen Sicherheitsrichtlinien Vertraulichkeit, Integrität und die Verfügbarkeit von Ressourcen zu gewährleisten. Die Vielzahl unterschiedlicher Richtlinien macht eine sichere Grid-Umgebung sehr schwierig. Unter dem Stichwort „Single-Sign-on" werden dazu aktuelle Ansätze diskutiert, die nach einmaliger Authentifizierung am Grid System Nutzern den Zugriff auf die angeschlossenen Ressourcen garantieren.

Vertrauen: Weiterhin spielt Vertrauen als ökonomischer Faktor für die Realisierung wirtschaftlicher Potenziale[313] eine wichtige Rolle in Grid Systemen, da dort eine asymmetrische Informationsverteilung vorliegt.[314] Dies bedeutet,

---

[313] Vgl. Eggs et al. 2002, S. 229.
[314] Vgl. Rose 1999, S. 26.

dass den Geschäftspartnern gegenseitig nicht alle Informationen zur Verfügung stehen.
Da die Geschäftspartner nicht in persona beteiligt sind, sondern Ressourcenmanager eine Nutzung der Ressourcen aushandeln, kann eine persönliche Einschätzung der Zuverlässigkeit der Gegenseite nicht stattfinden. Daraus resultiert die Notwendigkeit, Vertrauensmechanismen in einem Grid abzubilden, die relevante Informationen über Ressourcen sammeln und bereitstellen. Dies ist umso schwieriger, da ein Grid durch hohe Spontaneität gekennzeichnet ist.[315] Daher erscheinen automatisierte Mechanismen zur Vertrauensgenerierung geeigneter als manuelle, die z.B. in Form von Reputationslisten bei Online-Auktionshäusern (z.B. www.ebay.com) Verwendung finden.

6.2.3 Anwendungsgebiete

Dieser Abschnitt gibt einen Überblick über die aktuell wichtigsten Anwendungsgebiete des Grid-Computing, wie sie der Literatur zu entnehmen sind.

Das **verteilte Rechnen** ist das älteste Anwendungsgebiet von Grid-Computing. Ziel ist die Kopplung von dezentraler Rechenleistung, um rechenintensive Aufgaben wie z.B. Simulationen schneller (bzw. überhaupt) lösen zu können. Derartige Aufgaben sind häufig in der Forschung und Entwicklung anzutreffen.

Damit eng verbunden ist die **Analyse großvolumiger Datenmengen**, wie sie in der Wissenschaft häufig auftreten (z.B. Berechnung von Proteinfaltungen oder das SETI-Projekt).[316] Grid-Technologie kann aufgrund der Parallelität in diesem Zusammenhang zur effizienten Analyse von (geografisch getrennten) Datenbanken eingesetzt werden.[317]

Oftmals erfordert die Aufgabenstellung, neben Computer-Ressourcen auch Menschen zusammenzubringen. Dies kann im Rahmen von interdisziplinären Teams erfolgen[318], die unternehmensintern oder -übergreifend zusammenarbeiten und ihre Erfahrungen bündeln.[319] Insofern wird die **computerunterstützte Zusammenarbeit** teilweise zu dem Anwendungsbereich von Grid-Computing Applikationen gezählt.[320]

---

[315] Vgl. Foster 2002b, S. 1.
[316] Vgl. Hey/Trefethen 2002, S. 22.
[317] Vgl. Platform 2002, S. 2.
[318] Vgl. Foster 2002a, S. 3.
[319] Vgl. Foster 2002b, S. 1.
[320] Vgl. vertiefend De Roure/Jennings/Shadbolt 2001.

Künftig wird die **Bereitstellung von Diensten** („Utility Computing")[321] eine größere Rolle spielen. Derzeit werden „Science-Portale" entwickelt, mit deren Hilfe sich komplexe Applikationen per Browser oder anderen „Thin Clients" fernbedienen lassen.[322] Davon profitieren Unternehmen, die solche Applikationen nur selten nutzen und für die die Anschaffung der Ressourcen wegen der hohen Fixkostenbelastung nicht lohnt. Dies ist eine Weiterentwicklung/Flexibilisierung des Outsourcingprinzips, wobei die Application Service Provider (ASP) ihre Funktionen um die eines Grid Service Providers (GSP) erweitern.[323] Die starre vertragliche Bindung zwischen „Outsourcer" und outsourcendem Unternehmen wird aufgeweicht, da externe Leistungen dynamisch bezogen werden können.

6.3 Ressourcenzuteilung im Grid

Um ein Grid ökonomisch nutzen zu können, muss man in der Lage sein, betriebliche Planungskriterien in solchen Systemen adäquat abzubilden.[324] Diese Problematik soll hier zunächst erläutert werden. Anschließend werden marktliche Koordinationsmechanismen vorgestellt.

Allgemein können aus technischer Sicht zentralisierte und dezentralisierte Mechanismen zur Ressourcenzuteilung unterschieden werden. Erstgenannte zeichnen sich durch eine vollständige und aktuelle Übersicht der Ressourcen im System und die daraus resultierende gute Ressourcenzuteilung aus. Dezentralisierte Mechanismen haben demgegenüber den Nachteil, für eine aktuelle Ressourcenübersicht hohen Aufwand betreiben zu müssen. Die daraus resultierenden, oft inkonsistenten Informationen führen zwangsläufig zu unbefriedigenden Ergebnissen bei der Ressourcenzuteilung.[325]

Das größte Problem der Ressourcenzuteilung stellt die Heterogenität dar: „The Grid Environment contains heterogenous resources, fabric management systems and policies, and applications with varied requirements".[326]

Ein anderer Aspekt sind die Regeln, anhand derer die Zuteilung vorgenommen wird. Werden Zuteilungen nur anhand der Performanz der Ressourcen (z.B. Taktfrequenz) getroffen, impliziert dies, dass jede Ressource zu gleichen

---

[321] Vgl. Wainewright 2002, S. 1.
[322] Vgl. Foster 2002a, S. 1.
[323] Vgl. Buyya et al. 2002, S. 2-12.
[324] Vgl. Peters 2002, S. 31.
[325] Vgl. Wolski et al. 2000, S. 3.
[326] Buyya 2002, S. 12.

Kosten genutzt werden kann, was aufgrund ökonomischer Überlegungen als unrealistisch erscheint. Beispielsweise könnte nach diesem Modell ein Supercomputer für eine triviale Berechnung verwendet werden, da er die performanteste Ressource ist. Der Nutzen für den Benutzer wäre in diesem Fall sehr groß, die Auslastung der Ressource wäre aber unbefriedigend. Im Fall unterschiedlicher Preise kann die Zuteilung nicht mehr allein anhand des Nutzens für den Nachfrager getroffen werden.[327] Aus diesem Zusammenhang lässt sich die ökonomische Frage nach Kosten und Nutzen einer Ressource ableiten. Aus den erläuterten Gründen ist die Performanz in Kombination mit den Kosten für die Nutzung der Ressource für die Zuteilung relevant.

Ein weiteres Problemfeld ist die Abhängigkeit der Ressourcen, welches auftritt, wenn eine Kopplung von Ressourcen notwendig ist. Folgendes Beispiel soll dies verdeutlichen: „a fast CPU in California may work better with a slow disk in California than a fast disk in Tennessee".[328] Insofern sind nicht nur die Ressourcen allein zu betrachten, sondern auch ihr synergetisches Zusammenwirken zum Lösen einer Aufgabe.

6.3.1 Marktliche Koordinationsmechanismen

Als allgemeine Herausforderung kann festgehalten werden, dass in einem Grid mit zunehmender Anzahl der beteiligten Systeme die Heterogenität der insgesamt vorhandenen Zielsetzungen wächst, was die Ressourcenzuteilung erschwert.[329] Eine effiziente Ressourcenzuteilung muss also einen Interessensausgleich zwischen den konkurrierenden Systemen herbeiführen. Einen interessanten, wenn auch in der Literatur im Zusammenhang mit Grid-Computing bislang nur unzureichend behandelten Ansatz, bieten elektronische Märkte.

Marktliche Koordinationsmechanismen sollen bei den angesprochenen Problemen im Bereich der Ressourcenzuteilung Abhilfe schaffen. Als marktliche Koordinationsmechanismen sind zum einen Auktionen und zum anderen Gütermärkte mit automatischer Preisbildung für das gehandelte Gut zu nennen.

Der Vorteil der marktlichen Koordination gegenüber preisstatischen Katalogangeboten ist in erster Linie in der effektiveren (weil nachfrageabhängigen)

---
[327] Vgl. Wolski et al. 2000, S. 4.
[328] Vgl. Wolski et al. 2000 , S. 4.
[329] Vgl. Peters 2002, S. 31.

Zuteilung von Ressourcen im Grid System zu sehen.[330] Der Preis für eine Einheit eines Gutes wird zum Ausführungszeitpunkt in Abhängigkeit von verfügbaren Ressourcen und Nachfragevolumen dynamisch bestimmt. Dieser Vorgang lässt sich mittels Agenten oder Brokern automatisieren. Dies wäre in einem Grid mit einer ausreichend hohen Anzahl von Ressourcen auf Grund der hohen Transaktionsanzahl ohnehin unabdingbar.

6.3.1.1 Commodity Market Model

In diesem Marktmodell werden Ressourcen wie Speicherplatz, Rechenzeit, Zugriffe (beispielsweise auf Verzeichnisse oder Bibliotheken) als die zu handelnden Güter betrachtet. Diese werden von den Serviceanbietern zu einem bestimmten Preis angeboten und mit dem Benutzer nach Verbrauch abgerechnet. Die Preisbildung kann hierbei festgelegt sein oder nach dem Nachfrage/Angebot-Prinzip dynamisch bestimmt werden.[331] In beiden Fällen verfolgt die Preispolitik das Ziel, Marktgleichgewicht für das jeweilige Gut herzustellen.

6.3.1.2 Posted Price Model

Dieses Modell ist dem Commodity Market Model sehr ähnlich. Der Unterschied besteht darin, dass es neben den regulären Preisen Sonderangebote gibt, die besonders gekennzeichnet („posted") sind. Die Sonderangebote sollen die Nutzer in nachfragearmen Perioden zu erhöhter Ressourcennutzung animieren. „For example during holiday periods, resources is likely to be limited and GSP's can post tempting offers and prices aiming to attract users to increase resource utilization".[332] Oftmals sind mit den Sonderangeboten Nutzungs-Einschränkungen wie z.B. Bandbreitenbeschränkung oder spezielle Nutzungszeiten verbunden.

6.3.1.3 Bargaining Model

Dieses Modell arbeitet im Gegensatz zum Posted Price Model nicht mit vom GSP festgelegten Preisen. Die Preise werden zwischen Nutzer und GSP direkt verhandelt. „They both negotiate until they reach a mutually agreeable

---

[330] Vgl. Wolski et al. 2000.
[331] Zur dynamischen Preisbildung bei der Ressourcenverteilung vgl. Subramoniam/Maheswaran/Toulouse 2002.
[332] Buyya 2002, S. 40, mit GSP sind hier diejenigen Peers gemeint, die Ressourcen zur Verfügung stellen.

price or one of them is not willing to negotiate any further"[333]. Die Verhandlungen werden zum einen bestimmt von den Nutzerwünschen, zum anderen von dem Bestreben des GSP's, einen hohen Auslastungsgrad seiner Ressourcen zu erreichen, wie Buyya beobachtet: „[...] GSP's might be willing to reduce the price instead of wasting resource cycles".[334]

6.3.1.4 Tender/Contract-Net Model

Das Tender/Contact-Net Model ist weit verbreitet für das Aushandeln von Dienstleistungen in verteilten Umgebungen.[335] Die Funktionsweise des Modells ist in Abbildung 79 verdeutlicht.

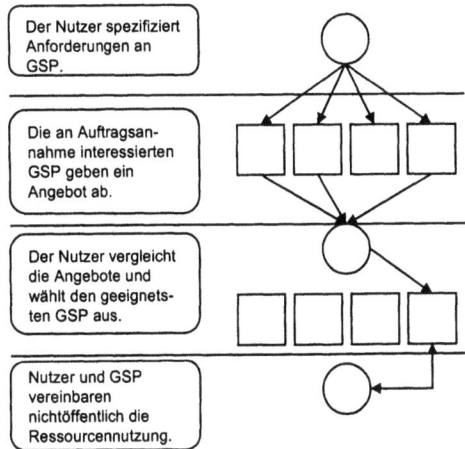

Abbildung 79:   **Auswahl eines GSP's im Tender/Contract-Net Model**

Mit diesem Modell sind einige Nachteile verbunden. So werden GSP, die die erforderlichen Eigenschaften zur Aufgabenerfüllung haben, zur Zeit der Auftragsvergabe aber ausgelastet sind, nicht berücksichtigt. Aufträge werden unter diesen Umständen evtl. an einen schlechteren GSP vergeben.

6.3.1.5 Bid-based Proportional Resource Sharing Model

Dieses Marktmodell wird häufig in Cluster-Umgebungen angewandt. Hierbei ist der dem Benutzer zugewiesene Anteil der Ressourcen proportional zu dem

---

[333] Buyya 2002, S. 40.
[334] Buyya 2002, S. 40.
[335] Smith/Davis 1980, S. 1104.

Gebot des Benutzers im Vergleich mit anderen Geboten. Die Benutzer erwerben vorab Gutscheine, mit deren Hilfe sie bieten können. Die eingesetzten Gutscheine berechtigen dann auch zum Benutzen der Ressource. Die Funktionsweise soll an folgendem Beispiel verdeutlicht werden, in dem nur eine Ressource und zwei Nachfrager existieren:

Bietet ein Benutzer zwei Gutscheine, ein anderer aber ist bereit vier Gutscheine für den Gebrauch der Ressource zu bezahlen, so erhält der Letztgenannte 2/3 und der Erstgenannte 1/3 der verfügbaren Ressourcenzeit. Dieses Zuteilungsverhältnis ist proportional zu den von den Benutzern eingesetzten Gutscheinen.

Dieses Modell erscheint sinnvoll im Rahmen der Zuteilung von Ressourcen die mehreren Organisationseinheiten gehören. Der Erlös durch die eingesetzten Gutscheine kann dann z.B. nach den getätigten Investitionen verteilt werden.

6.3.1.6 Auction Model

Das Auction Model ermöglicht, wie das eben vorgestellte Tender/Contract-Model, eine one-to-many Verhandlung zwischen einem Verkäufer (Provider) und mehreren Interessenten (Customer). Als wichtigste Rollen einer Auktion lassen sich identifizieren: Dienstanbieter, Intermediär (Auktionator) und die Nachfrager.[336] In verteilten Systemen können diese drei Rollen mit Hilfe von Agenten (Brokern) automatisiert werden. Die zum Ablauf einer automatisierten Auktion notwendigen Schritte sind in Abbildung 80 aufgezeigt.

---

[336] Vgl. Buyya 2002, S. 42.

6 Peer-to-Peer Grid-Computing 255

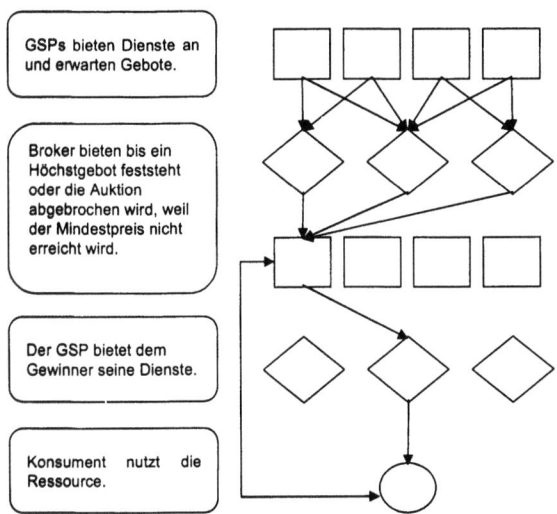

Abbildung 80: Ablaufschema einer automatisierten Auktion

6.3.1.7 Cooperative Bartering Model

In diesem Modell schließen sich Benutzer zusammen, und stellen sich gegenseitig ihre Ressourcen zur Verfügung. Jeder, der Ressourcen einbringt, hat das Recht auch andere zu nutzen. Denkbar ist ein Modell, in dem für die Bereitstellung von Ressourcen Punkte gesammelt werden, die bei Bedarf zur Nutzung fremder Ressourcen eingetauscht werden können. Voraussetzung ist allerdings, dass alle Teilnehmer sowohl als Anbieter als auch als Benutzer agieren. Auf freiwilliger Basis ist dieses Modell Grundlage von P2P Filesharing-Systemen wie WinMX oder Gnutella.

Es bleibt festzuhalten, dass Auktionen und Gütermärkte durch wettbewerbsinduzierte Preisbildung zu einer höheren Effizienz der Marktinstitution führen, als dies für konventionelle Katalogangebote mit Festpreisen der Fall ist.[337]

Von Wolski, Plank und Brevik durchgeführte Simulationen von Gütermarkt- und Auktionsmodellen in einem Grid haben ergeben, dass Gütermärkte mit dynamischer Preisbildung im Hinblick auf das Marktergebnis[338] den Auktions-

---

[337] Vgl. Peters 2002, S.19.
[338] Zusammenfassend lässt sich das „Marktergebnis" als die allokative Effizienz des betrachteten Marktmodells auffassen., vgl. Wied-Nebbeling 1997, S.1.

modellen gegenüber Vorteile aufweisen.[339] Bei der Simulation wurde besonderes Augenmerk auf die Kriterien Preisstabilität, Marktgleichgewicht, Effizienz des Grid-Systems und Effizienz der Ressourcenzuteilung gelegt.

6.4 Architektur eines Java-basierten Grid-Prototypen

Der Problematik der Ressourcenzuteilung versucht der unten beschriebene Prototyp mit Hilfe des ökonomischen Zuteilungskriteriums „Preis" zu begegnen. Zunächst wird ein Fachkonzept, dann das DV-Konzept für den Prototypen beschrieben.

6.4.1 Anforderungen an den Prototypen

Das folgende Fachkonzept ist abgeleitet aus den anfangs vorgestellten Anforderungen an Grid Systeme. Zielsetzung für den Prototypen ist eine Softwarearchitektur, deren Implementierungen in der Lage sind, die (marktliche) Zuteilung von im System angemeldeten Ressourcen zu übernehmen und mit deren Hilfe Aufgaben verteilt lösen zu lassen. Eine besondere Anforderung an das System ist die Fähigkeit zur Lösung von unterschiedlichsten Aufgaben mit dynamischer Algorithmik. Denn viele bisherige Systeme besitzen die Schwäche, dass die Berechnungslogik „fest verdrahtet" ist. Um Aufgaben abzuarbeiten, war daher bisher die Installation eines speziellen Clients nötig.

Die Idee des Grids als weltumspannende Infrastruktur bedeutet für die Grid Software auch, sowohl Mechanismen für Anbieter als auch Nachfrager von IT-Diensten zu integrieren. Mit der entwickelten Architektur ist es daher möglich, Aufgaben lösen zu lassen oder IT-Dienste anzubieten. Zusammenfassend ergeben sich die folgenden Anforderungen:

- Möglichkeit der flexiblen Änderung der Bearbeitungslogik in den Ressourcen zur Laufzeit.
- Die Clients (Auftraggeber) müssen die auftragsspezifische Ressourcenzuteilung abwickeln können, d.h. die Aufgabe eines Servers (als Nachfrager) übernehmen.

6.4.2 Fachkonzept

Um diese Anforderungen zu erfüllen, sind bestimmte Funktionalitäten notwendig. Diese sollen mit Hilfe von logischen Bausteinen zunächst beschrieben,

---

[339] Zur Implementation und der Analyse von Marktmodellen sei auf die Arbeiten von Wolski et al. 2000 und Wolski/Plank/Brevik 2000 verwiesen.

später auch implementiert werden. Die Trennung ergibt sich aus den den Bausteinen zugedachten Funktionalitäten, wobei auf die Modularität des Systems geachtet wurde. Die logischen Bausteine sind (siehe auch Abbildung 81):

Benutzerverwaltung: Verwaltet die Stammdaten der registrierten Benutzer und stellt Dienste zur Anmeldung bereit. Die Stammdaten umfassen neben personen- bzw. institutionsbezogenen Daten auch Informationen über die angebotenen Dienstleistungen und Ressourcen.

Ressourcenverwaltung: Bietet einen Verzeichnisdienst mit von den aktiven Benutzern im Grid angebotenen Diensten und stellt diese den Auftraggebern auf Anfrage zur Verfügung.

Auftragsverwaltung: Verwaltet die Daten der verschiedenen Aufträge, die ein Knoten des Netzes zur Abarbeitung erhält. Die Auftragsverwaltung handelt mit den Anbietern Preise aus und vergibt den Auftrag an den Anbieter, der am ehesten den Preisvorstellungen des Auftraggebers entspricht. In diese Auftragsvergabe können auch andere Kriterien, wie z.B. die Reputation oder Zuverlässigkeit des Anbieters einfließen, die aus dem Informationsmodul stammen.

Systemressourcenverwaltung: Stellt die Zuteilung von Ressourcen auf den einzelnen Knoten des Netzes sicher. Hierbei wird die Vergabe der Ressourcen nach den individuellen Kriterien und des im Abrechungsmodul implementierten Abrechnungsmodells des Knotens vorgenommen.

Berechungsmodul: Ist der Teil jedes Knotens, in dem die Berechnung der übertragenen Aufgabe vorgenommen wird. Für die Berechnung werden die vom Auftraggeber vorgegebenen Regeln und Daten benutzt, die zuvor dynamisch hineinzuladen sind. Die Ergebnisse werden an die Auftrags- und Systemverwaltung sowie das Abrechnungsmodul zurückgemeldet.

Abrechnungsmodul: Erstellt anhand der für den jeweiligen Knoten spezifizierten Preis-Regeln eine Rechnung für den Auftraggeber. Die Daten werden von dem jeweiligen Dienstanbieter vorgegeben und auf jedem Knoten, der dessen Leistung nutzt, abgerechnet.

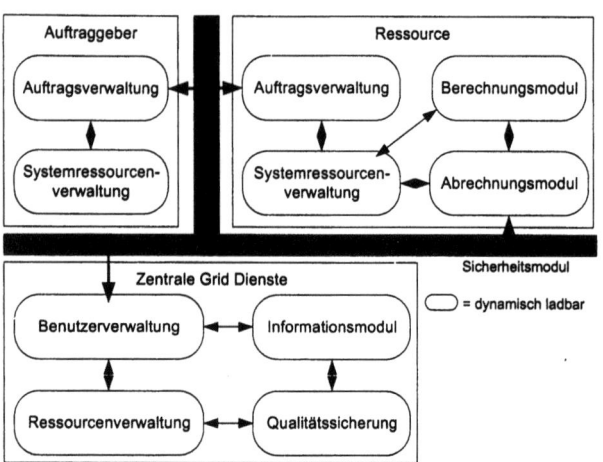

Abbildung 81: Logische Bausteine des Prototyps (Überblick)

Qualitätssicherung: Stellt Informationen über die Qualität der einzelnen Knoten im Grid zusammen, bspw. über die Zuverlässigkeit und Geschwindigkeit der Aufgabenbewältigung eines Anbieters.

Sicherheitsmodul: Das Sicherheitsmodul stellt neben Mechanismen für eine sichere Kommunikation Dienste für die Authentifizierung, Integrität und Vertraulichkeit bereit (z.B. digitale Signaturen).

Informationsmodul: Publiziert aktuelle Informationen von allgemeinem Interesse, bspw. den Auslastungsgrad oder die Qualitätsbeurteilungen im Grid.

In Abbildung 82 ist die Gesamtfunktionalität des Systems anhand eines Datenflussdiagramms erklärt. Ein idealtypischer Auftragszyklus lässt sich in fünf Schritte gliedern:

1. Die Ressourcen melden sich per Internet am System an und publizieren damit ihre Leistungsbeschreibung.
2. Der Auftraggeber beschreibt einen neuen Auftrag und registriert diesen im System. Neben der Beschreibung des Auftrags ist die Preisbereitschaft als Zuteilungsmerkmal entscheidend.
3. In der Ressourcenzuteilung des zentralen Servers wird nun eine Zuteilung der verfügbaren (angemeldeten) Ressourcen zu dem neuen Auftrag anhand der Auftragsbeschreibung und Preisbereitschaft vorgenommen.
4. Die ausgewählte Ressource erhält hier die Auftragsdaten und kontaktiert den Auftraggeber zwecks Download der Bearbeitungslogik und Parameter

(Daten). Hierin unterscheidet sich der Prototyp von bisherigen Systemen. Die Bearbeitungslogik wird auftragsspezifisch in das Berechnungsmodul geladen und erlaubt eine flexible Aufgabenerfüllung.
5. Nach Abarbeitung des Auftrags erhält der zentrale Server von der Ressource die Abrechnung und vergleicht diese mit den gespeicherten Auftragsdaten. Stimmen die Rechnungsdaten (Berechnungsmodell) überein, wird die Rechnung freigegeben. Andernfalls wird der Anbieter aufgefordert, die Rechnung zu korrigieren.

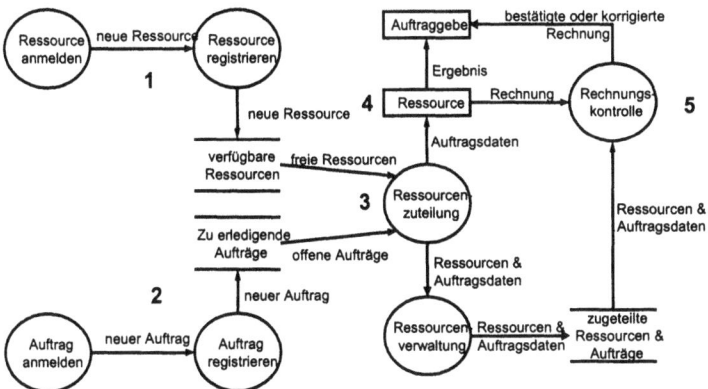

Abbildung 82: Datenflussdiagramm der Gesamtfunktionalität des Systems

6.4.3 DV-Konzept

Die prototypische Softwarearchitektur wurde mit Hilfe der Programmiersprache Java entwickelt. Die wichtigsten Gründe für deren Einsatz in diesem Projekt sind:

Plattformunabhängigkeit: Plattformunabhängigkeit ermöglicht den Code auf verschiedenen Softwareplattformen auszuführen („write once – run anywhere").

Netzwerkfähigkeit: Aufgrund der umfangreichen Netzwerkfunktionalitäten eignet sich Java als Programmiersprache für Grid Systeme, die auf Netzwerke angewiesen sind.

Sicherheitskonzept: Das Sicherheitskonzept von Java, insbesondere das Sandkasten-Prinzip (engl. Sandbox) ist dazu geeignet, mobilen Code auf Client-Rechnern in einer kontrollierbaren Umgebung ausführen zu lassen.

Dynamische Erweiterbarkeit: Die Funktion zum dynamischen Erweitern von Programmen durch das dynamische Laden von Klassen während der Laufzeit ermöglicht die Einbindung der vom Auftraggeber definierten Klassen mit der auftragsspezifischen Logik auf Client-Rechnern. Ebenso ist der Auftraggeber-Client dynamisch, um die Funktionalitäten der Ressourcenzuteilung des Servers zu erweitern.

Nachfolgend werden die wichtigsten Komponenten der Architektur erläutert, um einen Überblick zu geben.

ClientTask: Die Methoden des Interfaces determinieren die Funktionalität der Klassen für die Bearbeitungslogik (TaskRules) und Verteilungslogik (ServerLogic). Die Funktionalität umfasst die Anforderung von Parametern bzw. Daten für den Auftrag, dass Anstoßen der Verarbeitung und das Zurückliefern von Ergebnissen.

TaskRules: In dieser Klasse kann der Auftraggeber die Bearbeitungslogik auftragsspezifisch, unter Berücksichtigung der vom Interface „ClientTask" implementierten Methoden, abbilden.

ServerLogic: Die Klasse implementiert das Interface „ClientTask" und dessen Methoden. Mit deren Hilfe lässt sich die Zuteilungslogik für den Auftrag abbilden.

Die beiden letztgenannten Klassen sind ein wichtiger Bestandteil der Architektur, da sie den dynamisch ladbaren, vom Auftraggeber spezifizierten Teil des Systems darstellen. Durch sie wird eine Trennung von auftragsabhängiger Logik und Clientprogramm erreicht, so dass verschiedene Aufträge mit einer Grid-Software bearbeitet werden können. In Abbildung 83 sind sie der Übersichtlichkeit halber nicht abgebildet, da ihre Methoden denen von ClientTask entsprechen. Gesteuert wird der dynamische Teil durch die Klasse „GridClient".

GridClient: Ist die Basisklasse des Clients, die auf dem Client-Rechner die Anfragen anderer Clients auswertet. Sie steuert die Ablauflogik des Clientprogramms durch Methodenaufrufe mit den in den Anfragen spezifizierten Parametern und Daten. Damit stellt sie den nicht generischen, d.h. auftragsunabhängigen Teil des Clients dar.

6 Peer-to-Peer Grid-Computing

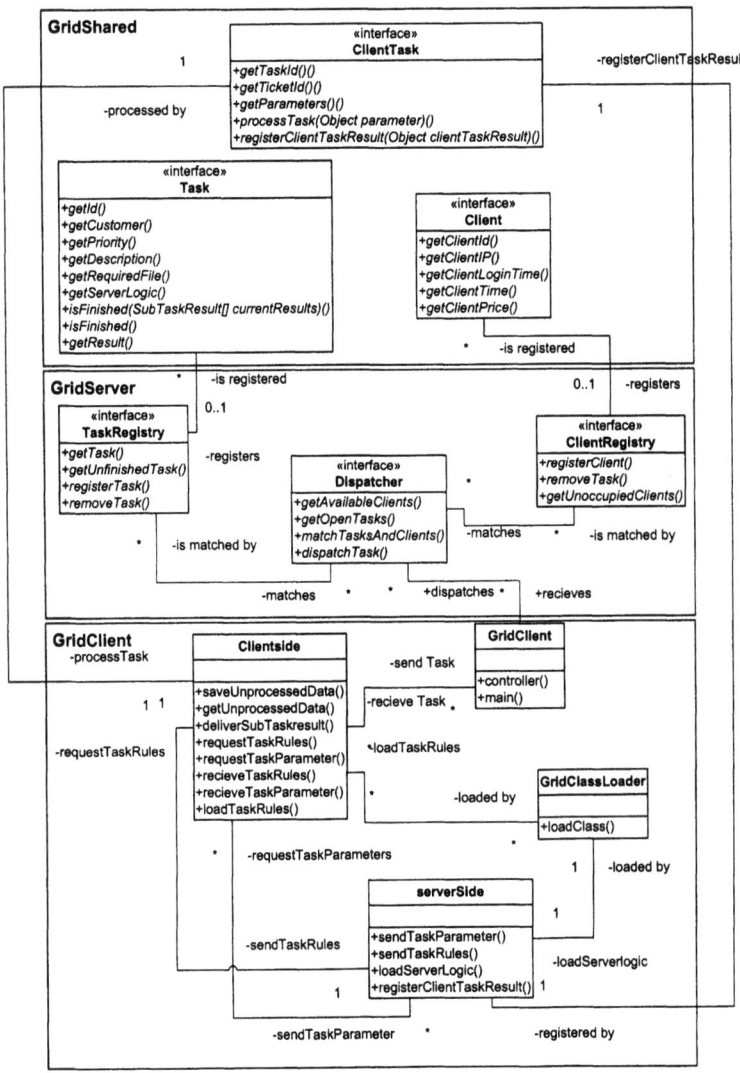

Abbildung 83: Klassendiagramm der Softwarearchitektur

Für den zentralen Teil des Systems („Grid Server") sind folgende Klassen relevant:

GridServer: Das Servlet ist per Webbrowser erreichbar und nimmt HTTP-Anfragen entgegen. Die Basis-Funktionalität bietet Nutzern die Möglichkeit, Ressourcen und Aufträge zu registrieren, die dann vom System zugeteilt werden. Der GridServer hat immer einen aktuellen Überblick über verfügbare Ressourcen und abzuarbeitende Aufträge.

Dispatcher: Dieses Interface (bzw. abgeleitete Klassen) übernimmt die Zuteilung von Ressourcen zu vorhandenen Aufträgen. Die Zuteilung erfolgt anhand des implementierten Marktmodells.

6.5 Zukünftiger Forschungsbedarf

Ziel dieses Kapitels war es, die Realisierbarkeit einer ökonomischen Ressourcenzuteilung in einem P2P basierten Grid zu demonstrieren und einen Überblick über die aktuellen Anforderungen an Grid Systeme zu geben. Festzuhalten ist, dass viele offene Fragen im technischen Bereich weitgehend beantwortet werden konnten (z.B. Verschlüsselung, Public Key Infrastrukturen, Sandbox-Prinzip), es jedoch an einer gridspezifischen, einheitlichen Integration und Standardisierung mangelt. Abhilfe soll der Standard Open Grid Service Architecture (OGSA)[340] schaffen, der vom Global Grid Forum entwickelt wird und zahlreiche Substandards für die o.a. Problemfelder definiert. Fernziel ist die ökonomische Nutzung des Grid Konzepts durch die Schaffung von hochkomplexen, verteilten Systemen zur Integration von unternehmensübergreifenden Ressourcen („Virtuelle Organisationen")[341] auf Basis dieses Standards. Dass Grid-Computing ein wirtschaftlich interessanter und zudem aktueller Bereich ist, zeigt IBM mit seinem „E-Business-On-Demand"-Service[342] für Firmenkunden.

Abschließend ist festzustellen, dass die Entwicklung einer globalen Grid-Infrastruktur mit ihren ökonomischen Potentialen durch Großunternehmen forciert wird. Die Realisierung hängt jedoch stark von der Lösung der in diesem Kapitel benannten Probleme ab. Insbesondere in den Bereichen Sicherheit, ökonomische Ressourcenzuteilung (Marktmodelle) und Standards besteht weiterer Forschungsbedarf, um eine ökonomische Nutzung des Grid Konzepts zu ermöglichen.

---

[340] Vgl. Foster et al. 2002.
[341] Vgl. Foster/Kesselman/Tuecke 2001.
[342] Vgl. IBM Business on demand 2003.

7 Zusammenfassung und Ausblick

In der vorliegenden Arbeit werden P2P Systeme im Hinblick auf ihre Unterstützung für elektronische Marktplätze untersucht. Um diese Fragestellungen zu bearbeiten, wurden zunächst einige Grundlagen dargestellt und anschließend die Schnittstelle „Peer-to-Peer" und „elektronische Marktplätze" bearbeitet.

Kapitel zwei stellt die Grundlagen von P2P Systemen dar. Hierzu gehören Definitionen, Architekturen, Technologien und der aktuelle Stand der Forschung. Dabei hat sich herausgestellt, dass es nur wenige Technologien gibt, die direkt die Realisierung von P2P Systemen fokussieren. Die Analyse des Standes der Forschung bringt hervor, dass sehr viele technische Aspekte von P2P Systemen untersucht wurden. Forschungsbemühungen im Bereich von P2P Geschäftsmodellen im Zusammenhang mit elektronischen Märkten sind bisher wenig untersucht.

Kapitel drei baut auf den Erkenntnissen des Grundlagenkapitels auf und stellt ein eigenes Framework zum Erstellen von kommerziellen P2P Applikationen vor. Dabei wurde insbesondere auf eine hohe Modularität des Frameworks geachtet, um P2P Systeme einfach erweitern zu können. Eine wichtige Erkenntnis hierbei ist, dass kommerzielle P2P Systeme wesentlich höhere Anforderungen erfüllen müssen als herkömmliche freie P2P Systeme. Insbesondere Aspekte wie Sicherheit und Performanz, sowie die Möglichkeit von Abrechnungsmechanismen, müssen unbedingt Berücksichtigung finden.

Kapitel vier beschäftigt sich mit einem Geschäftsmodell für die kommerzielle Distribution von digitalen Produkten. Hier wird ein direkter Bezug genommen zu dem aktuellen Problem der illegalen Filesharing-Systeme, die das Raubkopieren in hohem Maße fördern. Ein wesentlicher Ausgangspunkt ist, dass bisherige Geschäftsmodelle, insbesondere für Online-Musik, einfache Downloadplattformen sind, die den Nutzern aufgrund der kostenlosen Filesharing-Systeme wenige Anreize zum Kauf bieten. Das Kapitel versucht ein theoretisch überlegenes Geschäftsmodell zu entwickeln. Dieses Geschäftsmodell wird dabei in konzeptioneller und technischer Hinsicht ausgearbeitet. Auch eine mögliche Erweiterung zu einem P2P Streaming Netzwerk wird dabei skizziert.

Kapitel fünf hat weniger Bezug zu aktuellen Problemen der Praxis und versucht, den P2P Ansatz auf elektronische Märkte zu verallgemeinern. Jeder Marktteilnehmer wird durch ein Peer im Netzwerk repräsentiert. Die Idee ist hierbei, Transaktionen weitestgehend dezentral zu organisieren, um somit eine weitere Desintermediation zu erreichen, was letztendlich in Kosteneinsparungen resultiert. Wesentliches Ergebnis dieses Kapitels ist, dass Transaktionen grundsätzlich dezentral abgewickelt werden können, jedoch für gewisse Aufgaben eine Zentralinstanz mit koordinierenden Aufgaben notwendig sein kann. Diese Zentralinstanz hat jedoch lediglich technischen und nicht ökonomischen Vermittlercharakter, so dass deren Wertschöpfung als sehr gering eingeschätzt werden muss.

Kapitel sechs stellt das Grid-Computing als eine P2P Anwendung dar, bei der dezentrale elektronische Ressourcen zu einem transparenten Grid koordiniert werden müssen. Ein solches P2P Netzwerk kann als ein Marktplatz für freie dezentrale Ressourcen angesehen werden. Insbesondere werden verschiedene marktliche Koordinationsmechanismen für diese dezentralen Ressourcen dargestellt. Ein Java-Prototyp macht deutlich, wie ein Grid für die Verteilung von Rechenaufträgen konstruiert werden kann.

Die unterschiedlichen Themenkomplexe untersuchen verschiedene Einsatzfelder für P2P Systeme im Zusammenhang mit elektronischen Märkten. Die Hauptaussage dieser Arbeit kann daher darin gesehen werden, dass P2P Systeme keineswegs unkontrollierbare und wirtschaftlich nicht nutzbare Systeme sind. An vielen Stellen werden P2P Systeme für eine entsprechende Anwendung entworfen bzw. auch prototypisch implementiert. Zukünftiger Forschungsbedarf kann insgesamt in einer weiteren Umsetzung der beschriebenen P2P Systeme gesehen werden. Denn trotz der Überprüfung der ökonomischen Sinnhaftigkeit solcher Systeme kann letztendlich nur die praktische Umsetzung und Verbreitung der beschriebenen Applikationen eine Aussage über den Erfolg oder Misserfolg dieser P2P Systeme treffen. Die Umsetzung dieser Applikationen in die Realität bis hin zu einem komfortablen und nutzerfreundlichen Produkt mit Mehrwertdiensten kann jedoch nur mit erhöhtem Aufwand und Ressourcen geschehen und müsste optimalerweise mit interessierten Partnern aus der wirtschaftlichen Praxis geschehen. Sicherlich könnten nach einer produktreifen Umsetzung dieser P2P Systeme auch weitere Forschungsfragen bezüglich der ökonomischen Implikationen und der Funktionsweise solcher Systeme beantwortet werden. Insofern kann die vorliegende Arbeit lediglich fundierte theoretische Hinweise und erste Umsetzungsvorschläge für neue kommerzielle, dem P2P Paradigma folgenden Applikationen bieten.

8 Anhang: Darstellung weiterer Ergebnisse der Umfrage

Im Folgenden wird das Ergebnis der Umfrage zu den Fragen dargestellt, die bisher noch nicht diskutiert wurden.

"Offline Musikkonsum"

Frage: Wie viele Musik-CDs (Singles und Alben) kaufen Sie im Jahr?

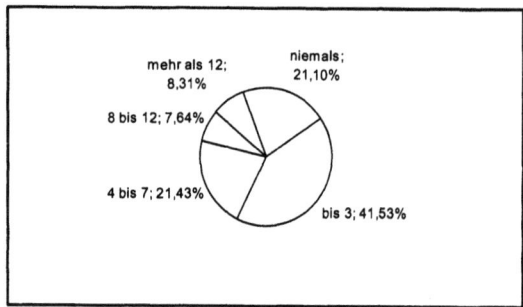

Abbildung 84: Kaufverhalten von CDs pro Jahr

Internetverbindung

Frage: Welche Zugangsmöglichkeit zum Internet nutzen Sie von zu Hause aus?

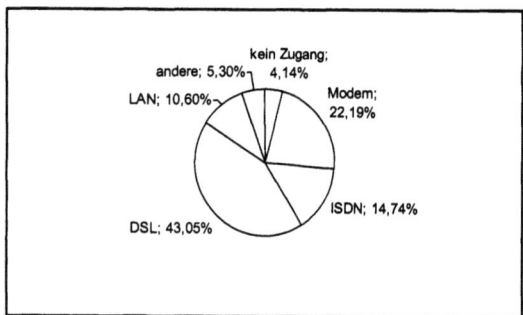

Abbildung 85: Zugangsart ins Internet von zu Hause aus

8 Anhang 267

Intensität der Benutzung von Filesharing-Systemen
Wie intensiv nutzen Sie Filesharing-Systeme im Internet?

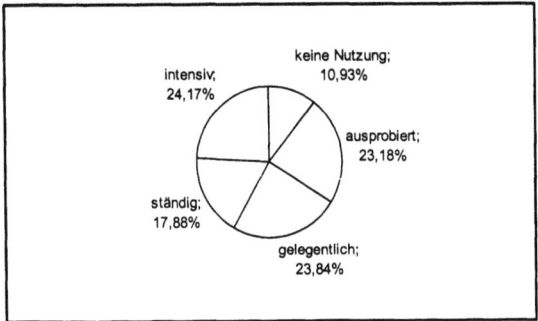

Abbildung 86: Nutzungsintensität von Filesharing-Systemen[343]

Weitere bezogene Medientypen
Frage: Welche anderen Medientypen, außer Musik, beziehen Sie aus Filesharing-Systemen?

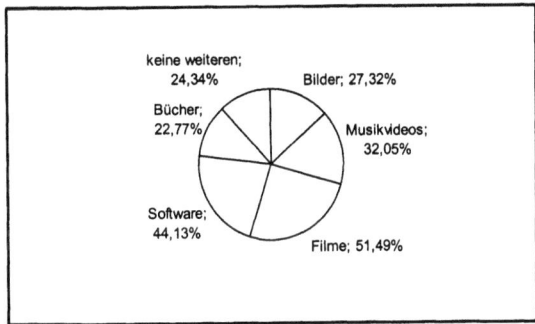

Abbildung 87: Weitere aus Filesharing-Systemen bezogene Medientypen (Mehrfachnennungen möglich)

---

[343] Zu den Nutzungsintensitäten siehe Fragebogen.

Angebotsverhalten in Filesharing-Systemen

Frage: Inwiefern bieten Sie auch Songs bzw. andere Inhalte in Filesharing-System an?

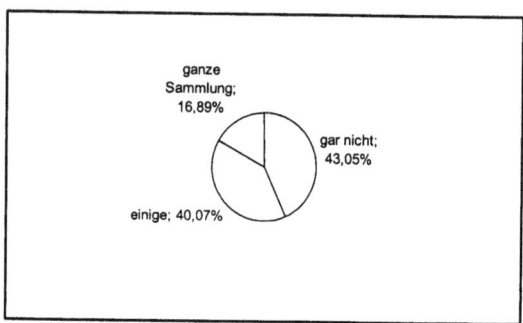

Abbildung 88: Angebotsverhalten in Filesharing-Systemen

Rechtsempfinden

Frage: Inwiefern empfinden Sie das kostenlose Herunterladen von durch Copyrights geschützter Musik aus Filesharing-Systemen als verwerflich?
Ergebnis:
- Verwerflich: 20,70%
- Nicht verwerflich: 79,30%

Individuelle Auswahl von Songs

Frage: Wie wichtig ist für Sie die individuelle Auswahl von Musiksongs im Vergleich zu vorkonfigurierten Bündeln (Musik-CDs, Sampler, etc.)?

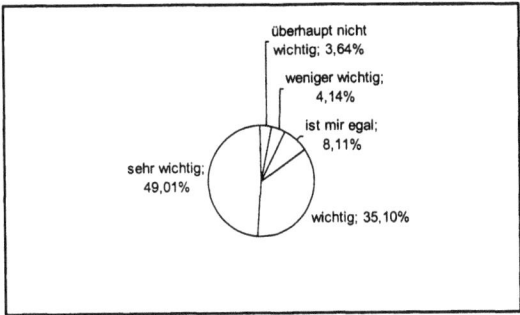

Abbildung 89: Wichtigkeit der individuellen Auswahl von Songs

(0=überhaupt nicht wichtig, 4=sehr wichtig):
Mittelwert: 3,22
Standardabweichung: 1,01

Demographische Daten
Mittelwert des Alters: 23,33
Anteil männlicher Teilnehmer: 62,91%
Anteil weiblicher Teilnehmer: 37,09%

9 Literaturverzeichnis

AOL 2003: AOL: AOL Homepage, www.aol.de, Abruf am 23.04.2003.

Aberer 2001: Aberer, K.: P-Grid: A self-organizing access structure for P2P information systems, in: Sixth International Conference on Cooperative Information Systems, Lecture Notes in Computer Sience 2172 (2001).

Aberer/Despotovic 2001: Aberer, K./Despotovic, Z.: Managing Trust in a Peer-2-Peer Information System, 10th International Conference on Information and Knowledge Management, New York (http://lsirpeople.epfl.ch/despotovic/CIKM2001-trust.pdf) 2001.

Aberer/Hauswirth 2002: Aberer, K./Hauswirth, M.: Improving Data Access in P2P Systems, in: IEEE Internet Computing Januar / Februar (2002) S. 58-67.

Adamic et al. 2001: Adamic, L./Lukose, R./Puniyani, A./Huberman, A.: Search in Power-Law Networks, in: Phys. Rev. E 64 (2001), S. 46135-46143.

Adamic/Lukose/Huberman 2002: Adamic, L./Lukose, R./Huberman, B.: Local Search in Unstructured Networks, in: Bornholdt, S./Schuster, H.: Handbook of Graphs and Networks: From the Genome to the Internet, Berlin 2002.

Adar/Hubermann 2000: Adar, E./Hubermann, B.: Freeriding on Gnutella, http://www.firstmonday.dk/issues/issue5_10/adar/, Abruf am 22.02.2003.

Agnew 2003: Agnew, G.: Secure Electronic Transactions: Overview, Capabilities and Current Status, in: Weidong, K.: Payment Technologies for E-Commerce, Berlin [u.a.] 2003, S. 211-226.

Anderson/Kubiatowicz 2002: Anderson, D./Kubiatowicz, J.: Der Weltcomputer, in: Spektrum der Wissenschaft Juni (2002) S. 80-87.

Apple 2003a: Apple: Apple iPod, http://www.apple.com/ipod/, Abruf am 22.05.2003.

Apple 2003b: Apple: Apple iTunes, http://www.apple.com/itunes/, Abruf am 22.05.2003.

Awaki 2003: Awaki: Awaki: Home, http://www.avaki.com/, Abruf am 29.04.2003.

BSA 2002: BSA: Seventh Annual BSA Global Software Piracy Study, http://www.bsa.org/usa/policyres/admin/2002-06-10.130.pdf, Abruf am 21.05.2003.

BSA 2003: BSA: Expanding Global Economies: The Benefits of Reducing Software Piracy, http://www.bsa.de/piraterie/pics/idc2003.pdf, Abruf am 21.05.2003.

Backhaus et al. 2000: Backhaus, K./Erichson, B./Plinke, W./Weiber, R.: Multivariate Analysemethoden: eine anwendungsorientierte Einführung, 9. Aufl., Berlin [u.a.] 2000.

Literaturverzeichnis

Bailer 1997: Bailer, B.: Geschäftsmodelle: Methoden und Qualität, Zürich 1997.

Bamberg/Baur 1996: Bamberg, G./Baur, F.: Statistik, 9. Aufl., München 1996.

Barkai 2001: Barkai, D.: P2P Computing - Technologies for Sharing and Collaborating on the Net, Hilsboro 2001.

Bea/Dichtl/Schweitzer 2000: Bea, F./Dichtl, E./Schweitzer, M.: Allgemeine Betriebswirtschaftslehre, Bd. 1: Grundfragen, 8. Aufl. Stuttgart 2000.

Becker/Clement 2003: Becker, J./Clement, M.: Generation Napster - Das ökonomische Kalkül eines Anbieters von Medien-Dateien bei Filesharing-Diensten, in: Wirtschaftsinformatik 45 (2003) 3, S. 261-261.

Beimborn/Mintert/Witzel 2002: Beimborn, D./Mintert, S./Witzel, T.: Web Services und ebXML. in: Wirtschaftsinformatik 44 (2002) 3, S. 277-280.

Biethahn/Muksch/Ruf 1996: Biethahn, J./Muksch, H./Ruf, W.: Ganzheitliches Informationsmanagement: Bd. I: Grundlagen, 4. Aufl., München, Wien 1996.

Bohn et al. 2003: Bohn, A./Güting, T./Mansmann, T./Selle, S.: MoneyBee: Aktienkursprognose mit künstlicher Intelligenz bei hoher Rechenleistung, in: Wirtschaftsinformatik 45 (2003) 3, S. 325-333.

Box 2001: Box, D.: Simple Object Access Protocol (SOAP) 1.1. W3C Note, http://www.w3.org/TR/SOAP, Abruf am 22.04.2003.

Brandtweiner 2000: Brandtweiner, R.: Differenzierung und elektronischer Vertrieb digitaler Informationsgüter, Düsseldorf 2000.

Brockhaus 1991: Brockhaus: Brockhaus Enzyklopädie, Nos-Per, 19. Aufl., Mannheim 1991.

Brockhoff 1999: Brockhoff, K.: Produktpolitik: 31 Tabellen, 56 Aufgaben, 4. Aufl., Stuttgart 1999.

Buhse 2001a: Buhse, W.: Digital Rights Management for Music Filesharing Communities, Boston 2001, S. 1537-1543.

Buhse 2001b: Buhse, W.: Systematisierung von Geschäftsmodellen für Online-Musik unter Berücksichtigung von Marktunsicherheiten, in: Wirtschaftsinformatik 43 (2001) 4, S. 383-392.

Burghardt/Gehrke/Schumann 2003a: Burghardt, M./Gehrke, N./Schumann, M.: Eine Architektur zur Abrechnung von Web Services, in: Eckstein, R./Tolksdorf, R.: XMIDX XML-Technologien für Middleware - Middleware für XML-Anwendungen, Lecture Notes in Informatics, Bonn 2003, S. 45-56.

Burghardt/Gehrke/Schumann 2003b: Burghardt, M./Gehrke, N./Schumann, M.: Implikationen kommerzieller Web Services, in: Eckstein, R./Tolksdorf, R.: XMIDX 2003 XML-Technologien für Middleware - Middleware für XML-Anwendungen, Bonn 2003, S. 71-82.

Buyya 2002: Buyya, R.: Economic-based distributed resource management and scheduling for grid computing, http://www.cs.mu.oz.au/~rai/thesis/thesis.pdf, Abruf am 27.06.2003.

Buyya et al. 2002: Buyya, R./Abramson, D./Giddy, J./Stockinger, H.: Economic models for ressource management and scheduling in Grid-Computing, http://www.csse.monash.edu.au/~rajkumar/papers/emodels.pdf, Abruf am 27.06.2003.

Caronni 2000: Caronni, G.: Walking the Web of Trust, http://www.olymp.org/~caronni/work/papers/wetice-web-final.pdf, Abruf am 16.07.2003.

Cayzer/Aickelin 2002: Cayzer, S./Aickelin, U.: A Recommender System based on the Immune Network, http://www.hpl.hp.com/techreports/2002/HPL-2002-1.pdf, Abruf am 11.11.2003.

CenterSpan 2002: CenterSpan: A Content - Centric Distribution Strategy: The Secure, Mediated P2P Content Delivery Network as Best Value for Rich Downloadable Content and on-demand Streaming, White Paper, http://www.centerspan.com, Abruf am 21.05.2003.

Chmielewicz 1979: Chmielewicz, K.: Forschungskonzeptionen der Wirtschaftswissenschaft, 2. Aufl., Stuttgart 1979.

Christensen et al. 2001: Christensen, E./Curbera, F./Meredith, G./Weerawarana, S.: Web Services Description Language (WSDL) 1.1 W3C Note, http://www.w3.org/TR/wsdl, Abruf am 22.04.2003.

Clarke et al. 2002: Clarke, I./Miller, S./Hong, T./Sandberg, O./Wiley, B.: Protecting Free Expression Online with Freenet, in: IEEE Internet Computing (2002) February, S. 40-49.

Coulouris/Dollimore/Kindberg 2002: Coulouris, G./Dollimore, J./Kindberg, T.: Verteilte Systeme: Konzepte und Design, 3. Aufl., München 2002.

Cox 1996: Cox, B.: Superdistribution: Objects as Properity on the Electronic Frontier, Boston 1996.

Craver et al. 2001: Craver, S./Wu, M./Liu, B./Stubblefield, A./Swatzlander, D./Wallach, S./Dean, D./Felten, E.: Reading between the lines: Lessons from the SDMI Challenge, in: Proceedings of the 10th USENIX Security Symposium (2001).

De Roure/Jennings/Shadbolt 2001: De Roure, D./Jennings, N./Shadbolt, N.: Research Agenda for the Semantic grid: A future e-Science Infrastructure, http://www.semanticgrid.org/v1.9/semgrid.pdf, Abruf am 27.06.2003.

Deshpande/Bawa/Garcia-Molina 2001: Deshpande, H./Bawa, M./Garcia-Molina, H.: Streaming Live Media over Peers, Standford Database Group Technical Report, Stanford 2001.

Detecon 2002: Detecon: P2P - Die Hoffnung stirbt zuletzt, 2002, http://www.ecin.de/state-of-the-art/p2p/, Abruf am 10.11.2003

Dittmann 2000: Dittmann, J.: Digitale Wasserzeichen: Grundlagen, Verfahren, Anwendungsgebiete, Berlin [u.a.] 2000.

Dornbusch/Fischer 2002: Dornbusch, R./Fischer, S.: Makroökonomik, 6. Aufl., München [u.a.] 2002.

Dreamtech Software India 2002: Dreamtech Software India: P2P application development: cracking the code, New York 2002.

Dynda/Rydlo 2003: Dynda, V./Rydlo, P.: Fault-tolerant data management in the Gaston P2P file system, in: Wirtschaftsinformatik 45 (2003) 3, S. 273-283.

Eastlake 2001: Eastlake, D.: US Secure Hash Algorithm 1, RFC3174, http://rfc.net/rfc3174.html, Abruf am 29.04.2003.

Ebay 2003: Ebay: Ebay Homepage, www.ebay.de, Abruf am 25.06.2003.

Eckstein/Klever 2000: Eckstein, R./Klever, N.: XML: kurz gut, 1. Aufl, Beijing [u.a.] 2000.

Eggs et al. 2002: Eggs, H./Sackmann, S./Eymann, T./Müller, G.: Vertrauen und Reputation in P2P Netzwerken, in: Schoder, D./Fischbach, K./Teichmann, R.: Peer-to-Peer: Ökonomische, technologische und juristische Perspektiven, Berlin 2002, S. 229-254.

Erpenbeck 1999: Erpenbeck, A.: Streaming Media und Real Video, 1999, http://www-lehre.informatik.uni-osnabrueck.de/~aerpenbe/papers/real.pdf, Abruf am 05.11.2002.

Fleisch/Mattern/Billinger 2003: Fleisch, E./Mattern, F./Billinger, S.: Betriebswirtschaftliche Applikationen des Ubiquitous Computing, in: HMD Praxis der Wirtschaftsinformatik 229 (2003) S. 5-15.

Folding@home 2003: Folding@home: Folding@home Homepage, http://folding.stanford.edu/, Abruf am 27.06.2003.

Foster 2002a: Foster, I.: Keynode Speech Iw3C2, http://www2002.org/foster.pdf, Abruf am 27.06.2003.

Foster 2002b: Foster, I.: The Grid: A New Infrastructure for the 21st Century Science, in: Physics Today, http://www.aip.org/pt/vol-55/iss-2/p42.html, Abruf am 27.06.2003.

Foster et al. 2002: Foster, I./Kesselmann, C./Nick, J./Tuecke, S.: The Physiology of the Grid. An open Services Architecture for Distributed Systems Integration, http://globus.org/research/papers/ogsa.pdf, Abruf am 27.06.2003.

Foster/Kesselman/Tuecke 2001: Foster, I./Kesselman, C./Tuecke, S.: The Anatomy of the Grid: Enabling Scalable Virtual Organizations, in: International Journal of Supercomputing Applications 15 (2001) 3, auch: http://www.globus.org/research/papers/anatomy.pdf, Abruf am am 10.11.2003

Foster/Kesselman/Tuecke 2002: Foster, I./Kesselman, C./Tuecke, S.: Die

Anatomie des Grid, in: Schoder, D./Fischbach, K./Teichmann, R.: Peer-to-Peer, Berlin [u.a.] 2002, S. 119-152.

Fraunhofer 2003: Fraunhofer: Layer 3 Info, http://www.iis.fraunhofer.de/amm/techinf/layer3/, Abruf am 23.04.2003.

GFK 2003: GFK: "Brenner Studie", http://www.ifpi.de/news/192/index-Dateien/frame.htm, Abruf am 21.05.2003.

Gabler 1997: Gabler: Gabler Wirtschaftslexikon, L-So, 14. Aufl., Wiesbaden 1997.

Gamma/Riehle 2002: Gamma, E./Riehle, D.: Entwurfsmuster: Elemente wiederverwendbarer objektorientierter Software, 5. Aufl., München [u.a.] 2002.

Gehrke 2002: Gehrke, N.: Vom Datenklau zum Geschäftsmodell - Wirtschaftliche Nutzenpotenziale von P2P Technologien, in: IS-Report 6 (2002) 7, S. 42-56.

Gehrke/Anding/Schumann 2002: Gehrke, N./Anding, M./Schumann, M.: A P2P Business Model for the Music Industry, in: Monteiro, J. L./Swatman, P. M./Tavares, L. V.: Towards the Knowledge Society, Proceedings of the 2nd IFIP Conference on eCommerce, eBusiness and eGovernment, Lissabon 2002, S. 243-257.

Gehrke/Burghardt/Schumann 2002a: Gehrke, N./Burghardt, M./Schumann, M.: Eine mikroökonomische Analyse des Raubkopierens von Informationsgütern: ein Marktmodell, in: Weinhardt, C./Holtmann, C.: E-Commerce : Netze, Märkte, Technologien, Heidelberg 2002, S. 21-42.

Gehrke/Burghardt/Schumann 2002b: Gehrke, N./Burghardt, M./Schumann, M.: Ein P2P basiertes Modell zur Dezentralisierung elektronischer Marktplätze, in: E-Commerce : Netze, M. T./mit 33 Tabellen, Heidelberg 2002, S. 101-116.

Gehrke/Burghardt/Schumann 2003: Gehrke, N./Burghardt, M./Schumann, M.: Divide et Impera - Ein P2P Geschäftsmodell für Streaming Media, in: Proceedings der Jahrestagung Wirtschaftsinformatik (2003), S. 467-490.

Gehrke/Schumann 2003: Gehrke, N./Schumann, M.: Constructing Electronic Marketplaces using P2P Technology, in: Proceedings of the 36th Hawaiian International Conference on System Sciences (2003).

Gerpott 1999: Gerpott, T. J.: Strategisches Technologie- und Innovationsmanagement: eine konzentrierte Einführung, Stuttgart 1999.

Givon/Mahajan/Muller 1995: Givon, M./Mahajan, V./Muller, E.: Software Privacy: estimation of lost Sales and the Impact on Software Diffusion, in: Journal of Marketing 59 (1995), S. 29-37.

Gnutella 2000: Gnutella: The Gnutella Protocoll Specification v0.4, www9.limewire.com/developer/gnutella_protocol_0.4.pdf, Abruf am 24.03.2003.

Golem Networld 2003: Golem Networld: Phonoverbände gehen verstärkt gegen Tauschbörsen vor, http://www.golem.de/0302/23954.html, Abruf am 23.04.2003.

Gracenote 2003: Gracenote: Gracenote CDDB Music Recognition Service, http://www.gracenote.com/gn_products/cddb.html, Abruf am 21.05.2003.

Gridcomputing 2003: Gridcomputing: www.gridcomputing.com Homepage, www.gridcomputing.com, Abruf am 27.06.2003.

Grimm/Nützel 2002a: Grimm, R./Nützel, J.: P2P Music Sharing with Profit but Without Copy Protection, in: Proceedings Second International Conference on WEB Delivering of Music (WEDELMUSIC'02) (2002).

Grimm/Nützel 2002b : Grimm, R./Nützel, J.: Geschäftsmodelle für virtuelle Waren, in: DuD - Datenschutz und Datensicherheit 5 (2002), S. 1-6.

Groove 2003: Groove: Groove Homepage, http://www.groove.net, Abruf am 22.03.2003.

Grothoff 2003: Grothoff, C.: Resource allocation in P2P networks - An excess-based economic model, in: Wirtschaftsinformatik 45 (2003) 3, S. 285-292.

Gümbel 1985: Gümbel, R.: Handel, Markt und Ökonomik, Wiesbaden 1985.

Hagel/Armstrong 1999: Hagel, J./Armstrong, A.: Net Gain - Profit im Netz, Wiesbaden 1999.

Hansen/Neumann 2001: Hansen, H. R./Neumann, G.: Wirtschaftsinformatik, 8. Aufl., Stuttgart 2001.

Heise 2001: Heise: US-Plattenindustrie dringt auf schnelles Napster-Urteil, http://www.heise.de/newsticker/data/cp-09.08.01-000/, Abruf am 23.04.2003.

Heise 2002: Heise: Ungewisse Zukunft für Tauschbörse Kazaa, http://www.heise.de/newsticker/data/wst-26.11.02-001/, Abruf am 26.11.2002.

Heise 2003: Heise: US-Gericht verweigert Schließung von Online-Tauschbörsen, http://www.heise.de/newsticker/data/jk-26.04.03-002/, Abruf am 21.05.2003.

Hentrich 2001: Hentrich, J.: B2B-Katalog Management, Bonn 2001.

Herlocker et al. 2000: Herlocker, J./Konstan, J./Riedl, J.: Explaining Collaborative Filtering Recommendations, in: Proceedings of ACM 2000 Conference on Computer Supported Cooperative Work (2000), S. 241-250.

Hess/Anding 2002: Hess, T./Anding, M.: Napster in der Videobranche ?, in: Schoder, D./Fischbach, K./Teichmann, R.: P2P, Berlin [u.a.] 2002, S. 25-40.

Hey/Trefethen 2002: Hey, T./Trefethen, A.: The UK e-Science Grid, in: Scientific Computer World 66 (2002), S. 19-22.

Hoeren 2002: Hoeren, T.: Urheberrecht und P2P Dienste, in: Schoder, D./Fischbach, K./Teichmann, R.: Peer-to-Peer, Berlin [u.a.] 2002, S. 255-294.

Hong 2001: Hong, T.: Performance, in: Oran, A.: P2P - Harnessing the Power of Disruptive Technologies, Sebastopol 2001, S. 203-241.

Horne/Pinkas/Sander 2001: Horne, B./Pinkas, B./Sander, T.: Escrow Services and Incentives in P2P Networks, in: Proceedings of the 3rd ACM conference on Electronic Commerce, Intertrust Technologies (2001), S. 85-94.

Hummel 2002: Hummel, T.: Instant Messaging - Nutzenpotenziale und Herausforderungen, in: Schoder, D./Fischbach, K./Teichmann, R.: Peer-to-Peer, Berlin [u.a.] 2002, S. 59-70.

Hummel/Stromme/La Salle 2003: Hummel, T./Stromme, O./La Salle, R.: Earning a Living among Peers - the Quest for viable P2P Revenue Models, in: Proceedings of the 36th Hawaiian International Conference on System Sciences (2003).

IBM 2003: IBM: RMI-IIOP supporting documentation, http://www-106.ibm.com/developerworks/java/rmi-iiop/summary.html, Abruf am 22.04.2003.

IBM Business on demand 2003: IBM Business on demand: IBM Business on Demand Homepage, http://www-5.ibm.com/e-business/de/, Abruf am 27.06.2003.

ICQ 2003: ICQ: ICQ Homepage, www.icq.com, Abruf am 23.04.2003.

IFPI 2002: IFPI: Kann es Hits im Netz kostenlos geben?, http://www.ifpi.de/recht/re-13.htm, Abruf am 14.02.02.

IFPI 2003: IFPI: Richtlinien zum Umgang mit Urheberrechtlich geschützten Werken zur IT-Sicherheit, www.ifpi.org/site-content/library/ copyright-use-and-security-guide-german.pdf, Abruf am 23.04.2003.

Ianella 2001: Ianella, R.: Digital Rights Management Architectures, http://www.dlib.org/dlib/june01/iannella/06iannella.html, Abruf am 21.05.2003.

Infoquelle 2002: Infoquelle: Streaming Media, die Übertragung von Audio- und Video - Content im Internet, http://www.infoquelle.de/Internet-World/Streaming_Media.cfm, Abruf am 05.11.2002.

Intel 2003: Intel: The Intel(R) Philanthropic P2P Program, http://www.intel.com/cure/, Abruf am 22.04.2003.

JXTA 2002: JXTA: Project JXTA - A Technological Overview, http://www.jxta.org/project/www/docs/jxtaview_01nov02.pdf, Abruf am 22.04.2003.

JXTA 2003: JXTA: JXTA Homepage, www.jxta.org, Abruf am 22.04.2003.

Jarowski/Perrone/Chaganti 2002: Jarowski, J./Perrone, P./Chaganti, V.: Java

Security Handbook, Indianapolis 2002.

Jatelite 2002: Jatelite: White Paper, www.jatelite.de/pdf/jatelite_de_white_paper.pdf, Abruf am 07.08.2002.

Java Sun 2003: Java Sun: Java Sun Homepage, http://java.sun.com, Abruf am 25.05.2003.

Johansen/Sornette/Ledoit 1999: Johansen, A./Sornette, D./Ledoit, O.: Predicting Financial Crashes Using Discrete Scale Invariance, in: Journal of Risk 1 (1999) 4, S. 5-32.

Johnston/DiNardo 1997: Johnston, J./DiNardo, J.: Econometric methods, New York, NY [u.a.] 1997.

Jung 1994: Jung, H.: Allgemeine Betriebswirtschaftslehre, Wien 1994.

KaZaa 2003: KaZaa: KaZaa Homepage, www.kazaa.com, Abruf am 23.04.2003.

Kan 2001: Kan, G.: Gnutella, in: Oram, A.: P2P - Harnessing the Power of Disruptive Technologies, Sebastopol 2001, S. 94-122.

Keuper 2002: Keuper, F.: Convergence-based View - ein strategiestrukturationstheoretischer Ansatz zum Management der Konvergenz digitaler Erlebniswelten, in: Keuper, F.: Electronic Business und Mobile Business - Ansätze, Konzepte, und Geschäftsmodelle, Wiesbaden 2002, S. 603-654.

Keuper 2003: Keuper, F.: Convergence-based View - Strategieplanung in der TIME-Branche, in: Brösel, G./Keuper, F.: Medienmanagement - Aufgaben und Lösungen, Wiesbaden 2003, S. 3-27.

Keuper/Gehrke 2002: Keuper, F./Gehrke, N.: P2P Technologien - Erfolgspotentiale und Einflüsse dezentraler Ressourcennutzung auf elektronische Märkte, in: Keuper, F.: E-Business, M-Business und T-Business - digitale Erlebniswelten für die TIME- und Konsumgüterbranche aus Sicht von Consulting-Unternehmen, Wiesbaden 2002, S. 3-49.

Keuper/Hans 2003: Keuper, F./Hans, R.: Multimedia-Management - Strategien und Konzepte für Zeitungs- und Zeitschriftenverlage im digitalen Informationszeitalter, Wiesbaden 2003.

Kiefer 2001: Kiefer, M. L.: Medienökonomik: Einführung in eine ökonomische Theorie der Medien, München [u.a.] 2001.

Killius/Mueller-Oerlinghausen 1999: Killius, N./Mueller-Oerlinghausen, J.: Innovative Geschäftsmodelle in digitalen Medien, in: Schumann, M./Hess, T.: Medienunternehmen im digitalen Zeitalter, Wiesbaden 1999, S. 139-153.

Kim/Hoffman 2000: Kim, A./Hoffman, L.: Internet P2P Technology Pricing Schemes as Seen Through the Lens of Principal Agent Theory, Using Napster as an Example Application, http://www.cpi.seas.gwu.edu/library/docs/cpi-2000-01.pdf, Abruf am 22.04.2003.

Knuth 2002: Knuth, M.: Web Services: Einführung und Übersicht, Frankfurt 2002.

Kreger 2002: Kreger, H.: Web Services Conceptual Architecture (WSCA 1.0), http://www-3.ibm.com/software/solutions/webservices/pdf/WSCA.pdf, Abruf am 22-04-2003.

Krishnamurthy/Wang/Xie 2001: Krishnamurthy, B./Wang, J./Xie, Y.: Early Measurements of a Cluster-based Architecture for P2P Systems, in: ACM SIGCOMM INTERNET MEASUREMENT WORKSHOP 2001 (2001), S. 105-109.

Krüger 2001: Krüger, G.: Go to Java 2 : Handbuch der Java-Programmierung, 2. Aufl, München [u.a.] 2001.

Kwok 2002: Kwok, J.: Digital Rights Management for Online Music Business, in: ACM SIGecom Exchanges 3 (2002) 3, S. 17-24.

Köster 1998: Köster, D.: Was sind Netzprodukte ? Eigenschaften, Definition und Systematisierung von Netzprodukten, Berlin 1998.

Langley 2001: Langley, A.: Freenet, in: Oram, A.: Peer-to-Peer - Harnessing the Power of Disruptive Technologies, Sebastopol 2001, S. 123-132.

Lemon 2002: Lemon, R.: Sicherheitstechnologien könnten sich gegen die Verbraucher wenden, http://techupdate.zdnet.de/story/0,,t422-s2127006,00.html, Abruf am 06.12.2002.

Leuf 2002: Leuf, B.: Peer to Peer: Collaboration and Sharing over the Internet, Boston [u.a.] 2002.

Lotus 2003: Lotus: Lotus Homepage, www.lotus.com, Abruf am 23.04.2003.

McLaughlin 2002: McLaughlin, B.: Java and XML, Beijing [u.a.] 2002.

Mediasharing 2003: Mediasharing: mediasharing homepage, www.mediasharing.de, Abruf am 23.04.2003.

Mertens 1997: Mertens, P.: Recommender-Systems, in: Wirtschaftsinformatik 39 (1997) 4, S. 401-404.

Merz 1999: Merz, M.: Electronic commerce: Marktmodelle, Anwendungen und Technologien, Heidelberg 1999.

Microsoft 2002: Microsoft: Terrarium und P2P, http://msdn.microsoft.com/theshow/episode021/default.asp, Abruf am 29.02.2002.

Microsoft 2003: Microsoft: Microsoft .NET, http://www.microsoft.com/net/, Abruf am 29.04.2003.

Microsoft Press 2003: Microsoft Press: Computer Lexikon Fachwörterbuch, 7, München 2003.

Mihcak/Venkatesan 2001: Mihcak, M. K./Venkatesan, R.: A Perceptual Audio Hashing Algorithm: A Tool for Robust Audio Identification and Information Hiding, in: Proceedings Information Hiding 2001: Pittsburgh, Lecture

Notes in Computer Science 2137 (2001) S. 51-65.

Miller 2001: Miller, M.: Discovering P2P, Alameda 2001.

Minar 2001a: Minar, N.: Distributed Systems Topologies: Part 1, www.openp2p.com/lpt/a//p2p/2001/12/14/topologies_one.html, Abruf am 14.12.01.

Minar 2001b: Minar, N.: Distributed Systems Topologies: Part 2, http://www.openp2p.com/pub/a/p2p/2002/01/08/p2p_topologies_pt2.html, Abruf am 23.04.2003.

Minar/Hedlund 2001: Minar, N./Hedlund, M.: A Network of Peers, in: Oram, A.: P2P - Harnessing the Power of Disruptive Technologies, Sebastopol 2001, S. 3-20.

Moore 1965: Moore, G.: Cramming more components onto integrated circuits, in: Electronics 38 (1965) 8, S. 114-117.

Mori 1990: Mori, R.: Superdistribution: The Concept and the Architecture, in: The Transaction of the IEICE E73 7 (1990).

Mu/Varadharajan/Nguyen 2003: Mu, Y./Varadharajan, V./Nguyen, K.: Digital Cash, in: Kou, W.: Payment Technlogies for E-Commerce, Berlin [u.a.] 2003, S. 171-192.

Napster 2003: Napster: Napster Homepage, www.napster.com, Abruf am 21.05.2003.

Nejdl et al. 2002a: Nejdl, W./ Wolf, B./Qu, C./ Decker, S./ Stintek, M./ Naeve, A./Nilsson, M./Palmer, M./Risch, T.: Edutella: A P2P Networking Infrastructure Based on RDF, in: Proc. of the 11 International World Wide Web Conference (2002).

Nejdl et al. 2002b: Nejdl, W./Schlosser, M./Siberski, W./Wolpers, M./Simon, B./Decker, S./Sintek, M.: RDF-based P2P-Networks for Distributed (Learning) Repositories, http://www.kbs.uni-hannover.de/Arbeiten/Publikationen/2002/nejdl_rdf_based_p2p_dlr.pdf, Abruf am 16.04.2003.

Neofonie 2003: Neofonie: neofonie - Technologieentwicklung und Informationsmanagement GmbH, http://www.neofonie.de, Abruf am 22.04.2003.

NetValue 2001: NetValue: Napster Urteil trifft 1,1 Millionen deutsche Internetnutzer, http://de.netvalue.com/presse/index_frame.htm?fichier=cp0026.htm, Abruf am 13.02.2002.

Netlingo 2003: Netlingo: Gilder's Law, www.netlingo.com, Suchwort "Gilder's Law", Abruf am 23.04.2003.

Network Working Group 1991: Network Working Group: A TCP/IP Tutorial, http://www.faqs.org/rfcs/rfc1180.html, Abruf am 23.04.2003.

Nguyen/Zakhor 2002a: Nguyen, T./Zakhor, A.: Distributed Video Streaming over the Internet, in: Proceedings of SPIE Conference on Mutimedia Computing and Networking (2002).

Nguyen/Zakhor 2002b: Nguyen, T./Zakhor, A.: Protocols for Distributed Video Streaming, in: ICIP 2002, Rochester NY, USA (2002).

Nichani/Rajamanickam 2000: Nichani, M./Rajamanickam, V.: Deconstructing "Groove", http://www.elearningpost.com/elthemes/groove.asp, Abruf am 23.04.2003.

Nusser 1998: Nusser, S.: Sicherheitskonzepte im WWW: mit 8 Tabellen, Berlin [u.a.] 1998.

O'Reilly 2003: O'Reilly: OpenP2P.com: Reports from O'Reilly's P2P & Web Services Conference [Nov. 06, 2001], http://www.openp2p.com/pub/a/p2p/conference/dc_con.html, Abruf am 23.04.2003.

OMG 2003: OMG: CORBA Homepage, http://www.corba.com/, Abruf am 22.04.2003.

Oaks 2001: Oaks, S.: Java security, Beijing [u.a.] 2001.

Oaks/Travaset/Gong 2002: Oaks, S./Travaset, B./Gong, L.: JXTA in a nutshell, Bejing [u.a.] 2002.

Oellermann 2001: Oellermann, W. L.: Architecting Web Services, Berkeley, Calif. 2001.

Oestereich 2001: Oestereich, B.: Objektorientierte Softwareentwicklung: Analyse und Design mit der Unified Modeling Language, 5. Aufl., München [u.a.] 2001.

Olson 2001: Olson, L.: .NET P2P: Writing P2P Networked Apps with the Microsoft .NET Framework, http://msdn.microsoft.com/msdnmag/issues/01/02/NetPeers/default.aspx, Abruf am 22.04.2003.

Opencola 2003: Opencola: Opencola Homepage, http://www.opencola.com, Abruf am 22.04.2003.

Papadimitratos/Hass 2002: Papadimitratos, P./Hass, Z.: Secure Routing for Mobile Ad hoc Networks, in: Proceedings of the SCS Communication Networks and Distributed System Modeling and Simulation Conference (2002), S. 27-31.

Patalong 2003: Patalong, F.: Bye, bye, Privatkopie, http://www.spiegel.de/leserbriefe/0,1518,244741,00.html, Abruf am 11.04.2003.

Peermetrics 2003: Peermetrics: Peermetrics Homepage, www.peermetrics.com, Abruf am 22.04.2003.

Peters 2002: Peters, R.: Elektronische Märkte, Berlin [u.a.] 2002.

Petrovic et al. 2003: Petrovic, O./Fallenböck, M./Kittl, C./Wolkinger, T.: Vertrauen in digitale Transaktionen, in: Wirtschaftsinformatik 45 (2003) 1, S. 53-66.

Phonographische Wirtschaft 2001: Phonographische Wirtschaft: Jahrbuch 2001, Starnberg 2001.

Picot/Reichwald/Wigand 1998: Picot, A./Reichwald, R./Wigand, R.: Die grenzenlose Unternehmung, 3. Aufl., Wiesbaden 1998.

Picot/Reichwald/Wigand 2001: Picot, A./Reichwald, R./Wigand, R. T.: Die grenzenlose Unternehmung: Information, Organisation und Management, 4. Aufl., Wiesbaden 2001.

Platform 2002: Platform: Understanding Grid-Computing, www.platform.com/pdfs/whitepapers/ understanding_grid.pdf, Abruf am 27.06.2003.

Platon 1990: Platon: Politea, Der Staat, Übersetzung von Friedrich Schleiermacher, Darmstadt 1990.

Popfile 2003: Popfile: Popfile Homepage, www.popfile.de, Abruf am 22.05.2003.

Proksim 2003: Proksim: Proksim Homepage, www.proksim.com, Abruf am 22.04.2003.

Ramaswamy/Liu 2003: Ramaswamy, L./Liu, L.: Free Riding: A New Challenge to P2P File Sharing Systems, in: Proceedings of the 36th Hawaii International Conference on System Sciences - 2003 (2003).

Rawolle/Burghardt 2002: Rawolle, J./Burghardt, M.: Web Services - eine Alternative für die zwischenbetriebliche Integration, in: IS Report 2 (2002) 6, S. 40-46.

Rebstock 2000: Rebstock, M.: Elektronische Geschäftsabwicklung, Märkte, Transaktionen - eine methodische Analyse, in: HMD - Praxis der Wirtschaftsinformatik 37 (2000) 215, S. 5-15.

Rechenkraft 2003: Rechenkraft: Rechenkraft Homepage, http://www.rechenkraft.de, Abruf am 29.04.2003.

Ripeanu/Foster/Iamnitchi 2002: Ripeanu, M./Foster, I./Iamnitchi, A.: Mapping the Gnutella network: Properties of largescale P2P systems and implicatons for system design, in: IEEE Internet Computing Journal 6 (2002) 1, S. 50-57.

Rittenbruch 1990: Rittenbruch, K.: Makroökonomie, 7. Aufl., München [u.a.] 1990.

Rivest 1992: Rivest, R.: The MD5 Message-Digest Algorithm, RFC1321, http://rfc.net/rfc1321.html, Abruf am 29.04.2003.

Rivest/Shamir/Adleman 1978: Rivest, R./Shamir, A./Adleman, L.: A method for obtaining digital signatures and public-key cryptosystems, Communications the ACM, 21(2) (1978), S. 120-126.

Rose 1999: Rose, F.: The economics, concept, and design of information intermediaries: a theoretic approach, Heidelberg [u.a.] 1999.

Rosenblatt/Trippe/Mooney 2002: Rosenblatt, W./Trippe, W./Mooney, S.: Digital rights management: business and technology, New York, NA [u.a.] 2002.

Roßbach/Schreiber 1999: Roßbach, P./Schreiber, H.: Java-Server und Servlets: portierbare Web-Applikationen effizient entwickeln, Bonn [u.a.] 1999.

Runte 2000: Runte, M.: Personalisierung im Internet, Wiesbaden 2000.

Rupp/Estier 2003: Rupp, P./Estier, T.: A Model for a Better Understandig of the Digital Distribution of Music in a P2P Enviroment, in: Proceedings of the 36th Hawaiian Internationel Conference on System Sciences (2003).

SETI 2003: SETI: Seti@home homepage, http://setiathome.ssl.berkeley.edu/, Abruf am 22.04.2003.

Sarmenta 2002: Sarmenta, L. F. G.: Bayanihan Computing .NET: Grid-Computing with XML Web Services, in: Workshop on Global and P2P Computing at the 2nd IEEE International Symposium on Cluster Computing and the Grid (2002).

Scammel 2001: Scammel, R.: Anonymous P2P Routing Protocol, http://metro.yak.net/peer-route, Abruf am 23.04.2003.

Schierenbeck 2003: Schierenbeck, H.: Grundzüge der Betriebswirtschaftslehre, 16. Aufl., München [u.a.] 2003.

Schlittgen 1996: Schlittgen, R.: Statistische Inferenz, München 1996.

Schmid 1993: Schmid, B.: Elektronische Märkte, in: Wirtschaftsinformatik 35 (1993) 5, S. 465-480.

Schmid 2000: Schmid, B.: Elektronische Märkte, in: Weiber, R.: Handbuch Electronic Business, Wiesbaden 2000, S. 179-208.

Schoder 1995: Schoder, D.: Diffusion von Netzeffektgütern - Modellierung auf Basis des Mastergleichungsansatzes der Synergetik, in: Zeitschrift für Forschung und Praxis (ZFP) Marketing 1 (1995), S. 18-28.

Schoder/Fischbach 2002: Schoder, D./Fischbach, K.: Peer-to-Peer, in: Wirtschaftsinformatik 44 (2002) 6, S. 587-589.

Schumann/Hess 2002: Schumann, M./Hess, T.: Grundfragen der Medienwirtschaft: eine betriebswirtschaftliche Einführung, 2. Aufl., Berlin [u.a.] 2002.

Schumann/Meyer/Ströbele 1999: Schumann, J./Meyer, U./Ströbele, W.: Grundzüge der mikroökonomischen Theorie, 7. Aufl., Berlin [u.a.] 1999.

Scribner/Stiver 2000: Scribner, K./Stiver, M. C.: Understanding SOAP, Indianapolis, Ind. 2000.

Shapiro/Varian 1999: Shapiro, C./Varian, H. R.: Information rules: a strategic guide to the network economy, Boston 1999.

Shapiro/Vingralek 2001: Shapiro, W./Vingralek, R.: How to Manage Persistent State in DRM Systems, in: Digital Rights Management Workshop 2001 (2001), S. 176-191.

Shirky 2000: Shirky, C.: what is p2p ... and what isn't, www.openp2p.com/pub/a/p2p/2000/11/24/shirky1-whatisp2p.html, Abruf am 07.08.2002.

Shirky 2001: Shirky, C.: Listening to Napster, in: Oram, A.: P2P - Harnessing the Power of Disruptive Technologies, Sebastopol 2001, S. 21-37.

Sit/Morris 2002: Sit, E./Morris, R.: Security Considerations for P2P Distributed Hash Tables, in: IPTPS (2002).

Skierra/Lambrecht 2000: Skierra, B./Lambrecht, A.: Erlösmodelle im Internet, in: Albers, S.: Handbuch Produktmanagement, Wiesbaden 2000, S. 813-831.

Smith/Davis 1980: Smith, R./Davis, R.: The contract net protocol: high level communication and control in a distributed problem solver, in: IEEE Transactions on Computers c29 12 (1980), S. 1104-1113.

Solomon et al. 2000: Solomon, S./Weisbuch,/de Arcangelis, L./Jan, N. S. D.: Social Percolation Models, in: Physica A 277 (2000) S. 239-247.

Spiegel 2002 : Spiegel: Napster - kurze wilde Geschichte, http://www.spiegel.de/netzwelt/politik/0,1518,120469,00.html, Abruf am 21.05.2003.

Spiegel Netzwelt 2003a: Spiegel Netzwelt: Musikpiraten und Bilanzen - Es geht weiter abwärts, http://www.spiegel.de/netzwelt/netzkultur/0,15-18,244124,00.html, Abruf am 23.04.2003.

Spiegel Netzwelt 2003b: Spiegel Netzwelt: Gericht gibt Musikindustrie Zugang zu P2P-Userdaten, http://www.spiegel.de/netzwelt/politik/0,1518,2317-44,00.html, Abruf am 23.04.2003.

Stahlknecht/Hasenkamp 1999: Stahlknecht, P./Hasenkamp, U.: Einführung in die Wirtschaftsinformatik, 9. Aufl., Berlin [u.a.] 1999.

Steinmetz 1999: Steinmetz, R.: Multimedia-Technologie: Grundlagen, Komponenten und Systeme, 2. Aufl., Berlin [u.a.] 1999.

Subramoniam/Maheswaran/Toulouse 2002: Subramoniam, K./Maheswaran, M./Toulouse, M.: Towards a Micro-Economic Model for Resource Allocation in Grid-Computing Systems, http://www.cs.umanitoba.ca/~anrl/PUBS/ccece2002_kumaran.pdf, Abruf am 26.06.2003.

Sun 1988: Sun: RPC: Remote Procedure Call Protocol Specification Version 2, RFC 1050, http://www.ietf.org/rfc/rfc1057, Abruf am 23.04.2003.

Sun 2002: Sun: Java Tutorial - Trail: RMI, http://java.sun.com/docs/books/tutorial/rmi/index.html, Abruf am 22.04.2003.

Sun 2003: Sun: Project JXTA: Java Programmer's Guide, http://www.jxta.org/docs/jxtaprogguide_final.pdf, Abruf am 22.04.2003.

Söllner 2001: Söllner, F.: Die Geschichte des ökonomischen Denkens, 2. Aufl., Heidelberg 2001.

TCPA 2003: TCPA: Trusted Computing Platform Alliance, www.trustedcomputing.org, Abruf am 21.05.2003.

Tanenbaum/Steen 2002: Tanenbaum, A. S./Steen, M. v.: Distributed systems:

principles and paradigms, Upper Saddle River, N.J 2002.

Tang/Xu/Mahalingam 2002: Tang, C./Xu, Z./Mahalingam, M.: PeerSearch: Efficient Information retrieval in Peer-Peer Networks, in: Proceedings of HotNets-I, ACM SIGCOMM (2002).

Toffler 1990: Toffler, A.: Powershift: knowledge, wealth, and violence at the edge of the 21st century, New York, NY [u.a.] 1990.

Tomczak/Schögel/Birkhofer 2000: Tomczak, T./Schögel, M./Birkhofer, B.: Online-Distribution als innovativer Absatzkanal, in: Bliemel, F./Fassott, G./Theobald, A.: Electronic Commerce, Wiesbaden 2000, S. 219-238.

Traversat et al. 2003: Traversat, B./Abdelaziz M.; Duigou,/Duigou, M./Hugly, J./Pouyoul. E./Yeager, B.: Project JXTA Virtual Network, http://www.jxta.org/project/www/docs/JXTAprotocols_01nov02.pdf, Abruf am 22.03.2003.

Turcan 2001: Turcan, E.: P2P: The Third Generation Internet, Magister Thesis, Linköpings Universitet (Sweden) 2001.

UDDI 2003: UDDI: UDDI Homepage, http://www.uddi.org/, Abruf am 29.04.2003.

Varian 1998: Varian, H.: Markets for Information Goods, http://www.sims.berkeley.edu/~hal/Papers/japan/japan.pdf, Abruf am 13.02.02.

Varian 1999: Varian, H.: Grundzüge der Mikroökonomie, 4. Aufl., München 1999.

Vasters 2001: Vasters, C. F.: .Net-Crashkurs, Unterschleißheim 2001.

Vasudevan 2001: Vasudevan, V.: A Web Service Primer, http://webservices.xml.com/pub/a/ws/2001/04/04/webservices/index.html, Abruf am 22.04.2003.

Voigt/Thiell/Weber 2000: Voigt, K./Thiell, M./Weber, R.: Desintermediation im B2B-Bereich, in: Scheffler, W./Voigt, K.: Entwicklungsperspektiven im Electronic Business, Wiesbaden 2000, S. 107-132.

Voß/Buttler 2000: Voß, W./Buttler, G.: Taschenbuch der Statistik: mit 126 Tabellen, München [u.a.] 2000.

W3C 2003: W3C: XML, www.w3c.org/XML, Abruf am 23.04.2003.

Wainewright 2002: Wainewright, P.: The Power of utility computing, http://www.gridcomputingplanet.com/opinions/article/0,,3331_1475771,00.html, Abruf am 27.06.2003.

Weitzel/Harder/Buxmann 2001: Weitzel, T./Harder, T./Buxmann, P.: Electronic Business und EDI mit XML, Heidelberg 2001.

Wied-Nebbeling 1997: Wied-Nebbeling, S.: Markt- und Preistheorie, 3. Aufl., Heidelberg 1997.

Williamson 1985: Williamson, O. E.: The economic institutions of capitalism: firms, markets, relational contracting, New York, NY [u.a.] 1985.

Wirtz 2001: Wirtz, B. W.: Medien- und Internetmanagement, 2. Aufl., Wiesbaden 2001.

Wissen 2003: Wissen: www.wissen.de, Suchwort: "Agora", www.wissen.de, Abruf am 25.06.2003.

Wolski et al. 2000: Wolski, R./Plank, J./Brevik, J./Bryan, T.: Analyzing market-based resource allocation strategies for the computational grid, Tech. Report CS-00-453, http://www.cs.utk.edu/~rich/publications/CS-00-453.ps.gz, Abruf am 26.07.2003.

Wolski/Plank/Brevik 2000: Wolski, R./Plank, J./Brevik, J.: G-Commerce -- Building Computational Marketplaces for the Computational Grid, http://www.cs.utk.edu/~plank/papers/CS-00-439.pdf, Abruf am 22.04.2003.

Wutka 2002: Wutka, M.: J2EE developer's guide: JSP, Servlets, EJB 2.0, JNDI, JMS, JDBC, Corba, XML, RMI, München 2002.

Xu et al. 2002: Xu, D./Hefeeda, M./Hambrusch, S./Bhargave, B.: On P2P Media Streaming, in: Proceedings of IEEE International Conference on Distributed Computing Systems (ICDCS 2002), 2002.

Youll 2001: Youll, J.: Peer to Peer Transactions in Agent-mediated Electronic Commerce, http://web.media.mit.edu/~jim/projects/atomic/publications/youll-thesis-2001-dist.pdf, Abruf am 25.06.2003.

ZDNET 2002: ZDNET: Napster steht heute vor Gericht, http://news.zdnet.de/story/0,,s2053673,00.html, Abruf am 14.02.2002.

Zerdick 2000: Zerdick, A.: E-conomics: strategies for the digital marketplace, Berlin [u.a.] 2000.

Zerdick 2001: Zerdick, A.: Die Internet-Ökonomie, 3., Berlin [u.a.] 2001.

Zimmermann 2002: Zimmermann, K. F.: Neue Entwicklungen in der Wirtschaftswissenschaft: mit 26 Tabellen, Heidelberg 2002.

Zwißler 2002: Zwißler, S.: Electronic Commerce - Electronic Business: strategische und operative Einordnung, Techniken und Entscheidungshilfen, Berlin [u.a.] 2002.

MIX
Papier aus verantwortungsvollen Quellen
Paper from responsible sources
FSC® C105338

If you have any concerns about our products,
you can contact us on
ProductSafety@springernature.com

In case Publisher is established outside the EU,
the EU authorized representative is:
**Springer Nature Customer Service Center GmbH
Europaplatz 3, 69115 Heidelberg, Germany**

Printed by Libri Plureos GmbH
in Hamburg, Germany